顺德区教育"十三五"规划2020年度教育科研项目
"1+1主体建构中的数学情境与问题创设研究"成果

基于小组合作学习的高中数学「问题解决」活动

李定平 / 著

辽宁大学出版社
Liaoning University Press

图书在版编目（CIP）数据

　　基于小组合作学习的高中数学"问题解决"活动/
李定平著. －沈阳：辽宁大学出版社，2021.10
　　ISBN 978-7-5698-0515-4

　　Ⅰ.①基… Ⅱ.①李… Ⅲ.①中学数学课－教学研究
－高中　Ⅳ.①G633.602

　　中国版本图书馆 CIP 数据核字（2021）第 172568 号

基于小组合作学习的高中数学"问题解决"活动
JIYU XIAOZU HEZUO XUEXI DE GAOZHONG SHUXUE "WENTI JIEJUE" HUODONG

出　版　者：辽宁大学出版社有限责任公司
　　　　　　（地址：沈阳市皇姑区崇山中路 66 号　　邮政编码：110036）
印　刷　者：北京米乐印刷有限公司
发　行　者：辽宁大学出版社有限责任公司
幅面尺寸：170mm×240mm
印　　张：18.75
字　　数：350 千字
出版时间：2022 年 4 月第 1 版
印刷时间：2022 年 4 月第 1 次印刷
责任编辑：李珊珊
封面设计：徐澄玥
责任校对：杨　蕊

书　　号：ISBN 978-7-5698-0515-4
定　　价：45.00 元

联系电话：024-86864613
邮购热线：024-86830665
网　　址：http://press.lnu.edu.cn
电子邮件：lnupress@vip.163.com

数学新知识的产生是为了解决问题的需要，是在问题解决的过程中进行建构的。学生在问题解决的情景中形成数学知识，不仅有助于知识的理解，而且还可以很好地领略数学的精神、思想、方法，同时，发现问题与自我解决问题的能力也得到了提高。

目录
CONTENTS

第七章　指向深度的单元学习 ································· **195**

第八章　以一般观念引领数学学习 ····················· **255**

第 一 章

且行且思考

为了查找一篇文章的出处，翻看二十多年前的备课课本，也为自己的认真而感动。到千禧年时，我系统地备了一轮新授课教案，厚厚五大本，有些课把杂志上他人的教学设计剪下来粘贴在自己的教案处，完善自己的教学设计，也享受对教学内容精雕细琢带来的快乐。

时代在发展，各种教学改革也层出不穷。作为一名普通老师，你没有决定学校改革方向的权力，却始终应该忠诚于党的教育事业、全面贯彻党的教育方针，落实立德树人的根本任务；你有教学思考的义务，有提高教育教学水平的责任，任何教学改革最后都要落实到师生的课堂上，普通一线老师始终是在每一节课的思考与享受中度过的。

一、小组合作学习的执行者

笔者所在学校佛山市顺德区罗定邦中学 2010 年下学期开始向山东昌乐二中学习，开展教学改革。暑假里，聘请昌乐二中的老师指导下半年新高一老师进行"先学后教，先做后讲"的导学案制教学，对课改，我本能地感到好奇，作为唯一一个没有补助的普通老师全程参与学习，昌乐二中的课改成就深深地打动了我。2012 年 9 月，在小组合作基础上，充分借鉴山西新绛中学自主学习经验，形成自主学习课与展示点评课两大课型；2013 年 5 月，课堂教学改革正式命名为"1＋1 主体建构"课堂教学模式，制定出我校的课堂教学模式——"1＋1主体建构"课堂教学模式：

一个目标取向

该模式目标取向在于学生，通过自主学习与小组合作，借助教材与导学案，在教师的引导帮助下，完成知识体系的建构，体现学生的认知水平和学习能力，发展学生的主体意识和创新精神，促进学生的全面发展。

五个"1+1"：

教学理论"1+1"：建构主义+主体体验

教学理念"1+1"：学生主体+教师主导

课堂模式"1+1"：自主学习+展示点评课

教学内容"1+1"：课标教材+导学案

实施形式"1+1"：个体自主+小组合作学习

六个课堂流程：

(1) 自主学习：由学生独立阅读教学内容，思考问题，完成导学案。

(2) 知识梳理：学生在老师的带领下快速完成主干知识的梳理。

(3) 合作探究：学生在校学习小组内相互交流合作，探究解决问题。

(4) 展示点评：小组代表在座位上或到黑板上展示合作探究结果，由另一学习小组同学上台点评，其他小组同学提出质疑。

(5) 归纳总结：老师和学生对所学内容进行总结，归纳更正。

(6) 检测反馈：当堂检测，及时反馈，完成记忆订正，布置课外作业。

课堂教学改革持续多年，并最终形成"1+1主体建构"课堂教学模式后，近年来又面临着发展上升的瓶颈。集中表现在学生学习的广度、深度不够，课堂教学的有效性有待进一步提升，重点本科上线率缺乏显著性提升。因此，学校于2016学年，借创建顺德区信息特色化学校之东风，大力引入信息化教学手段，学生平板电脑进课堂，打造"定邦"教育云平台，积极探索信息技术与课堂教学改革的契合点，以进一步提升课堂教学效能。核心在于提升展示点评课的效率、自主学习课的效能，革新教学的思维与方式，为学生创设个性化、差异化的学习平台。

信息技术深度融合下"1+1主体建构"教学模式

课堂流程图：

一次备课，目的：根据学情准备配套的学习资源。

自主学习，目的：学生通过平台完成自主学习。

二次备课，目的：根据学情调整教学内容和教学方式。

总结评价，目的：总结学习目标完成情况。

发布任务，目的：把准备的资源发到平台上（分为年级必修和班级选修部分）。

获取学情，目的：了解学生任务完成情况和对知识的掌握程度，明确个性问题和共性问题。

展示点评，目的：展示自主学习情况和小组研讨的结果。

图 1-1

二、小组合作学习的理论背景

作为普通教师，都得学习小组合作学习理论，深刻理解课堂改革理论基础，才能让自己的教学落地。

（一）《普通高中数学课程标准（2017 年版）》的要求

提倡独立思考、自主学习、合作交流等多种学习方式，激发学生学习数学的兴趣，养成良好的学习习惯，促进学生实践能力和创新意识的发展。

教师要把教学活动的重心放在促进学生学会学习上，积极探索有利于促进学生学习的多样化教学方式，不仅限于讲授与练习，也包括引导学生阅读自学、独立思考、动手实践、自主探索、合作交流等，教师要善于根据不同的内容和学习任务采用不同的教学方式，优化教学，抓住关键的教学与学习环节，增强实效。例如，丰富作业的形式，提高作业的质量，提升学生完成作业的自主性、有效性。

（二）合作学习理论

知识的建构与拓展是通过思想的碰撞与交流实现的。孔子的"三人行必有我师焉"说明小组合作学习已有几千年的历史了，但直到 20 世纪 70 年代初才在美国兴起，这是基于利维·维谷斯基的同伴互助学习理论而兴起的。他提出，孩子在学习发展过程中形成的每一种能力似乎都包含了两个方面：首先是社会层面的，是发生在人与人之间的；其次是个人层面的，是发生在孩子内部的。换言之，此学习是具有社会属性的，孩子从与成年人和同伴的人际互动中所学到的东西构成了形成复杂思维和理解力的基础。随着时间的推移，这些技巧、学习和思维过程逐渐内化，进而可以独立使用。简言之，孩子不仅学会了思考什么，还学会了如何思考。维谷斯基认为，所有的学习都是社会文化现象的产物，在与他人互动中得到调节，或者在人际互动中塑造而成对世界的看法。学生在学习过程中，如果无法通过拓宽视野获得裨益，那么就会受到个人经验范围的限制。因此，学生需要通过与同学之间互动来提升寻求新信息的能力。

大卫·约翰逊和罗杰·约翰逊在其影响深远的著作《共同学习与独自学习》中明确了成功的小组活动必须具备的众多条件，他们把合作学习定义为教学安排，即给 2~6 个学生合作完成一项任务的机会（我们学校是 6 人一小组，我们的班级过大，现在笔者所在班级均为 55 人），由此，构建他们的知识结构或对内容的理解。两位约翰逊老师提出的五个原则包括：积极的相互依存，面对面的互动，明确个人与小组的责任，人际和小组交流技巧以及小组学习合力。

我们国内对合作学习也有了系统的研究，认为每个学生之间因为生活环境、发展水平、兴趣爱好存在差异，因此对同一事物也会存在不同的理解或认识程度的差异，这种差异就是学生之间进行交往与合作的基础，也只有在观念、知识和经验上存在差异的人组成的群体中才需要合作学习，也就是我们常说的取长补短。

因此，合作学习体现如下优点：首先，合作学习可以促进学生之间在学习上互帮互助，从而让其共同进步。在合作学习中，小组交流与合作学习为学生学习提供了宽松和充分的学习环境，可以极大地减轻学生惧怕说错的心理压力，从而愿意在全班交流，积极发言，如此一来，在教师的组织或引导下，学生一起讨论交流，学习者可以取长补短，学习者群体（包括师生双方）的思维智慧就成为整个群体共享的财富。其次，合作学习的方式可以将学生的潜力激发出来，从而让其发挥出自己的最高水平。在合作学习时，学生为了说服别人，展示自己的观点，就要不断深入地钻研知识，而在表述自己的观点时，就会将新旧知识融合起来，从而扩大了知识的应用层面，同时，学生还会借用他人的观点修正自己的观点。这种认知的重建，促进了学生深层次思维的发展。此外，学生的智力、能力和社会情感也会因为合作学习而获得和谐发展，学生之间在朝夕相处的共同学习和交往中，双方的感情得以增进、彼此间的合作与协作精神得以培养起来，彼此间的隔阂、歧视和冷漠也得以消除。总之，合作学习的过程不但对于学生的认知发展有利，还可以借助情感因素促进学生认知的发展和非认知品质（与人交往）的提高。

所以说，合作学习还有如下教育功能：

（1）培养合作精神。现在我们的教育都在强调培养团队合作意识，这是因为人类今后所面临的问题越来越复杂，要解决这些问题，光靠个人力量已经很难实现，都要强调团队合作。由 6 人组成的学习小组，要想在整个班级中取得优异成绩，就必须精诚合作，将个人融入这个小小的集体中，如哪个同学不理解，全组其他同学都要帮助他，我们的小组评价是整个小组，经过长时间的培养，学习的合作能力肯定会大大提高。

（2）培养交往能力。人际交往能力在个人发展过程中的重要性是显而易见的。在合作学习的过程中，由于要向小组其他人学习，学生增强了交往，小组合作学习是同学之间互教互学、彼此交流知识的过程，也是互爱互助、相互沟通情感的过程。此过程促进了学生交往能力的提高。

（3）培养创新精神。培养学生的创造力，或者说培养学生的创新精神是落实"立德树人"根本任务之一。合作学习由于采用的是异质分组方式，每个学生的学习能力、学习兴趣、知识面宽度都不一样，因此在学习的过程中，学生之间、师生之间的互相启发、相互讨论，都会将另一些同学的思维导向一个新的领域，出现一些新的视角，提出一些值得争论的问题。这样就形成了一个知识不断生成、不断建构、具有创造性的过程，日积月累，创新精神即不断形成。

（4）培养竞争意识。竞争意识本质上就是积极向上，与体育比赛一样，合作学习将整个班级分为若干个小组，在问题的讨论与解决过程中，组与组之间不可避免地存在着竞争。在这一过程中，学生的竞争意识会逐渐增强。班级可以看作是社会一个小小的缩影，在这个小社会中培养出的竞争意识，对学生们进入未来的大社会，无疑是大有裨益的。

（5）培养平等意识。现代文明的标志就是人人平等，我们常说法律面前人人平等，虽然每个班级中都存在着歧视性、阶层性的结构，如性别的男与女、体力的强与弱、长相的美与丑、家庭的贫与富、能力的高与低，尤其是学习成绩的好与差等的差异与对立。在合作学习过程中，采用异质分组的方式，将不同学习能力、学习兴趣、性别、个性的学生分配在同一组内，同学们可以相互启发、补充，不存在谁更行、谁更聪明的问题，大家都是讨论成员之一。这样，学生之间的关系会更平等，更民主，更有利于一个良好班集体的形成。

（6）培养承受能力。无论我们在学习中、生活中还是在工作中，失败的机会总是比成功的要多。失败是一种常见的挫折，挫折可以使一个人彻底消沉、忧郁下去，从此一蹶不振，也可以使人激发潜力，去取得更大的成功。因此，一个人对挫折的心理承受力越高，他成就的事业也就越大。在合作学习的过程中，学生在组内真诚地合作，组织公平竞争，在合作与竞争过程中逐步完善人格，养成良好的心理素质。

（7）激励主动学习。合作学习能使学生把被动学习变为主动参加。由于在自主学习时，把一些问题放手让学生自主思考学习，为了在小组合作讨论时能表达自己的观点，这时学生会主动学习。在合作讨论中，学生或多或少都会得到一些结论，注意这些结论的特别之处就在于它是学生在合作讨论中得出来的。如果没有完全解决问题，教师稍加点拨，学生对方法、结论会留下深刻的印象，因为这其中有自己的学习成果。

（三）学习金字塔理论

2013 年下学期学校安排我在本校"罗中大讲堂"作一个"自主学习、合作探究、展示点评"教学模式的理解与实践讲座，我在思考：这种课堂模式为什么会好？有什么理论依据？恰好我在读《数学教学》中一篇《运用学习金字塔理论，改进高中数学教学》文章时，发现这种学习金字塔理论很好地诠释了高效课堂模式，也为本校教学改革寻找理论依据贡献了我的一份力量。

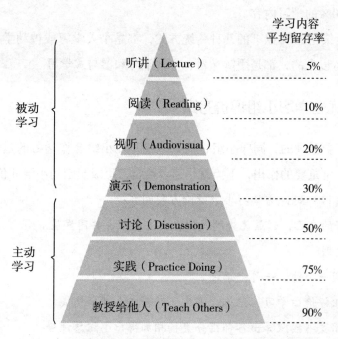

图 1 - 2

学习金字塔理论是美国缅因州的国家训练实验室研究成果，它用数字形式形象显示了：采用不同的学习方式，学习者在两周还能记住内容（平均学习保持率）的多少。它是一种现代学习方式的理论，最早是由美国学者、著名的学习专家爱德加·戴尔于 1946 年首先发现并提出的。

学习金字塔理论告诉我们：不同的学习方法达到的学习效果不同，研究表明，在两周之后，学生对知识的保持率从 5% ~90% 不等。

在塔尖，第一种学习方式——"听讲"，也就是老师在上面说，学生在下面听，这种我们最熟悉最常用的方式，学习效果却是最差的，两周以后学习的内容只能留下 5%。

第二种，通过"阅读"方式学到的内容，可以保留 10%。

第三种，用"声音、图片"的方式学到的内容，可以达到 20%。

第四种，是"示范"，采用这种学习方式，可以记住 30%。

第五种，"小组讨论"，可以记住 50% 的内容。

第六种，"做中学"或"实际演练"，可以达到 75%。

第七种，在金字塔基座位置的学习方式，是"教别人"或者"马上应用"，可以记住 90% 的学习内容。

学习效果在 30% 以下的几种传统方式，都是个人学习或被动学习；而学习效果在 50% 以上的，都是团队学习、主动学习和参与式学习。

三、优秀学习小组评价方案

人是需要激励的，同样小组也需要激励，在小组合作学习的过程中，小组激励起着非常重要的作用，下面就是笔者给自己班级制定的小组评价方案：

高一（11）班优秀学习小组评价方案如下：

做最好的自己，创最优秀的集体，自主管理，共同发展。

一、总则

1. 一周一小结，一月一总评。

2. 小组评价由学习、纪律、卫生、宿舍四大部分构成。

3. 由团支书按照算出各部得分直接相加得出小组总评分。

4. 如出现方案中未列明的加减分项，由班主任酌情处理。

二、细则

（一）纪律：纪律委员记录汇总

1. 考勤：早 6：45、中午 12：05、晚 6：45 考勤。迟到每人次扣 2 分。

2. 纪律：

（1）课堂上个人被老师点名批评，每人次扣 5 分，小组被点名批评，每人次扣 10 分。

（2）大型集会（含升旗、跑操）动作散漫、违反纪律，经班长、纪律委员协商，每人次扣 3 分。

（3）不服从、辱骂班委者，酌情扣 3~5 分。

（二）学习：学习委员汇总，学科委员记录

（1）作业：在规定时间内不按时交作业者每人次扣 1 分，小组未交扣 5 分。

（2）课堂：各学科委员如实记录小组课堂得分，被老师特别表扬者酌情加

2~3分。

（三）卫生：卫生委员记录汇总

课室、公区以及立体式大清洁，学校、年级学生分会检查扣分，按照学校扣分×10、年级扣分×2扣除小组得分。

（四）宿舍：宿舍委员记录汇总

宿舍委员记录汇总宿舍扣分。

（五）其他：文体部由宣传委员、体育委员负责

（1）积极参与班级文化建设者（含橱窗板报、生日会等），宣传委员酌情加3~5分。

（2）积极参加学校文艺汇演、科技竞赛等活动，每人次加3分。获三等奖，奖3分，二等奖，奖5分，一等奖，奖10分。

（3）积极参加学校体育比赛者，每人次加2分。获得比赛名次，按学校加分奖励。

三、奖励与惩处

（1）每月按照得分高低依次挑选小组座位。

（2）每周、每月总评后一名的小组长要写出整改报告。

（3）每月总评后两名小组须在下月生日会上各表演一个节目。

此方案经高一（11）班全体同学研讨表决通过！

四、野炊与小组合作学习

我校的德育品牌——高二学农的野炊课中，基地提供了灶台、米、菜、肉。我看到每一组的学生分工合作，有的淘米、有的捡柴、有的生火、有的煮饭、有的扇风、有的洗菜、有的掌勺炒菜等。问题是无论分工做什么都很有激情，我看到罗嘉礼同学给灶台扇风，全程未停；杨广宁同学大汗淋漓等。

野炊出来的东西，或许根本没有什么香味调料，甚至夹心夹熟，可是他们却吃得有滋有味。究竟为什么？我想，一是他们愿意，二是他们亲自动手做出来的。自己的劳动成果当然倍感珍惜。

在此过程中，他们激情洋溢，全情投入。他们的收获也是满满的，生火的懂得了木材要劈开才能燃烧成大火，扇风的学会了坚持，掌勺炒菜的学会了油

盐的把握……

野炊也使我想到了本校的课改——信息技术深度融合下"1+1 主体建构"教学模式改革，不也就跟野炊一样吗？发布任务：根据学情准备配套的学习资源或导学案发给学生（基地提供了灶台、米、菜、肉）；学生学习：学生自主学习或小组合作探究（学生自己煮饭炒菜）；展示点评：展示自主学习情况和小组研讨的结果（学生享受美味）。

我们的课改核心是学生自主探究形成学生的知识结构。

我们教师工作的发布任务（导学案）是给学生提供现成的饭菜，让学生看看就吃，还是给学生提供可以动手做的饭菜（如基地提供了灶台、米、菜、肉），或者提供给学生菜地里的菜、还未宰杀的猪（学生无法做）。因此，我们教师就得研究学生的认知水平，研究课程标准，编制适合学生的导学案，像基地提供给学生的灶台、米、菜、肉一样。同时，我们老师还要注意观察学生在自主学习过程中会遇到哪些困难，有些及时点拨，有些鼓励学生继续努力。

图 1-3

五、数学的小组合作学习

（一）小组合作学习中的"鸡血"

在小孩玩电脑游戏中，某游戏人物被打得不行了，就给他注入"鸡血"，马上起死回生，能量满满地继续战斗，打鸡血，也被用来形容一个人特别兴奋。

我作为班主任，座位的调整是通过小组评价的分数来获得的，全班分为 8

个小组，每个小组按照得分高低，由分数最高者最先选，依次选之；还有其他等都是按小组评价，正因为有了小组评价，我对数学课的展示点评环节非常积极，用打了鸡血来形容也不过分，每个组都争着展示，上课前的课间就展示完毕，上课就是点评。往往一个黑板展示有学生画图，有学生板书解答过程，还要让其叙述解题思路，并且任意抽取小组的学生，这时成绩好的学生还要给其他成绩较弱的学生讲解。这就是分组要均衡，成绩好坏要搭配均匀。因此，自本校课改以来本科上线率节节攀升，到 2020 年达到 93%，同类学校还在 70% 左右。

（二）小组合作学习中的托底

"1＋1" 自主课堂教学改革中，即学生先在自主学习课上通过预习完成自主学习后，老师收上来进行第一次批改，接下来在展示点评课上，学生通过小组合作探究和展示点评解决预习中存在的疑问和错误，老师收上来再进行第二次批改，简称"双批双改"。在这个过程中，学懒生有了同组的督促（有小组评价制约），他不得不主动去看书做导学案，也由于他在主动学习，掌握基本知识，考上本科都能达到；学困生由于有了同组学生的帮助，有了问题能及时得到学生的解答，也许学生的解答比老师的讲解更能让学生明白。

如某次上课前，前天作业中有两道题，也就是课本 3.1.3 空间向量的数量积运算后的练习 1、2 题，学生做得不是太好。

（1）如图 1－4 所示，在正三棱柱 $ABC - A_1B_1C_1$ 中，若 $AB = \sqrt{2}BB_1$，求 AB_1 与 C_1B 所成角的大小。

（2）如图 1－5 所示，在四棱柱 $ABCD - A'B'C'D'$ 中，$AB = 4$，$AD = 3$，$AA' = 5$，$\angle BAD = 90°$，$\angle BAA' = \angle DAA' = 60°$，求 AC' 的长。

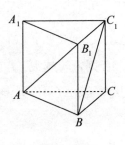

图 1－4

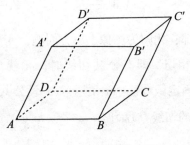

图 1－5

因为做得不好，所以需要给学生讲解。5 班是我讲的，可是我自己都觉得课堂效果不够好，花时间太多，课堂沉闷。于是给 6 班上课时让学生展示，其他同学自己做，如果哪个同学做不完就扣分，如果不会做可以问展示的同学，也可以问我，学生都很积极，围着展示同学问这问那，好不热闹。李雨晴同学还问了这么个问题：两向量的夹角与两向量所在的直线所成的角有什么区别吗？

要让学生充分展示自己的思路，才能发现学生的不足和优点，教师才会有有效指导的可能，可是在让学生展示而他们不会做时如何让学生愿意说出来，倒是我需要思考的。

如果课堂上不让学生展示自己，那么教师只是在用自己的"高大上"思考代替学生的固有思考（就是学情）。即使教师累死，其教学效果也不会好；学生再努力也难以有学业的进步。看似师生都很敬业、很勤奋，但是最终的结果只能是两败俱伤，这是一种互害模式。

（三）小组合作学习中的拔高

"1 + 1"自主课堂教学中，有一个展示点评环节，这个环节对一些优秀学生是一个充分展示其才能的好机会。学习金字塔理论说得很明白：最后一种在金字塔基座位置的学习方式，是"教别人"或者"马上应用"，可以记住 90% 的学习内容。因此，在展示点评环节给优秀学生以机会，让他们来讲评一些问题，会收到意想不到的效果。

如在一次小测中，下面题目学生错误较多，我让学生在展示点评环节中由学生来讲：

题：设 $m > 0$，若任给 $x > 0$ 都有 $e^{mx} \geq \dfrac{\ln x}{m}$ 成立，则实数 m 的最小值是（　　　）

A. $\dfrac{1}{e}$ 　　　　B. $\dfrac{1}{2e}$ 　　　　C. $\dfrac{2}{e}$ 　　　　D. $\dfrac{e}{3}$

学生邹：化归为图像上下方问题，变形为 $me^{mx} \geq \ln x$，即只要 $f(x) = me^{mx}$ 与 $y = \ln x$ 相切，即有公共切线时，m 就是最小值，否则，m 越大，$f(x) = me^{mx}$ 越在固定函数 $y = \ln x$ 的上方，设公共切点为 (x_0, y_0)，$f'(x) = m^2 e^{mx}$，则 $f(x)$ 的切线方程为 $y - me^{mx_0} = m^2 e^{mx_0}(x - x_0)$。

$y = \ln x$ 的切线方程为 $y - \ln x_0 = \dfrac{1}{x_0}(x - x_0)$，$\therefore \dfrac{1}{x_0} = m^2 e^{mx_0}$ 且 $me^{mx_0} = \ln x_0$，

由两式相除得 $m = \dfrac{1}{x_0 \ln x_0}$，代入后式得：$\dfrac{1}{x_0 \ln x_0} \mathrm{e}^{\frac{1}{\ln x_0}} = \ln x_0$。无法解出，是选择题，代答案，当 $m = \dfrac{1}{\mathrm{e}}$ 时，$x_0 = \mathrm{e}$ 符合题意，故选 A。

学生梁：化归为函数最值问题，设 $f(x) = \mathrm{e}^{mx} - \dfrac{\ln x}{m}$，只要 $f(x)$ 最小值 ≥ 0 即可，由 $f'(x) = m\mathrm{e}^{mx} - \dfrac{1}{mx}$，显然有负正零点但无法求出，设 x_0 为极小值点且

$$\dfrac{1}{mx_0} = m\mathrm{e}^{mx_0}，\text{极小值} f(x_0) = \mathrm{e}^{mx_0} - \dfrac{\ln x_0}{m} = \dfrac{1}{m^2 x_0} + \dfrac{2\ln m}{m} + x_0 \geq \dfrac{2}{m} + \dfrac{2\ln m}{m} \geq 0，$$

$\therefore m \geq \dfrac{1}{\mathrm{e}}$。

学生李：邹志远变形为 $m\mathrm{e}^{mx} \geq \ln x$ 后，就是对任意 $x > 0$ 都有 $y = m\mathrm{e}^{mx}$ 图像在 $y = \ln x$ 图像上方，$y = \ln x$ 图像是确定的过 $A(1, 0)$，$B(\mathrm{e}, 1)$ 两点，$y = m\mathrm{e}^{mx}$ 图像对应地过 $A_1(1, m\mathrm{e}^m)$，$B_1(\mathrm{e}, m\mathrm{e}^{mx})$，显然 A_1 总在 A 上方，当 $m = \dfrac{1}{\mathrm{e}}$ 时，B_1 与 B 重合，故选 A。

可见，学生的思维是相当活跃的，也是聪明的，只要敢于让学生展示就行。

这让我想到了一次班会课，班长建议搞一个大食会，我说你们自己搞吧，一般都是他们自己组织，需要我帮助时我才会出面，包括本学期的体艺节也是如此。

在这样的活动中，我总是让位的，把舞台留给学生，我尽量不去掺和，只是参与要求和建议。搞类似的活动，学生能够兴奋，关键是自己拥有了阔别已久的舞台，自己成为活动的主角，活动内容也是演绎自己的个性。这样的活动能满足学生最内心的发展需要，自然能调动其积极性、主动性、创造性。

教育本该如此，教师就应该退居幕后，让学生参与组织谋划，实施活动。其本质是实现自我教育，自我教育才是最高级的教育。家长和老师只是外在因素，不会起决定性作用，只有引导和指导作用。如果不能把舞台让给学生，课堂总是教师独占，那就培养不出学生的自主性，也就无法实施自我教育。这个根本抓不住，那教育就只剩下浇花不浇根了。

六、数学小组合作学习中的思考

到 2012 年下学期开始，完成了高一至高三一个轮回后，我被安排到了高二执教，我以极大的热情投入到罗定邦中学"1＋1"自主课堂教学改革中。学生先在自主学习课上通过预习完成自主学习案后，老师收上来进行第一次批改，接下来在展示点评课上，学生通过小组合作探究和展示点评解决预习中存在的疑问和错误，老师收上来再进行第二次批改，简称"双批双改"。如此，统考成绩很好，好得超出我们的理想成绩。

到 2013 年下学期进入高三复习后，我隐隐约约感觉到高一、高二的有些知识好像没有学过一样，学生没有感觉。例如，复习等比数列前 n 项和公式、等差比数列求和的错位相减法时学生好像没有学过一样，不得不重新讲一遍，没有了往日复习时的轻松。到 2014 届高考结束时，平行班平均成绩较好，重点班尖子生成绩不高，没有像我所教过的 2012 届的高三（9）班那样出色。

我回到了高一，我在思考为什么我们学生高一、高二统考时成绩很好，到了高三却成绩下滑呢？不仅数学如此，我们学生总成绩也是如此。我在思考，我们小组合作学习的模式是能调动学生积极性的，学生的学习状态是好的，可能是我们的导学案出了问题，我们的导学案只有知识的梳理，没有知识的建构过程，学生新学知识时能依样画瓢，通过大量练习，短期内学生能记住，还能考出好成绩。还有一些导学案就是一些习题的堆砌，根本就没有知识的建构。

2018 年，佛山市教研室也发现了我们学校的发展上升遇到瓶颈。如果按我们学校的平均分排位，我们学校的重点上线率应达到30%以上，可我们学校的重点上线率连20%都没有，重点本科上线率缺乏显著性提升，集中表现在学生学习的广度、深度不够，课堂教学的有效性有待进一步提升。

所以我在思考，认为我们的导学案有两个方面出了问题：一是脱离教材严重；二是没有知识的建构过程。为了便于说明我的教学思考，下面分别以等比数列和函数的奇偶性课例为例：

附1：脱离教材的导学案

<h1 style="text-align:center">等比数列（第1课）导学案</h1>
<h2 style="text-align:center">自主学习案</h2>

知识梳理

知识点一：等比数列的定义

如果一个数列从第 2 项起，每项与它的前一项的比等于_____常数，那么这个数列就叫作等比数列，这个常数叫作等比数列的_____，通常用字母_____（$q \neq 1$）表示。

知识点二：等比中项

如果三个数 a，G，b 成等比数列，那么_____叫作 a 与 b 的等比中项，这三个数满足的关系是_____。

知识点三：等比数列的通项公式

通项公式：$a_n =$ _____（$n \in \mathbf{N}^*$）。

自学检测

题型一：等比数列的通项公式

1. 在等比数列 $\{a_n\}$ 中，已知 $a_4 = 2$，$a_7 = 8$，求通项公式 a_n；

2. 在等差数列 $\{a_n\}$ 中满足 $a_2 + a_5 = 18$，$a_3 + a_6 = 9$，$a_n = 1$，求 n。

3. 若等比数列的前三项分别为 5，-15，45，则第 5 项是（　　　）

　A. 405　　　　　　B. -405　　　　　C. 135　　　　　　D. -135

4. （辽宁高考）已知等比数列 $\{a_n\}$ 为递增数列，且 ${a_5}^2 = a_{10}$，$2\left(a_n + a_{n+2}\right) = 5a_{n+1}$，则通项公式 $a_n =$ _____。

合作探究

题型二：等比数列的判断与证明

1. 已知数列 $\{a_n\}$ 是首项为 2，公差为 -1 的等差数列，令 $b_n = \left(\dfrac{1}{2}\right)^{a_n}$，证明数列 $\{a_n\}$ 是等比数列，并求其通项公式。

2. （全国卷Ⅱ改编）已知数列 $\{a_n\}$ 满足 $a_1 = 1$，$a_{n+1} = 3a_n + 1$，证明数列 $\left\{a_n + \dfrac{1}{2}\right\}$ 为等比数列，并求其通项公式。

题型三：等比中项

3. （略）

当堂检测

（略）

表面看上去，这份导学案在结构上很完整：既有知识点，又有题型归类，还有高考题。等比数列的基础概念和教学重难点一应俱全，考点归类确实做得很完善。但是仔细与教材对照，却发现整份导学案已经完全脱离了教材。

教材对等比数列的编写借助了 4 个具体的例子（细胞分裂数，"一尺之棰，……"，计算机病毒，复利），让学生先列举出每个例子中数列的前几项，然后通过观察这几列数字的共同特点归纳出等比数列的概念。接下来，类比等差数列的通项公式的推导过程（不完全归纳法）得出等比数列的通项公式。最后，从指数函数的角度研究等比数列的函数特性。

教材的设计思路，是引导学生先从数字规律认识等比数列，让学生先对一串串数字产生感觉，建立感情。继而为了研究方便，才引入了通项公式，并通过通项公式的函数特征将数列的学习类比到必修 1 中的指数函数这一节内容，体现了学习的连续性。然而，作为一节新授课，这份导学案并没有设计情景引入的环节，而是开门见山地将教材中等比数列的定义和相关概念直接给出，将学生对等比数列的认识变成了认识通项公式。既没有知识的产生背景，也缺乏概念的抽象形成过程。将形成数学素养的必要过程放在课前由学生自发地进行，这样是否有些舍本逐末，需要引起我们的讨论和深思。

导学案教学模式下，我们的导学案，甚至我们的教学都在逐步摆脱教材。教师备课的时候，往往对教材的内容不屑一顾，嫌教材中的例题习题太过简单，不由自主地给学生提高难度，总担心题目难度不够，学生学有余力，吃不饱。最终，将新授课上成了习题课，甚至是复习课。表面上，教师完成了这一课时的授课任务，学生也似乎"掌握"了等比数列的概念，知道怎么判断一个通项公式是否是等比数列，怎么借助定义和公式完成相关计算。但是，因为课堂教学缺乏知识的生成过程，导致学生对概念没有完全吃透，对等比数列的理解变成了对通项公式的识记。学生对等比数列的印象停留在了公式繁复的计算上，从而对等比数列的后续学习产生了畏惧心理。这种错误的印象一旦产生，在后续的教学中很难改变，也为接下来等比数列的求和和错位相减法的教学埋下了隐患。

纠正这一错误的教学思路，需要教师回归常识。对数学教学而言，常识即教材。教材是课程目标的具体体现，是一些终身从事数学教育的专家依据课程标准，数学知识发生发展的内在规律，以及学生在不同年龄阶段的学习心理特征等编写而成的。教材凝聚着编者的智慧。教材的作用首先是教师教学的依据，其次是学生学习的依据，最后是考试中心命制试题的依据。同时，教材也是培养学生数学思维，引导学生形成阅读与思考习惯的读本。因此，教师在做教学设计时，必须回归常识，回归教材。

语文特级老师吴非在《课堂上究竟发生了什么》中反复强调"常识"。我深有感触，我们数学教学也如此：背离教学常识，就不可能提高教学成绩；恪守教学常识，才能让教学少犯错误。现在，各地各校都在进行各种教学改革，但无论怎样改，作为教师都要守住本分、恪守常识。

附 2：导学案设计的反思

函数的奇偶性导学案
自主学习案

知识梳理

自学课本第 33 页至第 36 页，回答下列问题：

1. (1) 奇函数的图形特征是什么？(2) 奇函数的数量特征是什么？

(3) 奇函数的定义是什么？

2. (1) 偶函数的图形特征是什么？(2) 偶函数的数量特征是什么？

(3) 偶函数的定义是什么？

自学检测

1. 判断下列函数的奇偶性：

(1) $f(x)=2x^4+3x^2$；(2) $f(x)=x^3-2x$；

(3) $f(x)=\dfrac{x^2+1}{x}$；(4) $f(x)=x^2+1$。

2. 下列函数中，是偶函数的是（　　　）

(A) $y=x^2\ (x>0)$ 　　　(B) $y=|x+1|$

(C) $y=\dfrac{2}{x^2+1}$ 　　　(D) $y=3x-1$

17

3. 若函数 $y = f(x)$ 是奇函数，则下列各点一定在函数图像上的点为 （   ）

(A) $(a, -f(a))$ （B) $(-a, f(a))$

(C) $(-a, -f(a))$ （D) $(-a, -f(-a))$

合作探究

1. 判断下列函数的奇偶性：

(1) $f(x) = \dfrac{\sqrt{1-x^2}}{|x+2|-2}$；(2) $f(x) = \sqrt{x^2-1} + \sqrt{1-x^2} + 1$。

2. 判断函数 $f(x) = \begin{cases} x(1-x) & (x<0) \\ x(1+x) & (x>0) \end{cases}$ 的奇偶性。

3. 已知函数 $f(x)$ 是定义域为 $\mathbf{R}$ 的奇函数，当 $x \geq 0$ 时，$f(x) = x(1+x)$，求函数 $f(x)$ 的解析式。

当堂检测

1. 判断下列函数的奇偶性：

(1) $f(x) = 2x + \sqrt[3]{x}$；(2) $f(x) = |x-a| - |x+a|$ （$a \neq 0$）；

2. 函数 $f(x) = \begin{cases} x+2 & (x < -1) \\ 0 & (|x| \leq 1) \\ -x+2 & (x > 1) \end{cases}$ 是 （   ）

(A) 奇函数   （B) 偶函数

(C) 既奇且偶函数   （D) 非奇非偶函数

3. 已知函数 $f(x)$ 是定义域为 $\mathbf{R}$ 的奇函数，当 $x \in (-\infty, 0)$ 时，$f(x) = x^2 + x - 2$。(1) 求函数 $f(x)$ 的解析式；(2) 画出 $f(x)$ 的图像。

这种课改极大地调动了学生的学习热情。在自主学习课上，学生为了完成学习任务，需要自主看书学习，在展示课上，为了获得小组评价，学生会争先恐后地上台展示点评，在这种课堂氛围下，学生不可能有机会昏昏欲睡，更不会产生趴台的现象。每节课上课前，学生都会争着把自学检测与合作探究的几个问题展示在前后黑板上（总有自学能力强的同学能做出来或者查资料获得），展示课堂上由各组推荐一名学生点评，学生很快就能完成任务，而且（高一、高二的）统考成绩也很好。

从导学案来看，这些题目既有基础题，也有综合题，并且难度还挺高的，如分段函数奇偶性的判断。通过教师的二次批改及教师的讲评，学生感觉也能理解，平时统考题也就是这些题目的改编，很难有新情境试题。

反思一：导学案设计中少了知识的形成过程，学生很难理解这些数学知识。

在高三进行第一轮复习时，我发现有些学生的知识遗忘率相当高，很多知识似乎没有学过一样。高考时虽然平均分还不错，但是高分很少。这就促使我反思：

高一、高二时，学生学习热情高，统考成绩不错，为什么高三复习时却举步维艰，高考时出不了高分？我反思可能是我的导学案编制出了问题：缺少知识的形成过程，学生只是看书记住这些结论，并没有深入理解。为此，我将知识梳理过程改为知识探究过程：

1. 请同学们观察 $f(x) = x^2$ 和 $f(x) = |x|$ 的图像并思考以下问题：

（1）这两个函数图像有什么共同特征？

（2）相应的两个函数值对应表是如何体现这些特征的？

（3）相应的两个函数的自变量是如何体现这些特征的？

（4）如何给这类函数取名？（如何形成定义？）

反思二：学习过程中缺少了知识的建构过程，学生很难掌握这些数学知识。

虽然在导学案中做了一些改变，但效果还是不明显，为什么？我认真反思原因：首先，学生在自主学课上各科都有导学案，可能有些科目题量还比较多，大部分学生没有时间沉下心来思考，而是以完成作业为主。其次，在没有老师的引领下，相当部分学生也不会思考，觉得考试不会这样考。最后，缺少思维碰撞，在自主学课上为了维持好学习纪律，不可能允许学生讨论，更不可能容忍学生争论。总结以上三个原因，归根到底就是学习过程中缺少了知识的建构过程。为此，我把奇偶函数的概念生成过程前移，放在白天的展示讨论课上，并且以"问题解决"的形式引领学生探究：

1. 创设情境

前面遵循图像特征—数量特征—定义（命名）这些步骤研究了函数的单调性、最值等性质。有些函数的图像很特别，也很漂亮，我们这节课按上面步骤再来研究一些函数的漂亮性质。

问题1：请同学们作下列两组函数的图像（作函数图像的基本方法是列表、

19

描点，然后用一条光滑的曲线连接）：

（1）①$f(x)=x^2$；②$f(x)=|x|$；③$f(x)=x^0$。

（2）①$f(x)=x$；②$f(x)=x^{-1}=\dfrac{1}{x}$；③$f(x)=x^3$。

学生在列表、描点、连线的过程中，就经历了自变量相反、函数值相等（反）的计算过程，也感受了图形的对称之美丽。

2. 函数的定量刻画

问题 2：请同学们针对上面所作的两组函数图像思考以下问题：

（1）这两个函数图像体现了什么数学美特征？（用数学的眼光观察世界）

（2）相应的两组函数的自变量 x、函数值 y 在对应列表中是如何体现这些特征的？

追问：①请同学们体会刚才作图列表时，自变量 x、函数值 y 有什么规律？

②这种规律是任意的吗？如何用语言体现这种任意性？（用数学的语言表达世界）

③上面刻画函数图像关于 y 轴对称的数量特征语言能否简洁一点、漂亮一点？（数学美的欣赏）

3. 偶函数定义的建立

问题 3：如何对这类函数进行定义？（如何给这类函数取名？）前面已学定义就是充要条件，要对一个概念进行定义就是要找这个概念成立的充要条件。（用数学的思维思考世界）

反思三：让学生的学习活动转化为学生的探究活动。在活动中生成新的概念、产生新的方法、进行知识意义的自主建构，学生不仅掌握了知识，形成了能力，发展了核心素养，而且还形成了学科一般观念，自然高考成绩也就优秀了。

换种说法就是通过有意义、适度、恰时恰点的问题，即基于"理解数学""理解学生"的问题，引导学生自己概括出数学的本质，完成概念的建构，并使学生在数学学习过程中保持高水平的数学思维活动，能用数学思维思考。高考题是在新情境下的问题，这也是与平时考题的不同之处。

在这节课中，首先，通过问题 1 作出这些函数的图像，这是一个复习已学基本初等函数的过程，也是一个学生自己提出问题的过程，学生自然就会感觉到这些函数为什么会有这些特征。接下来的问题2让学生自己归纳出图形特征、数量特征，并过渡到用任意的一个点（一组数对）来描述这些特征，也就是数学语言的形成，即用数学语言描述这个世界。最后用问题3，即数学概念建立的一般方法建立了函数奇偶性的概念，这不就是数学的一般观念了吗？

这也就是从数学学科的整体结构和重要思想上认识函数奇偶性这一内容，教给了学生一个完整的数学概念，也让学生经历完整的学习过程和数学对象的研究过程，全面地发挥了数学的育人功能。

党的十八大提出"立德树人"是教育的根本任务，学生应具备的适应终身发展和社会发展需要的必备品格和关键能力（学科核心素养）是落实立德树人目标的具体体现，所以我们的课堂教学就要发展学生数学学科核心素养。学生的四基、四能、核心素养的发展一定是学生自己在问题解决过程中建立起来的，而不是老师直接告知的，这就是我现在课堂教学实施"问题驱动下的学生问题解决活动"的理由。

还是借用下面这段话作为本章的结束：要想有底气、有胆量让学生成为主角，教师的功力不可忽视——不能停止于文字，不能停止于课本，不能停止于作业。如果教师仅仅是一个水准，就谈不上轻车熟路，谈不上熟能生巧。教师除了要求学生"熟练"，更重要的是教会学生"生巧"。教师都没有"熟练"，没有"生巧"，那怎么能教会学生"熟能生巧"？

要做到心中有学生，首先要做到心中有课本，这是最基本的。课堂一分钟，备课十年功。要说教师工作累，应该累在备课上，备课就是创设情境，设置问题。如果备课不累，那课堂上一定很累。也就是说，课前主动吃苦，比课上被动吃苦要好得多。如果真是课前受苦了，课堂上还真不会受累，反而是享受。学生学习也是如此，如果平时课前不吃苦，那考试完了出成绩后一定也会痛苦。晚痛苦，还不如考前课前主动吃苦学习。

参考文献

[1] 中华人民共和国教育部.普通高中数学课程标准（2017年版）[M].
北京：人民教育出版社，2017.

［2］南希·弗雷，道格拉斯·费舍，桑迪·艾佛劳芙．教师如何提高学生小组合作学习效率［M］．刘琳红，译．北京：中国青年出版社，2016.

［3］张仁贤，孙立新．小组合作学习指导策略［M］．北京：世界知识出版社，2017.

第二章

发展数学学科核心素养的教学路径

如果我们的学生说读高中学数学的目的就是高考考好拿高分，我们可能会说这个学生有理想、有前途；如果我们的老师说高中数学教育的目的就是在高考中使学生拿高分，我们可能会说老师的目光太浅了，除此以外，还有些什么？那我们高中数学教育的目标究竟是什么？或者说我们高中数学的教育本质是什么？我们数学老师都得思考学习，因为它会指导我们的教学。

一、理解学科核心素养

教育是国家的意志，作为一个教师肯定要按国家的要求做，执行国家的教育方针。《普通高中数学课程标准（2017 年版）》（以下简称《课标》）明确指出：

"普通高中的培养目标是进一步提升学生综合素质，着力发展核心素养，使学生具有理想信念和社会责任感，具有科学文化素养和终身学习能力，具有自主发展能力和沟通合作能力。"

下面这段话我理解为数学学科教育目标：

"数学教育承载着落实立德树人根本任务、发展素质教育的功能。数学教育帮助学生掌握现代生活和进一步学习所必需的数学知识、技能、思想和方法；提升学生的数学素养，引导学生会用数学眼光观察世界，会用数学思维思考世界，会用数学语言表达世界；促进学生思维能力、实践能力和创新意识的发展，探寻事物变化规律，增强社会责任感；在学生形成正确人生观、价值观、世界观等方面发挥独特作用。"

数学课程目标的集中体现：

"学科核心素养是育人价值的集中体现，是学生通过学科学习而逐步形成的正确价值观念、必备品格和关键能力。数学学科核心素养是数学课程目标的集中体现，是具有数学基本特征的思维品质、关键能力以及情感、态度与价值观的综合体现，是在数学学习和应用的过程中逐步形成和发展的。数学学科核心素养包括数学抽象、逻辑推理、数学建模、直观想象、数学运算和数据分析。这些数学学科核心素养既相对独立又相互交融，是一个有机的整体。"

《课标》脉络清晰地指出了"学科核心素养"是什么，美国新的数学教育改革运动的《课程标准》中就依据工业社会向信息社会的发展提出了关于数学教育的如下四个"社会目标"：

（1）具有良好数学素养的劳动者；

（2）终身学习的能力；

（3）平等的教育；

（4）明智的选民。

这一纲领性文件又明确指出：所有这些"社会目标"的核心就是要使所有的学生具有较高的数学素养，也即能够达到如下的五个具体目标：

（1）学会认识数学的价值；

（2）对自己的数学能力具有信心；

（3）具有解决数学问题的能力；

（4）学会数学的交流；

（5）学会数学的推理。

美国的数学素养目标与我们的核心素养相似，可见，我们的学科核心素养是人类共同思想财富。

二、《课标》明确的教学路径

《课标》指出："数学教师要深刻认识数学学科核心素养的育人价值，把握数学学科核心素养与知识技能之间的关联，理解数学学科核心素养的内涵和水平划分，将数学学科核心素养的落实变成自己的自觉行动。要通过创设合适的学习任务、学习情境、学习活动等，把学生数学学科核心素养的养成渗透到日常教学中；要创新评价的形式和方法，把知识技能的评价与数学学科核心素养达成状况的评价有机融合，完成课程标准中提出的学业质量的要求，落实立德树人根本任务。"

教学路径是"通过创设合适的学习任务、学习情境、学习活动等，把学生数学学科核心素养的养成渗透到日常教学中"。

《课标》还指出："体现数学学科核心素养的四个方面如下：

情境与问题：情境主要是指现实情境、数学情境、科学情境，问题是指在情境中提出的数学问题；

知识与技能：主要是指能够帮助学生形成相应数学学科核心素养的知识与技能；

思维与表达：主要是指数学活动过程中反映的思维品质、表述的严谨性和准确性；

交流与反思：主要是指能够用数学语言直观地解释和交流数学的概念、结论、应用和思想方法，并能进行评价、总结与拓展。"

对这四个方面的层次关系我的理解如下：

在情境中提出问题，在问题解决的活动中形成核心素养的知识与技能、发展具有数学特征的思维品质和表述的严谨性和准确性，最后能用数学语言直观地解释和交流数学的概念、结论、应用和思想方法，并能进行评价、总结与拓展。

所以说，我们的教学中达成高中数学学科核心素养的教学路径是——创设情境，提出问题，解决问题。

《课标》在教学建议中提出：

"情境创设和问题设计要有利于发展数学学科核心素养。

"基于数学学科核心素养的教学活动应该把握数学的本质，创设合适的教学情境、提出合适的数学问题，引发学生思考与交流，形成和发展数学学科核心素养。"

"教学情境和数学问题是多样的、多层次的。教学情境包括现实情境、数学情境、科学情境，每种情境可以分为熟悉的、关联的、综合的。数学问题是指在情境中提出的问题，分为简单问题、较复杂问题、复杂问题。数学学科核心素养在学生与情境、问题的有效互动中得到提升。在教学活动中，应结合教学任务及其蕴含的数学学科核心素养设计合适的情境和问题，引导学生用数学的眼光观察现象、发现问题，使用恰当的数学语言描述问题，用数学的思想、方法解决问题。在问题解决的过程中，理解数学内容的本质，促进学生数学学科核心素养的形成和发展。"

"设计合适的教学情境，提出合适的数学问题是有挑战性的，也为教师的实践创新提供了平台。教师应不断学习、探索、研究、实践，提升自身的数学素养，了解数学知识之间、数学与生活、数学与其他学科的联系，开发出符合学生认知规律、有助于提升学生数学学科核心素养的优秀案例。"

三、"问题解决"与数学教育

郑毓信先生在《问题解决与数学教育》一书中对问题解决与数学教育作了如下分析：

（一）什么是"问题解决"

数学的问题解决是在问题空间中进行搜索，以便使问题的初始状态达到目标状态的思维活动过程。

于是就有人把"问题解决"看作是一种教学手段，通过问题来引入有关的教学内容并通过问题解决达到复习、巩固及检查的目的；另外，从更广义的角度说，我们还可通过"问题解决"调动学生学习数学的积极性，如体现学习数学的重要性，并使学生通过"问题解决"感受到科学研究的乐趣。

如果把问题看作是一个数学题目，那么"问题解决"就可看成是一种具体的解题方法或技巧。

如果把问题看作未曾解决的、未知结果的，"问题解决"在本质上则是一种创造性的活动。问题解决能力的发展，其基础是虚心，是好奇和探索的态度，是进行试验与猜想的意向。显然，按照这样的理解，重要的就并非在于积极地去记忆各种解题法则、技巧并加以模仿，而是如何创造性地应用所学到的各种知识和方法去解决那种并非单纯练习题式的问题。另外，在这样的理解下，问题解决的核心也就并非是各种特殊的解题方法或算法，而是一些十分一般的思想方法或思维模式。从这样的角度去进行分析，以"问题解决"作为课堂教学的活动，其实要帮助学生学会数学的思维。

（二）由静态的数学观向动态的数学观的转变

正如美国著名数学家林伯格所指出的："两千多年来，数学一直被认为是与人类的活动和价值观念无关的无可怀疑的真理的集合。这些观念现在遭到了越来越多的数学哲学家的挑战，他们认为数学是可错的、变化的，并和其他知识一样都是人类创造性的产物。……这种动态的数学观具有重要的教育含义；数学教育的目的应当包括培养学习者创造自己的数学知识的能力……"如果采取数学的动态观，在数学教育中，我们显然就不应唯一地强调数学知识的掌握，而且应更加重视使学生学会像数学家那样去工作，像数学家那样去思维。

显然，从这样的角度去分析，强调"问题解决"，强调学会数学思维就十分自然了，因为如果就日常的数学活动进行分析，解决问题（更为准确地说，就是解决各种非单纯性练习题的问题）显然可以被看成数学活动的基本形式。事实上，在下述的意义上，问题和"问题解决"就可以看成数学活动的核心所在。某类问题对于一般数学进展的深远意义以及他们就研究者个人的工作中所起的重要作用是不可否认的，只要一门科学分支能够提出大量的问题，它就充满生命力。而问题的缺乏则预示着独立发展的衰亡或终止。正如人类的每项事业都追求着确定的目标一样，数学研究也需要自己的问题。正是通过这些问题的解决，研究者锻炼其钢铁意志，发现新方法和新观点，达到更为广阔的自由的境界。（希尔伯特：《数学问题》，载于《数学史译文集》）

（三）建构主义与"问题解决"

建构主义的学习观就是认知心理学研究的一个主要结论——就数学学习而言，是指数学学习并非是一个被动的吸收过程，而是一个以已有的知识和经验为基础的主动的建构过程。按照这个结论，最好的学习方法就是在干中学。就数学学习而言，学习数学就是搞数学，也即我们应当让学生通过"问题解决"来学习数学。而这事实上也就是把学生摆到了与数学家同样的位置上。对于"问题解决"的强调事实上还涉及这样一个更为一般的思想，即能力与知识相比更为重要。而又如波利亚所指出的，在数学里，能力指的是什么？这就是解决问题的才智。数学教育无疑就应突出解决问题能力的培养。

（四）面向全体学生的数学教学与"问题解决"

这事实上正是表明了数学作为一种文化因素对个人乃至整个民族、整个人类的重要性，即数学对于人们养成良好的思维习惯以及理性的思维和创造性才能（就整个民族或人类而言，就是理性精神）的发展具有特殊的意义。显然，这种关于"数学文化价值"的分析事实上从另一角度表明了我们在数学教育中应当突出"问题解决"，突出思维方法的学习和训练。

数学教育的社会—文化研究的另一个重要内容，是揭示了数学学习和教学活动的社会性质。具体地说，尽管数学的应识活动最终是由各个体（认识主体）相对独立完成的，但是这种建构活动又必定在一定的"社会环境"中进行，而且这种社会环境对于个体认识的形成有着十分重要的影响。例如，就解决问题的活动而言，这并非是解题者个人的、完全封闭的、纯粹的心理活动，而必然包含一个表述、交流、对照、分析、批判、改进的过程，从而就是一种"社会活动"。显然，从这样的角度去进行分析，教师的主要职责就是在于如何依据具体的数学内容和学生的具体情况去创造一个良好的教学环境，以实现具体的教学目标，并在总体上落实、贯彻总的教育方针和教育思想。

郑毓信先生是从社会与文化方面论述面向全体的数学教育。前段时间网络上曾讨论："我只是买菜用到算术，干吗还要学数学？""买菜用不上微积分，还要学数学吗？""数学，买菜用不到，但却可以决定你在哪里买菜。"这句话虽然没有说明数学有什么用，但却客观地描述了数学的用处。

事实上，《课标》在这方面也作了明确的说明，在课程性质中指出"数学在形成人的理性思维、科学精神和促进个人智力发展的过程中发挥着不可替代的作用。数学素养是现代社会每一个人应该具备的基本素养"，"必修课程面向全体学生，构建共同基础"。课程基本理念中也指出"高中数学课程以学生发展为本，落实立德树人根本任务，培育科学精神和创新意识，提升数学学科核心素养。高中数学课程面向全体学生，实现人人都能获得良好的数学教育，不同的人在数学上得到不同的发展"。

波利亚曾经指出：普通中学的学生毕业后在其工作中需要用到的数学（包括数学家在内）约占全部学生的30%。而其余的70%则几乎用不到任何具体的数学知识（注：波利亚这一统计是在 20 世纪 60 年代做出的），从而未必适用于现代社会，特别是考虑到由于计算机技术的迅速发展和普及大大加强了"数学化"倾向——正是基于这样的分析，波利亚认为"一个教师，他若要同样地去教他所有的学生——未来用数学和不用数学的人，那么他在教解题时，应当教三分之一的数学和三分之二的常识（即一般性思维方法或思维模式）。对学生灌输有益的思维习惯和常识也许不是一件太容易的事，但一个数学教师假如他在这方面取得了成绩，那么他就真正为他的学生们（无论他们以后是做什么工作）做了件大好事。能为那些70%的在以后生活中不用科技数学的学生做好事当然是一件有意义的事情（《数学的发现》第二卷）。

如何才能实现"人人都能获得良好的数学教育，不同的人在数学上得到不同的发展"？我想"创设情境，提出问题，问题解决"是最好的回答。因为在"问题解决"的过程中会提升学生的"数学解决问题的能力""提升学生的数学素养，引导学生会用数学眼光观察世界，会用数学思维思考世界，会用数学语言表达世界"。

四、数学教育是数学的再创造

确实，数学教育是数学的再创造，这也无形中提高了数学教育的价值。弗赖登塔尔在《作为教育任务的数学》第六章"再创造"中是从如下几个方面论述"数学教育是数学的再创造"的，其论述对我们的教育教学很有指导作用。

（一）夸美纽斯

夸美纽斯的教学论原理：教一个活动的最好方法是演示。

引用这么一句话，并考虑我们今天该怎么说将是有用的，我的意见：学一个活动的最好方法是做。

这个提法与夸美纽斯的追求也许没有太大区别，只是重点从教转向学，从教师活动转向学生活动，并且从感觉效应转到运动效应。譬如教骑自行车、游泳和驾驶，例子和理论都没有太多的用处，学生必须做这些动作。目前对于运动能力的教学，确实在这样做，可是对于智力才能的教学，这种观点渗透到什么程度？是否在这点上我们还处于夸美纽斯之前的时代？

（二）想和做

今天任何人学游泳都不需要例子，也不需要理论，只要教游泳的人思想上有这么一套操练规则，知道什么条件下人可以跳进水里，以正确的游泳姿势游泳就行了。

我不必详细说明夸美纽斯以后的教育是如何发展的。现在教学活动的重点越来越多地从教师的活动转向学生的活动，学生的自信心日日增强，在感觉体验、理念与实践之间的界限逐渐消失。感觉体验在成为意识之前，已经过理论上的删节，思想无非就是一种在智力上继续活动而已。而成为意识的那部分感觉体验，又有很大的解释余地，以至于教师必然无从再垄断对他们的解释；同样，要是活动本身在理论中开始得更早些的话，那么教师对限定活动内容的垄断也就难以为继了。

欧几里得几何作图也是想和做这一整体概念的美好的一个证明。

从社会学观点看，想和做的关系也在变化。所谓劳动，总要求有一定的体力，所以科学家与技术员有实验室，学者有研究所，商人有办公室，他们都不去车间。在脑力劳动与体力劳动之间有差别，但这条界限在哪里？这条长长的链子上有许多必不可少的环节，究竟哪里是设计的结束，哪里又是操作的开始？（这段话表明：想和做是一个整体，想即做，做需要想。）

（三）现成的数学与做出来的数学

关于数学，每个数学家都知道（至少无意识地），除了现成的数学以外，还存在一种作为活的数学。但是这个事实几乎从不强调，非数学家更是从未意识到。

现代数学通常只是作为一个现成的产品来分析，后面再附上一个形式的综合，结果就成为现成的数学。以我为例，阅读数学论文，从来也不是从第一个字读到最后一个字；我从结果开始，先评价他的展示方式是否简洁，再考虑它的正确性；如果无法确信，就从论文中找出一些关键之处，从中可以看出它是如何被证明的；如果再不行，就找出一些引理，以便由它导出主要的定理，或者甚至需要仔细看一下某些证明，必要时再回过头去看前面的根据，直到最终用我自己的方法证实了结果，而在我掌握了所有关系以后，也许再系统地通读论文。

一方面要将数学作为一个现成的产品提供给世界，另一方面又要将现成的数学转换成做出来的数学。这是否会成为一种矫揉造作的现象？其实，没有人能够理解现成的作品。

近几个世纪以来，重心已经从现成的科学转向活动的科学，从学者转身研究者，这个过程自然也影响到学校中学科的形成与分离，特别是学校中的数学，它与真正的数学大不相同。我认为数学的每次应用都是重新创造，这不可能通过学习现成的数学来培养，当然操练性的算法还是不可缺少的。但仅限于此不能创造教应用数学的机会，这种所谓应用数学缺少数学的灵活性。传统中学数学最严重的缺点就是无用，让我们使新的数学变得更为有用。

对学生和数学家应该同样看待，让他们拥有同样的权利，那就是通过再创造来学习数学，而且我们希望这是真正的再创造，而不是因袭和仿效。

我相信现在大多数人会同意，不应该将教的内容作为现成的产品强加给学生。今天大多数的教育工作者都将教学看作进入某种活动的开端。科学的顶峰总是创造性的发明，可是目前的教学的水平居然还低于教师的水平。学习过程必须含有直接创造性的方面，即并非客观意义上的创造，而是主观意义上的创造，即从学生的观点看是创造。学生通过再创造获得的知识与能力要比以被动方式获得的更稳固，也更容易保持。

（四）再创造与发现

现在越来越多地将数学作为一项活动来进行解释或分析，而建立在这一基础上的教学方法，我称之为再创造方法，这个观念在许多地方或早或迟地独立形成。今天，原则上似乎已经普遍接受再创造方法，但在实践中真正做到的却并不多，其理由也许容易理解，因为教育是一个从理想到现实、从要求到完成的长期的过程。

按照弗赖登塔尔的观点：数学教育是再创造，如何创造？这就回到了创设情境、设计问题，在问题解决的过程中进行数学知识的建构与发展。

五、"问题解决"与高考试题

无论如何，高中数学教育教学的最直接体现就是高考成绩，也只有通过发展学生数学核心素养才能真正提升高考数学成绩，因为高考试题不是我们平时的模拟题，也不是我们的测试题，我们教师自己命制试题时，由于受时间的限制、也受我们本身水平的制约，都是选编或改编平时的作业或各地练习题，很少能创设新情境的试题，而高考试题是专家经过长时间研究命制出来的，当然试题能体现国家的选拔需要，区分学生数学核心素养、数学思想的掌握、未来的学习能力，至少本人做高考题的感觉是如此。

（一）在问题解决中积累基本活动经验——2020 年全国一卷 19 题的教学思考

19 题：（12 分）甲、乙、丙三位同学进行羽毛球比赛，约定赛制如下：

累计负两场者被淘汰；比赛前抽签决定首先比赛的两人，另一人轮空；每场比赛的胜者与轮空者进行下一场比赛，负者下一轮轮空，直至有一人被淘汰；当一人被淘汰后，剩余的两人继续比赛，直至其中一人被淘汰，另一人最终获胜，比赛结束。

经抽签，甲、乙首先比赛，丙轮空。设每场比赛双方获胜的概率都为 $\frac{1}{2}$。

（1）求甲连胜四场的概率；

（2）求需要进行第五场比赛的概率；

（3）求丙最终获胜的概率。

本人解答：（1）甲—乙⇒甲—丙⇒甲—乙⇒甲—丙⇒甲胜结束，P（甲连胜四场）$=\left(\frac{1}{2}\right)^4=\frac{1}{16}$。

（2）列出所有可能的结果：

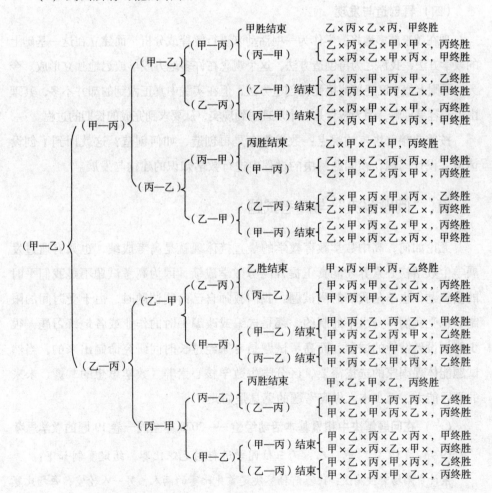

图 2 - 1

P（需要进行第五场比赛）$= 1 - 4 \times \dfrac{1}{16} = \dfrac{3}{4}$。

（3）P（丙最终获胜）$= \dfrac{7}{16}$。

网上公布解答：（1）甲连胜四场的概率为 $\dfrac{1}{16}$；

（2）根据赛制，至少需要进行四场比赛，至多需要进行五场比赛，比赛四场结束，共有三种情况：甲连胜四场的概率为 $\dfrac{1}{16}$；

乙连胜四场的概率为 $\dfrac{1}{16}$；

丙上场后连胜三场的概率为 $\dfrac{1}{8}$；

所以需要进行五场比赛的概率为 $1 - \dfrac{1}{16} - \dfrac{1}{16} - \dfrac{1}{8} = \dfrac{3}{4}$。

（3）丙最终获胜，有两种情况：

比赛四场结束且丙最终获胜的概率为 $\dfrac{1}{8}$；

比赛五场结束且丙最终获胜，所以从第二场开始的四场比赛按照丙的胜、负、轮空结果有三种情况：胜胜负胜，胜负空胜，负空胜胜，概率分别为 $\dfrac{1}{16}$，$\dfrac{1}{8}$，$\dfrac{1}{8}$，丙最终获胜的概率为 $\dfrac{1}{8} + \dfrac{1}{16} + \dfrac{1}{8} + \dfrac{1}{8} = \dfrac{7}{16}$。

试题随想：作为一个普通数学老师是不能作高考试题评价的，只能由权威机构作出评价，不过作为一个带过多届高三的数学老师还是很有兴趣每年高考试题一出即做一做，恰好 2020 年我带高三，儿子也是高三，既能从老师角度理解，也能从学生做题角度感受。小孩花了 20 分钟未曾做出，做完后面题后，回过头来再花半个小时也未做出（2）、（3）问。几个同事好友也未曾做出，据说一个数学群发布答案还是错的，两天后改正。

2020 年全国一卷最难就是此题，优秀生得分最低也就是此题了。影响我们做题的原因就是总想用排列、组合公式算出来，以及如何进行分类。受各种因素制约，又不敢往下想，时间就如此耗下去而没有完成了。

本人做这题时受 1993 年全国高考理科试题 17 题的影响，所有可能马上全部列出，这样列出也很快，实际上只要列出一半即第一轮比赛甲胜即可。

17 题：同室四人各写一张贺年卡，先集中起来，然后每人从中拿一张别人送出的贺年卡，则四张贺年卡不同的分配方式有（　　　）

（A）6 种　　　　（B）9 种　　　　（C）11 种　　　　（D）23 种

这是一个古老的问题，最先由利克努斯·贝努利（Niklaus Bernoulli, 1622—1708）提出。其通常提法是：有 n 个有序元素，全部改变其位置的排列数是多少。故称之为"错位排列"问题。后来大数学家殴拉等有所研究。记 $f(n)$ 表示 n 个元素全部错位的所有排列种数，则 $f(n) = n!\left[\dfrac{(-1)^0}{0!} + \dfrac{(-1)^1}{1!} + \dfrac{(-1)^2}{2!} + \cdots + \dfrac{(-1)^n}{n!}\right] = C_n^0 n! - C_n^1 (n-1)! + C_n^2 (n-2)! - \cdots + (-1)^n C_n^n n!$

可解释为：给出 $n!$，显然方法种数"过剩"了，可去掉某人恰拿到自写贺年卡的情况，此时其他人的错位为 $(n-1)!$，因为 n 个人等可能，故乘以 C_n^1。

教学思考：

这道试题究竟考查的是什么？从大的方面来说，它考查了用数学的眼光观察世界（将比赛问题抽象出数学问题），用数学的思维思考问题（解决此题）。具体地说，这道题目既没有考查到与顺序有关的排列问题，也没有考查到与顺序无关的组合问题、技术原理，也可以说两队比赛像组合，胜者与轮空者比赛像排列。计数原理这一章节中的两种基本题型，即与坐位置有关的排列和分组都没有考查到，而是考查计数原理本质的东西——如何计数。计数原理中，一个是分类计数加法原理，一个是分步计数乘法原理，而此题中，如何分类？如何分布？看这个题公布的答案，分类、分布貌似简单，可是在我们解题过程当中，如何想到比赛最多五场，最少要四场？

本人认为计数原理的本质是计数，而计数的前提是你能列出基本事件，基本事件都列不出来如何计数。计数原理是在能列出所有基本事件的前提下为了简洁表达才有简单计数，所以才叫计数原理。列出所有基本事件是一个基本活动，此题应该是考查列出所有基本事件这一问题解决的基本活动经验。

因此，教学中我们要让学生在问题解决过程中建立基本数学活动经验，包括分类加法原理、分步乘法原理。学生应该是在问题解决过程中积累基本活动经验，而不是凭借记忆中的知识解决问题。

（二）基本数学思想与数学方法是王道——做 2019 年全国数学一卷有感

网上有人调侃今年数学高考卷说："我们都以为数学还是换汤不换药，结果今年厉害了，换了个碗。"命题组解释道："今年的高考数学试卷着重考查考生的理性思维能力，综合运用数学思维方法分析问题、解决问题的能力，突出了学科素养导向，注重能力考查，全面覆盖基础知识，增强综合性、应用性，以真实情境为载体，贴近生活，联系社会实际，在数学教育、评价中落实立德树人的根本任务。"作为一名一线的普通教师，我将今年的高考题也仔细地做了一遍，不是对命题组献媚，我认为命题组的说法是有道理的，我的感觉就是：汤没有换，药也没有换，碗更没有换。基本数学思想与数学方法才是王道。

下面就本人对新课标 1 理科卷试题的体会细说如下：

6．我国古代典籍《周易》用"卦"描述万物的变化。每一"重卦"由从下到上排列的 6 个爻组成。爻分为阳爻"—"和阴爻"– –"，图 2–2 就是一重卦。在所有重卦中随机抽取一重卦，则该重卦恰好有三个阳爻的概率是（　　　）

A. $\dfrac{5}{16}$　　　B. $\dfrac{11}{32}$　　　C. $\dfrac{21}{32}$　　　D. $\dfrac{11}{16}$

图 2–2

解法评析：一看字"爻"都不认识，还能读懂题吗？题都读不懂当然不会做啦。

数学的一个最基本的思想就是数学抽象，是指舍去事物的一切物理属性，得到数学研究对象的思维过程。在此处，阳爻和阴爻抽象出来就是两个数学对象，也就是两个元素 a 与 b，就是两个元素排满在 6 个位置上，有 3 个位置排 a 的概率 $P = \dfrac{C_6^3}{2^6} = \dfrac{20}{64} = \dfrac{5}{16}$，与是否认识这个字有关吗？所以本题与其说是考查排列组合概率，还不如说是考查基本数学思想——数学抽象。

教学启示：

加强数学抽象的过程教学。数学学科核心素养指出"在数学抽象核心素养的形成过程中，积累从具体到抽象的活动经验。学生能更好地理解数学概念、命题、方法和体系，能通过抽象、概括去认识、理解、把握事物的数学本质，能逐渐养成一般性思考问题的习惯，能在其他学科的学习中主动运用数学抽象的思维方式解决问题。"

1. 在概念教学中，就可能增加这样一个抽象过程，如在排列的概念教学中就可如此：

请同学们观察下列三个问题：

（1）从甲、乙、丙 3 名同学中选出 2 名参加一项活动。其中 1 名同学参加上午活动，另外 1 名同学参加下午活动，有多少种不同的选法？

（2）从这些国画、油画、水彩画中选两幅布置房间，挂在左右两个位置上，问有几种不同的布置方式？

（3）从 1，2，3 三个数字抽取两个数字排成一个两位数，有多少种不同排法？

上述三个题中，（1）甲、乙、丙 3 名同学，国画、油画、水彩画三幅画，1，2，3 三个数字，都换成三个元素 a，b，c 对题目有影响吗？

（2）上下午，左右，个位十位，都换成按一定顺序对题目有影响吗？

（3）如此一来，上面 3 个问题就成了一个问题：从 3 个元素中抽出 2 个元素按一定顺序排成一列有多少种不同排法？

2. 在例题教学中也可增加一个过程，如在超几何分布的例题教学后：

例2：（《人教 A 版选修 2 – 3》P47）在含有 5 件次品的 100 件产品中，任取 3 件，求：（1）取到次品数 X 的分布列；（2）至少有 1 件次品的概率。

可让学生将下列题中的具体物理对象换成正品、次品如何？换成元素 a 和 b 如何？你会做吗？以此你们也会编题吗？

（1）在某年级的联欢会上设计了一个摸奖游戏，在一个口袋中装有 10 个红球和 20 个白球，这些球中除颜色外完全相同，一次从中摸出 5 个球，至少摸到 3 个红球就中奖，求摸到红球个数的分布列。

（2）学校要从 30 名候选人中选出 10 名同学组建学生会，其中某班有 4 名候选人，假设每名候选人都有相同的机会被选到，求该班候选人被选中人数 X 的分布列。

（3）老师要从 10 篇课文中随机抽 3 篇让同学们背诵，规定至少要背出其中两篇才能及格，某同学只能背诵其中的 6 篇，求抽到他能背诵的课文的数量的分布列。

（4）某种彩票在开奖时是从 1，2，…，36 中任意选取七个基本号码，凡购买的彩票上的七个号码中含有 4 个或 4 个以上基本号码就中奖，根据基本号码个数的多少，中奖的等级见表 2 -1，求中奖等级的分布列。

表 2 -1

含有基本号码个数	4	5	6	7
中奖等级	四等奖	三等奖	二等奖	一等奖

20. 已知函数 $f(x) = \sin x - \ln(1+x)$，$f'(x)$ 为 $f(x)$ 的导数。证明：（1）$f'(x)$ 在区间 $\left(-1, \dfrac{\pi}{2}\right)$ 上存在唯一极大值点；（2）$f(x)$ 有且仅有 2 个零点。

解法评析：现在很多学生一看函数问题就想到求导，但不知道求导后要干什么？没有了目的性，只能说明学生没有掌握好解决函数零点问题的基本数学方法。

在必修一函数的应用一章中，明确给出函数零点问题的基本数学方法：

若连续函数 $f(x)$ 满足 $f(a)f(b)<0$，则函数 $f(x)$ 在 (a, b) 有零点；

若连续函数 $f(x)$ 满足 $f(a)f(b)<0$，且 $f(x)$ 单调，则函数 $f(x)$ 在 (a, b) 有唯一零点。

（1）所以要证 $f'(x) = \cos x - \dfrac{1}{1+x}$ 存在唯一极大值点，需证 $g(x) = [f'(x)]' = -\sin x + \dfrac{1}{(1+x)^2}$ 存在唯一左向下穿透 x 轴零点，由唯一零点

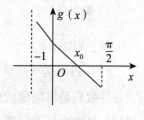

图 2 -3

基本数学方法，用图思考就是证 $g(x)$ 的正负图，如图 2 -3 所示。

由 $g(0) = 1 > 0$，$g\left(\dfrac{\pi}{2}\right) = -1 + \dfrac{1}{\left(1+\dfrac{\pi}{2}\right)^2} < -1 + \dfrac{1}{1} = 0$，且 $g'(x) =$

$\cos x - \dfrac{2}{(1+x)^3} < 0$。

命题（1）得证。

（2）由（1）导函数 $f'(x) = \cos x - \dfrac{1}{1+x}$ 的正负图如图 2－4 所示，$(f'(0)$

$= 0$，$f'\left(\dfrac{\pi}{2}\right) < 0)$，得原函数 $f(x)$ 的大致图像如图 2－5 所示，$(f(0) = 0$，

$f\left(\dfrac{\pi}{2}\right) = 1 - \ln\left(1 + \dfrac{\pi}{2}\right) > 1 - \ln 2.6 > 0)$，要证 $f(x)$ 有且仅有 2 个零点，还需证

明在 $x \in \left(\dfrac{\pi}{2}, +\infty\right)$ 上只有一个零点，由唯一零点基本数学方法，考虑 $f\left(\dfrac{\pi}{2}\right) >$

0，$f(\pi) = -1 - \ln(1+\pi) < 0$，当 $x \in \left(\dfrac{\pi}{2}, \pi\right)$ 时，由 $\cos x < 0$，$f'(x) =$

$\cos x - \dfrac{1}{1+x} < 0$，所以 $f(x)$ 在 $\left(\dfrac{\pi}{2}, \pi\right)$ 上有唯一零点，当 $x \in (\pi, +\infty)$ 时，

$f(x) = \sin x - \ln(1+x) < 1 - \ln(1+\pi) < 0$，无零点，如图 2－6 所示。命

题得证。

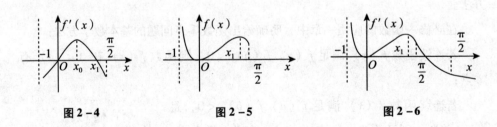

图 2－4   图 2－5   图 2－6

教学启示：

（1）强化基本数学方法

导数只是解决函数单调性的一个工具，不能碰到函数问题就想到求导，要
想到你是解决什么问题，用什么方法，需要什么工具，是否可以用到导数这一
工具。好像锄头是一个生产工具，可以用来除草，可以用来松土，也可以用来
挖苗，如果我们要去除草，那我们的任务就是除草，把地里的草除干净，可以
用手拔草，用工具是为了更快更好地把草除掉，这才想到锄头这一工具。在此

题中，要证函数有唯一零点，需证连续函数 $f(x)$ 满足 $f(a)f(b)<0$，且 $f(x)$ 单调，求导只是为了证明单调这一点，所以说要加强基本数学方法的教学。

又如这次顺德区高二期末统考 22 题：已知函数 $f(x)=\ln x-a^2x^2+ax$。（略）（2）若 $a=1$，求证：当 $x>0$ 时，$f(x)<e^{2x}-x^2-2$。这是函数不等式的证明问题，教材（人教 A 版）通过习题的形式呈现，基本方法是通过转化为证差函数 $g(x)=e^{2x}-x^2-2-f(x)>0$，转化求差函数 $g(x)$ 的最小值，如能求出则命题得证，如果不能求出，则用更强不等关系 $f(x)$ 的最大值 $<(e^{2x}-x^2-2)$ 的最小值证明。把这一基本方法掌握好了，此题不就容易解决了吗？

（2）用图思考

数学学科核心素养明确指出"直观想象是发现和提出数学问题、分析和解决数学问题的重要手段，是探索和形成论证思路、进行逻辑推理、构建抽象结构的思维基础"，所以此题用导函数的正负图与原函数的大致图关系来探索零点的个数既简洁又一目了然。我们在教学中要注意培养学生用图思考和想象，提升学生的数形结合能力，以不变应万变。

导数的作用就是研究函数的单调性和极值，我们还可以让学生探索一些复杂函数的大致图形，有利于提升学生用图思考的能力。

例：已知函数 $f(x)=\ln x-2x-\dfrac{1}{x}$，先画导函数的正负图，再画原函数的大致图（要求特殊点准确）。

解：定义域是 $x\in(0,+\infty)$。

求导：$f'(x)=\dfrac{1}{x}-2+\dfrac{1}{x^2}=\dfrac{-2x^2+x+1}{x^2}=\dfrac{-(2x+1)(x-1)}{x^2}$。

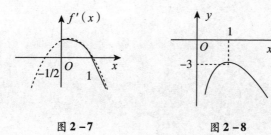

图 2-7   图 2-8

练习：(1) $f(x) = x^3 - x^2 - x$；(2) $f(x) = 2x(e^x - 1) - x^2$；

(3) $f(x) = x^2 e^{-x}$；(4) $f(x) = (x+1)^2 \ln(x+1)$；

(5) $f(x) = \frac{1}{2}(x-5)^2 + 6\ln x$；(6) $f(x) = 2x + \frac{8}{x+2}$。

结束语：数学不是知识的堆砌，而是思维的体操。如何思维？就要将基本数学方法和基本数学思想相结合。因此，我们要加强基本数学方法和基本数学思想的教学，提高学生的数学核心素养，这才是王道。

参考文献

[1] 中华人民共和国教育部 . 普通高中数学课程标准（2017 年版）[M] . 北京：人民教育出版社，2017.

[2] G. 波利亚 . 怎样解题 [M] . 阎育苏，北京：科学出版社，1982.

[3] 郑毓信 . 问题解决与数学教育 [M] . 南京：江苏教育出版社，1994.

[4] 高福如 . 高中数学基于"问题解决"的课堂教学与设计 [M] . 上海：华东师范大学出版社，2018.

[5] 弗赖登塔尔 . 作为教育任务的数学 [M] . 陈昌平，等译 . 上海：上海教育出版社，1995.

第 三 章

在问题解决的活动中建构概念

    用数学的语言表达世界，数学语言确实很美，非常简洁。$e^{i\pi}+1=0$，就把这 5 个特殊的超越数 e，π，虚数单位 i，单位数 1 与 0 连在一起了，确实，一看很漂亮，甚至每次看到这个公式的时候，我都会有种为之一惊的感觉。如果不懂得这个数学语言，那你看得就傻眼啦。又如哥得巴赫猜想表示为 $2=1+1$，闹出好多笑话，$1+1$ 就等于 2 还要证明吗？所以说，要用数学的语言表达这个世界，对于老师来讲，应该重点放在如何让学生读懂这个数学语言，特别是抽象的数学语言。对于学生学习数学来讲，第一个拦路虎，也就是数学语言。如我们高中数学，开学的第一课——集合的概念中就有几个难点，这些难点是集合概念的描述法，描述法中关键是元素的符号、元素共同特征的符号表示。教材中给出了两个非常难的：一个是奇数集的描述法表示；另一个是有理数集的描述法表示。实际上，这个描述法的符号表示，更多的包含前面的数学知识，如有理数为什么一定可以用分数表示。所以说我们在教学生用数学的语言来表达这个事情上，只有通过我们平时教学中的点点滴滴让他们理解数学，才能让他们理解数学语言，才能够用数学语言表达数学事件，表达我们的世界。

一、数学概念是告知还是自主建构

    数学概念、数学符号就像我们所说的语言中的字词，没有字词哪来的句子，所以数学概念是构成数学语言的字词，数学概念的学习既类似于语言学习，需要记忆，又不完全类似，数学概念更多的是理解、是为什么。

　　现在,我们的数学概念教学更多的是告诉学生教材上是这么规定的,而在此规定下反复练习,横向的、逆向的都要练习熟练,可是对为什么要这样规定,就一句话:课本上是这么规定的,如函数的零点是函数与 x 轴交点的横坐标,是一个数,就这么规定的,你们不要出错,练多了自然也就掌握了,不会出错。

　　我对函数的零点的讲解是如此处理的:

　　什么是函数的零点?

　　问题1:凭感觉,函数的零点是什么?

　　(学生惊愕,不是告知,是感觉? 有些已预习的学生窃窃私语说零点是两个数 x_1, x_2。)

　　教师具体:函数 $y=2x+4$ 的零点是什么?

　　生1:有一个0的点,函数在 x 轴上的点 $(y=0)$,或在 y 轴上的点 $(x=0)$。

　　问题2:究竟是函数与 x 轴的交点还是与 y 轴的交点? 还是两者都是?

　　生2:我觉得是 x 轴上的点,因为这个点把函数分成了上下部分,解不等式用到了它(已预习的学生回答)。

　　师:y 轴上的点也能把图像分成左右部分。

　　(学生面面相觑,还是在困惑中。)

　　生3:我想函数的零点中的函数就是因变量 y,这样函数的零点就是因变量 $y=0$ 的点,就是函数与 x 轴的交点。

　　(噢,很多学生恍然大悟,对如此说的学生露出了钦佩的眼神。)

　　师:对! 好! 给这位同学来点掌声。

　　问题3:函数 $y=2x+4$ 的零点就函数与 x 轴的交点,表示成 $(-2,0)$ 可能吗? 有什么不妥?

　　生4:我觉得可以,可是书上却说是一个数?

　　(学生又在深思。)

　　生5:函数零点已经是函数值为0,即 $y=0$ 了,那么这个点的纵坐标就可以不写了。

　　师:为什么就可以不写了呢?

　　生5:老师您说数学讲究简洁、讲究漂亮,不要多余的。

　　(噢,原来如此。)

师：来点掌声如何？

教师总结：函数 $y = 2x + 4$ 的零点是 $x = -2$ ⟺函数 $y = 2x + 4$ 中函数值为 0 的横坐标⟺函数 $y = 2x + 4$ 与 x 轴交点的横坐标⟺方程 $2x + 4 = 0$ 的解。

学生不仅理解了函数零点为什么要如此规定，他们的数学思想（如此函数零点概念中蕴含的数学简洁美）、数学素养也无形中得到了发展，如复数的虚部为什么是 b 而不是 bi 也是如此。

所以说，数学概念的学习不是告知学生，而是学生在问题解决需要的情境中进行自主建构。只有这样，才能把为什么这么规定理解透彻，才能让学生的数学核心素养得到全面的发展。

二、产生数学概念的问题设计策略

（一）揭示概念的本质

任何概念的产生都有深刻的背景，或是为了表述的方便，或者是为了界定某种方式，或者是为了描述某种现象。只有理解了概念产生的背景（知识的、历史的），才能设计出体现概念内涵与外延的问题，在问题解决的过程中深刻建构概念的内涵与外延，理解概念所蕴含的思想方法，形成数学素养。

例如，充要条件是为了表述条件与结论的逻辑关系而引进的概念；高中函数概念是为了完善初中函数而用界定的对应关系；向量的数量积是为了描述两矢量力与位移所做功。理解了这些概念的产生背景，才能设计出与此相适应的问题。

（二）创设真实的情境

数学源于现实，任何概念都可以理解为从现实中抽象出来的，所以在理解概念本质的基础上，都可以创设符合概念内含与外延的真实情境，让学生在真实情境中进行建构，既加深理解，还能形成概念的具体表征。

如三角函数就是从地球绕太阳旋转出现了昼夜交替现象、月亮绕地球旋转出现了潮汐现象、我们游乐场的摩天轮这些真实情境中抽象建构出的概念。

（三）适合学生的难度

由于是学生在自主问题解决的过程中进行概念的建构，因此设计的问题过难，学生无法解决，也就无法进行概念的建构；问题过易，学生无须进行深度思考，也就无法体现学生的自主建构。

三、案例

案例1：充分条件、必要条件和充要条件（第1课时）

概念的学习过程，也是学生解决问题的过程。

学生在问题解决的情景中形成数学概念，不仅有助于对概念的理解，而且还可以很好地领略数学的精神、思想、方法，同时，发现问题与自我解决问题的能力也得到了提高。我在充要条件的教学中尝试了姑且称之为"问题解决"法的方法，效果良好。

（一）创设问题情境

问题1：在初中，我们已经对命题有了初步的认识。一般地，我们把用语言、符号或式子表达的，可以判断真假的陈述句叫作命题，判断为真的语句是真命题，判断为假的语句是假命题。

中学数学中的许多命题可以写成"若 p，则 q""如果 p，那么 q"等形式，其中 p 称为命题的条件，q 称为命题的结论。

（1）若平行四边形的对角线互相垂直，则这个平行四边形是菱形；

（2）若两个三角形的周长相等，则两个三角形全等；

（3）若 $x^2 - 3x + 2 = 0$，则 $x = 1$；

（4）若平面内两条直线 a 和 b 均垂直于直线 l，则 $a /\!/ b$。

请同学们判断上述命题的真假。

问题2：师：如果你问某个人："张三是李四的什么人？"这个人却这样回答："张三的姐姐嫁给李二生出了李四。"（学生大笑）对！你会认为这很好笑，答张三是李四的舅舅不就可以了吗？干吗弄得那么复杂，叫人差点丈二和尚摸不着头脑。不过又想一想，为什么后面这种回答就好些呢？

生：简单，因为"舅舅"两个字，把张三与李四的关系表达出来了。

师：简单就是美，简洁就是漂亮，很多数学符号、数学概念的产生，就是源于简洁。

教师用 PPT 打出下面问题：

条件 p	结论 q
① 两个三角形全等	两个三角形面积相等
② $x = y$	$x^2 = y^2$
③ $x = 2$	$x^2 - 5x + 6 = 0$
④ 三角形有两个角相等	三角形是等腰三角形
⑤ $b^2 - 4ac \geq 0$ （$a \neq 0$）	$ax^2 + bx + c = 0$ （$a \neq 0$）有实根
⑥ 四边形四边相等	四边形是正方形
⑦ $x > 2$	$x > 3$
⑧ $x^2 = y^2$	$x = y$
⑨ $x > y$	$x^2 > y^2$

问题 3：上面每一题号中有条件 p 和结论 q 两部分，你们也能用寥寥两个字把条件 p 对于保证结论 q 成立所起的作用表述出来吗？

（二）引导学生对问题进行探究

问题 4：请同学们判断上面哪些题号中的条件能保证结论成立（$p \Rightarrow q$）？哪些题号中的结论能使得条件成立（$p \Leftarrow q$）？

（学生练习讨论、教师巡视指点，最后师生一起得出）

①、②、③是 $p \Rightarrow q$ 但 $p \nLeftarrow q$；

④、⑤是 $p \Leftrightarrow q$；

⑥、⑦、⑧是 $p \nRightarrow q$ 但 $p \Leftarrow q$；

⑨是 $p \nRightarrow q$ 且 $p \nLeftarrow q$。

师：由上面可以看出 p 和 q 的逻辑关系有上面四种，实际上条件 p 与结论 q 的基本逻辑关系只有两种：$p \Rightarrow q$ 和 $p \Leftarrow q$。下面具体地分析这两种关系中的条件 p 对于保证结论 q 成立所起的作用。

师：如②中，条件"$x = y$"能保证结论"$x^2 = y^2$"成立，也就是说，要使"$x^2 = y^2$"成立，具备条件"$x = y$"就足够了，相对"$x^2 = y^2$"这个结论，我们如何称呼条件"$x = y$"？

生 1："$x = y$"是足够保证"$x^2 = y^2$"成立的条件。

生 2："$x = y$"是"$x^2 = y^2$"的足够条件。

师：学生 2 这样简洁的称呼可以，不过人们习惯用"足够"的同义词"充分"来称呼，即称"$x = y$"是"$x^2 = y^2$"的充分条件。

上面哪些题号中的条件可以如此称呼？我们称 $x > 2$ 是 $x^2 + x - 6 > 0$ 的充分条件意味着什么？

生：……

问题 5：题号①、②、③与④、⑤中的 p 都可以称作 q 成立的充分条件，可④、⑤的逆命题成立，多了 $p \Leftarrow q$ 这层关系，对这些题号中的条件保证结论成立所起的作用，同学们能感觉出什么差异？

生 3：我感觉①、②、③题号中的条件使结论成立绰绰有余，④、⑤题号中的条件刚好能使结论成立。

问题 6：题号⑥中，若一个四边形是正方形，那么这个四边形的四边相等。可是一个四边形的四边相等却不能保证这个四边形是正方形，是不是"四边形四边相等"对于保证这个四边形是正方形就不起任何作用呢？

生：好像不起作用？

生 4：不！起作用。

师：为什么？

生 4：如果一个四边形的四边都不相等，那这个四边形不可能是正方形。这就是说，使这个四边形是正方形，四边相等这个条件必须要。

师：说得好！起多大的作用？

生：还不足以保证这个四边形是正方形。

师：后面这些题号的条件 p 对于保证结论 q 成立起不起作用？起多大的作用？

（让学生一题一题地说明，从而能使学生感悟出来）

生 5：原来是"$p \Leftarrow q$"和它的逆否命题"$\neg p \Rightarrow \neg q$"等价。如果 q 成立，那么 p 成立，如果 p 不成立，那么 q 不成立，也就是说要使 q 成立，p 必须成立。

师：哪个词能准确表达"不一定够，但又必须要"的意思？

生：必要。

师：相对"四边形是正方形"这个结论，如何称呼"四边形四边相等"这个条件？

生：四边形四边相等是这个四边形为正方形的必要条件。

师：上面哪些题号中的条件可如此称呼？我们称两个三角形面积相等是这两个三角形全等的必要条件意味着什么？

（三）形成概念

在上面对问题的探究的基础上，由学生自主完成"充分条件""必要条件""充要条件"这三个概念的准确定义。

（四）对问题的发散性思考：深化概念

问题7：我们再回到前面9个题号中条件与结论的依存关系，结合这几个概念，还能体会是什么？

生6：我好像感到要保证结论成立，充分非必要条件过强，充要条件正好，必要不充分条件过弱。

生7：我好像有这样的感觉，条件 p 确定的范围比结论 q 的范围过窄是充分不必要条件，相同是充要条件，过宽是必要不充分条件。

师：对上述三个概念还可以借助于集合语言来表达。

若 $p \subsetneqq q$，则 $x \in p \Rightarrow x \in q$，$\therefore p$ 是 q 的充分不必要条件；

若 $p \supsetneqq q$，则 $x \in p \Leftarrow x \in q$，$\therefore p$ 是 q 的必要不充分条件；

若 $p = q$，则 $x \in p \Leftrightarrow x \in q$，$\therefore p$ 是 q 的充要条件。

（五）几点体会

（1）目前，"问题解决"给人的感觉似乎就是解决非常规的应用问题，其实"问题解决"中的问题早已界定为"一个人具有智力挑战特征的，没有现成的直接方法、程序或算法的，表示解决问题的情景"。它可以分为两类：一类是数学中的应用问题；另一类是纯数学问题，只要是新的内容，包括新的概念、新的定理、新的应用，我们在上课时，都可以把它改成"问题"提出，这样问题就不会贫乏。既有数学应用的"问题解决"，也有数学知识建构的"问题解决"，事实上更多的应该是后者。

（2）创设产生概念的问题最好是对生活中实际问题的引入，这样既可以使学生好奇，又感到数学知识就在他们身边，不再抽象。如本课时中，通过生活中的简单美引出如何简洁地称呼数学命题中的条件对结论成立所起作用这一问题。"问题"一出现，新的概念产生就成了学生的一种需要。当然，有些概念的产生可以从数学知识本身发展的矛盾中提出，然后再引出概念，无论怎样，都需要我们教师对概念产生的背景做深刻的研究。

（3）在对"问题"进行探究的过程中，教师主要是调控学生解决问题的思维方向，学生则是对问题进行全方位的探索，自主解决问题。这节课中，教师调控学生是分析一些具体命题中条件与结论的逻辑关系中的条件对结论成立所起的作用，最后怎样命名。学生则好像自己发现了条件与结论的几种逻辑关系，各种逻辑关系中条件对结论说起作用，进而自己命名。这个概念似乎就是自己产生出来的，这不正是素质教育所提倡的吗？当然，这个过程对教师有更高层次的要求。

（4）问题解决教学就其本质而言，是学生在解决问题的过程中建构新知识，发现问题、解决问题的能力也得到了淋漓尽致的发挥，只要坚持不懈地做下去，学生数学素养定能得到极大的提高。

（此设计发表于《数学教学》1999 年第 6 期）

案例 2：集合的概念

"集合论是德国数学家康托尔于 19 世纪末创立的，当时，康托尔在解决涉及无限量研究的数学问题时，越过了'数集'的限制，提出了一般性的集合概念"。关于集合论，希尔伯特赞誉其为"数学思想的惊人的产物，在纯粹理性的范畴中人类活动的最美的表现之一"，罗素描述其为"可能是这个时代所能夸耀的最伟大的工作"。这些我是感受不深，只能看作一种数学文化吧。

但是，集合语言是现代数学的基本语言。使用集合语言，可以简洁、准确地表达数学的一些内容。高中数学课程只将集合作为一种语言来学习，学生将学会使用最基本的集合语言表示有关的数学对象，发展运用数学语言进行交流表达的能力，我想这就是为什么要在高中学习集合的原因。

《普通高中教科书数学必修第一册教师教学用书》的下面这句话更为准确地表明了"集合"的教育价值："在研究问题、表达交流（即便是日常交流）时，大家在同一范围讨论的是同一类问题，这样才有实际效果，否则就会出现风马牛不相及的局面。"也就是我们常说的罗伯特议事规则，说明了"集合"

的思想价值。我就是以此为"情境"设计"问题",开展"集合"学习的。

在集合的学习过程中,由问题 3 给出一组例子。舍去具体物理意义,抽象出"数学对象在确定的范围内"就是集合的这一抽象过程也非常重要,是发展学生抽象素养的必经过程,让学生逐步学会用数学的眼光观察世界。

还有在抽象元素的共同特征时,我们抽象出的共同特征用自然语言描述,现在过渡到抽象语言,即用数学符号语言时,这对我们的学生而言是一个抽象过程,同时也是一个用数学的语言表达世界的过程。所以说,这一节课内容思想方法比较丰富,是一节具有挑战的课。

(一) 内容和内容解析

(1) 内容

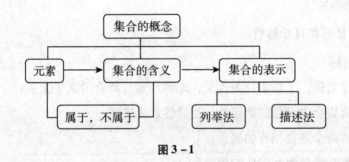

图 3 – 1

(2) 内容解析

集合论是现代数学的基础,集合语言是现代数学的基本语言。在高中数学中,集合是作为一种语言和工具来学习的,即是用来表示数集、点集范围的。

教科书关于集合一共安排了三节内容,"集合的概念"是其第一节课(另外两节分别是"集合间的基本关系"和"集合的基本运算"),也是学生进入高中阶段的第一节数学课。教科书首先在义务教育阶段学习的相关知识的基础上,从 6 个实例入手,通过对比分析共同特征,从中抽象概括出元素和集合的含义(描述性概念),在渗透抽象概括思想的同时,提升数学抽象素养。

由于集合是一个原始的、不定义的概念,教科书通过研究集合中元素的性质、元素与集合的关系等帮助学生深入了解集合的含义。其中元素与集合的关系是后续研究集合之间的关系和集合运算的基础,其实质是个体与整体间的关系,其本质是基于集合概念基础上的判断,是推理的初级阶段,也是进一步学习逻辑思维的基础和前提。

列举法和描述法是集合的两种重要表示方法,不同情形用不同表示法。列举法可直接清晰地认识集合中元素的个性特点,在此基础上可进一步抽象概括出集合中元素的特征性质;描述法可更加凸显出集合中元素的公共属性,也可通过列举其中的特殊元素从而对集合中元素的公共属性有更加具体的认识。教科书通过实例分析和应用不断地强化学生对这两种表示方法的理解。通过不同表示方法的相互转换,引导学生体会自然语言、列举法和描述法各自的特点,并初步学会用集合语言简洁、准确地表述数学的研究对象,在渗透化归思想、转化思想的同时,提升数学抽象素养。

结合以上分析,确定本节课的教学重点:元素与集合的"属于"关系,用符号语言刻画集合。

（二）目标和目标解析

（1）目标

① 通过实例,了解集合的含义,理解元素与集合的属于关系;

② 理解集合中元素的确定性、互异性、无序性;

③ 理解两个集合相等的概念;

④ 理解常用数集并记住专用符号;

⑤ 针对具体问题,能在自然语言和图形语言的基础上,用符号语言刻画集合。

（2）目标解析

达成上述目标的标志:

① 能结合具体实例判断哪些事物可以组成集合,哪些事物不能组成集合;

② 知道两个集合相等应满足的条件。结合具体情境,判断元素与集合的关系,能用集合中元素的确定性、互异性、无序性解决一些具体的问题。

③ 对于给定的具体情境,能抽象概括出数学对象的一般特征,会用自然语言、符号语言（列举法和描述法）表达所要研究的数学对象,并能根据需求进行转换,从中感受集合语言的意义和作用,积累数学抽象经验。

（三）教学问题诊断分析

作为高中数学的第一课,集合在初中阶段已接触过了,是用集合的图示法让学生直观理解相关数学知识，从中体会集合思想方法的作用。初中阶段主要是向学生介绍一些具体的集合和用集合来定义数学概念（比如正数集合、无理数集合、不等式的解集、圆的概念和线段的垂直平分线的概念等），但不涉及集合的意义及其数学表示。高中阶段学生开始系统地学习集合论的初步知识，尤其突出集合的"语言功能"，要求学生初步学会用集合语言简洁、准确地表述数学的研究对象。但是由于概念抽象、子概念多，而且符号术语也多，需要学生较高的抽象思维能力，而初中阶段的思维模式中，数学学习更具体、直观，这就导致高中生在学习集合知识时存在较多的困难，它需要学生的学习经历一个从直观到抽象、从感性认识到理性思考的过程。同时，由于符号语言的表述，使得高中语言表达的抽象性要远高于初中学习要求，这也导致了"集合的表示方式"成了本课的难点。尤其是描述法更是学习的难点，主要难在对于"共同特征"的描述及符号表示，需要学生有较高的抽象概括能力。

结合以上分析，确定本节课的教学难点：用描述法表示集合。

为突破这一难点，可以增加一个环节，先抽象地用自然语言描述，如思考 $\{0，3，6，9\}$ ＝抽象出"小于 10 的自然数"，再翻译成符号语言"$x<10$，$x \in \mathbf{N}$"，即 $\{0，3，6，9\}$ ＝ $\{$数｜小于 10 且能被 3 整除的自然数$\}$ ＝ $\{x \in \mathbf{N}$｜$x<10$，$x \in \mathbf{N}\}$，这样学生更明确了。再就是掌握"奇数"的共同特征是"除 2 余 1 的数"，再用符号"$x=2k+1$，$k \in \mathbf{Z}$"表示；还有就是掌握"有理数"的共同特征"$x=\dfrac{q}{p}$，p，$q \in \mathbf{Z}$，$p \neq 0$"，这需要回顾初中所学有理数的概念才能理解。

（四）教学过程设计

1. 创设情境

问题 1：（1）小明同学入学测试数学考了 87 分，优秀吗？

（2）方程 $x^2=2$ 有解吗？

（3）到定点 O 的距离等于定长的点组成的图形一定是圆吗？

师生活动：学生独立思考，讨论交流。

生 1：我认为小明是优秀的，我只考了 71 分，比我优秀。

生 2：我认为小明是不优秀的，隔壁重点班 90 分以上就有 30 多个同学。

51

学生争论……

教师：所以说，优秀与否得有一个界定、一个标准，今天我们不讨论优秀的标准，而只是说明一个判断一定要有一个明确的标准。

生3：方程 $x^2 = 2$ 也可以说有解，也可以说无解，即在有理数范围内无解，在实数范围内解为 $\pm\sqrt{2}$。

生4：（3）中，不同范围内动点的轨迹不同（在平面内，所有到定点的距离等于定长的点组成的图形为圆；在空间中，所有到定点的距离等于定长的点组成的图形为球面）。

教师点评：在研究问题、表达交流时，大家在同一范围内讨论的是同一类问题，这样才有实际效果，否则就会出现风马牛不相及的局面。不同范围内方程的解不同，不同范围内动点的轨迹不同。

设计意图：逐步养成在确定的范围内讨论确定的问题的数学思维方式，为用集合语言简洁、准确地表述数学对象及研究范围做准备。

问题2：在初中，我们已经用集合表示过一些问题，同学们能举出一些集合的例子吗？

师生活动：学生回顾。

生5：自然数的集合、有理数的集合、不等式 $x - 7 < 3$ 的解的集合等。

生6：平面内到一个定点的距离等于定长的点的集合（即圆），到一条线段两个端点距离相等的点的集合（中垂线），到角两边距离相等的点的集合（角平分线）……

设计意图：建构主义的学习观告诉我们：数学学习并非是一个被动的吸收过程，而是一个以已有的知识和经验为基础的主动的建构过程，所以从回顾小学到初中已学的知识开始，通过回忆、交流，让学生熟悉"集合"这一词，借助以前学生熟知的例子，引出"集合"这一概念，并为后面进一步研究集合做好准备工作。

2. 元素和集合的含义

问题3：看下面一些例子：

（1）1～20 以内的所有偶数；

（2）比较大的偶数；

（3）我们班身材比较高的同学；

（4）我们班身高 170cm（含 170cm）以上的同学；

（5）所有正方形；

（6）到直线 l 的距离等于定长 d 的所有点；

（7）方程 $x^2+3x-2=0$ 的所有实数根；

（8）地球上的四大洋。

① 前面我们已经说过研究问题、讨论问题必须是在确定的范围内讨论所研究的对象，请同学们就上面例子回答对象是什么？范围是什么？是否确定？

② 用数学的眼光看世界就是舍去具体意义只研究其数量关系，把上面例子抽象出来将如何表达？

③ 能否像初中一样用"集合"这个词表述？

师生活动：学生思考，交流讨论，让两位同学上黑板展示。

生 7：（1）对象：偶数，范围：1~20 以内（包含 20），是确定的。

（2）对象：偶数，范围：比较大？

（3）对象：学生，范围：我们班身材比较高？

（4）对象：学生，范围：我们班身高 170cm（含 170cm）以上，是确定的。

生 8：（5）对象：正方形，范围：所有，确定的；

（6）对象：点，范围：到直线 l 的距离等于定长 d，是确定的；

（7）对象：方程根，范围：方程 $x^2+3x-2=0$ 的所有实数根，是确定的；

（8）对象：海洋，范围：地球上的四大洋，是确定的。

师：生 7 同学遇到了一个问题，比较大、比较高算不算确定的范围？

生 9：不能是确定的，多大算比较大？100 算不算大？10000 算不算大？因为不好界定，所以范围是不确定的。

师：确定范围的标准是什么？

生 10：任意给定一个对象都能确定要么在范围内，要么不在范围内。

师：问题②如何抽象？

生 11：把"对象偶数、学生、正方形、点、方程根、海洋这些舍去具体物理意义，称作是元素"，那么这些例子就可以统一称为"元素在一个确定的范围内"。

师：好！对象就称为元素，元素在确定的范围内一起称为集合。所以上面（1）、（4）、（5）、（6）、（7）、（8）由确定范围内的元素组成一个集合。

一般地，我们把研究对象统称为元素，把一些元素组成的总体叫作集合。

设计意图：由于集合是一个原始的、不定义的概念，《课程标准》也是这样要求："通过实例，了解集合的含义，体会元素与集合的'属于'关系。"因此，尽可能让学生感受集合是什么，也说明了为什么集合的元素是确定的，是数学思维的需要，而不是人为规定的，这样自然而然地知道集合的元素是确定的。通过舍去具体物理意义，抽象出数学元素的抽象过程，让学生逐步学会用数学的眼光观察世界。

问题 4：请同学们看课本第 2 ~ 3 页，回答下列问题：

（1）表示元素、集合、元素与集合的关系的符号是什么？

（2）你理解两个集合相等吗？

（3）为什么集合中的元素是不能重复出现的？

（4）数集是如何扩充的？特殊数集的符号你能理解记住吗？你能翻译 $a \in$ **Q**；$n \in$ **N**；$k \in$ **Z**；$x \in$ **R** 吗？

师生活动：学生思考，交流讨论。（1）、（2）学生一看就明白，不必讨论。

生 12：（3）是规定的；（4）的翻译是 a 是有理数，n 是自然数，k 是整数，x 是实数。

师：为什么集合中的元素是不能重复出现的？老师的理解是一重复就啰嗦，也就不准确了，例如我们高一（3）班同学组成的集合，邢昊宁同学是其中一个元素，如果邢昊宁同学可以重复，那有什么意义？还有人问我们班同学组成的集合中有多少个元素？如果可以重复，那你又如何回答？所以说，如果集合中的元素规定不能重复出现，那上面的困惑就自然消去了。最后还可以从数学美的角度来说，数学是美的，数学是漂亮的，数学美的第一大特征就是简洁美。只要元素不重复，那么就简洁多了。这是集合元素的第二特征——元素的互异性。

自然语言 "a 是有理数" 的符号语言是 "$a \in$ **Q**"，自然语言是我们母语的表达，符号语言是抽象的数学语言，是学过数学的地球人都知道的通用语言，要学好数学，也得先过语言关，所以请同学们熟记数学符号语言。

非负整数集或自然数集 **N**：自然数的英文 Natural number 的首写字母；

整数集 **Z**：德语中的整数 Zahlen 的首写字母，德国女数学家诺特于 1921 年写出的《整环的理想理论》在引入整数环概念的时候，她将整数环记作 **Z**；

有理数集 **Q**：商的英文 Quotient 的首写字母，任何一个有理数都是两个整数之比的结果（商）；

实数集 **R**：实数的英文 Real number 的首写字母。

设计意图： 对于难度不大的内容，特别是符号比较多时，学生通过阅读，自己用心记忆这些数学符号即可，也即让学生学会自觉地研读教科书，培养学生的自主学习能力。但为什么集合中的元素是不能重复出现的，即元素的互异性的这些规定教材没有明确说明，这就需要教师的理解了。点出数学抽象语言的重要性也需要教师指出强调。通过每个数集符号"来历"的解读向学生渗透数学文化，增加学生进行理解记忆的理性特征，巩固记忆效果。同时，作为下一个问题的载体，起到生成"集合的表示方法"等新知的作用。

3. 集合的列举法表示

问题 5：从上面的例子可看到，我们可以用自然语言描述一个集合，用大写的拉丁字母表示一个集合，一些常用的数集还有专用的字母表示。除此之外，我们还可以用什么方式表示集合呢？例如，"地球上的四大洋"组成的集合中，还有什么更简洁的表示呢？

师生活动：引导学生阅读教科书第 3 页，独立思考，讨论交流，归纳总结。

列举法：把集合的所有元素一一列举出来用"，"隔开，并用花括号"{}"括起来表示集合的方法。

教师追问：（1）哪些类型的集合用列举法表示为宜？（2）列举元素时一定要按某种顺序吗？

小组讨论交流，归纳总结：

（1）元素个数较少时，列举法更清楚；

教师：（2）集合中元素没有顺序要求，因为元素各种各样，无法统一顺序，这就是集合元素的特性之一——无序性。加上前面所说，集合元素的三个特性：确定性、互异性、无序性。

设计意图： 通过以上问题的研究，得出集合的列举法表示，体会列举法表示的特点，培养归纳概括能力。

4. 集合的描述法表示

问题6：（1）你能用自然语言描述集合 $\{0, 3, 6, 9\}$ 吗？

（2）你能用列举法表示不等式 $x-7<3$ 的解集吗？

师生活动：小组讨论交流，归纳总结。

生 13：（1）小于 10 且能被 3 整除的自然数；

（2）我们不能用列举法表示不等式 $x-7<3$ 的解集，因为不等式 $x-7<3$ 的解集是 $x<10$，满足 $x<10$ 的实数有无数个。

师：列举法无法表示这个集合，那就用另外的方法表示，我们可以用符号代表这个集合的元素，再把这些元素所具有的共同特征描述出来——描述法。

$\{0, 3, 6, 9\}$ = {数 | 小于 10 且能被 3 整除的自然数}；

不等式 $x-7<3$ 的解集 = $\{x \in \mathbf{R} \mid x-7<3\}$ = $\{x \in \mathbf{R} \mid x<10\}$。

描述法的格式：{代表元素的符号 | 元素共同特征}

有时也用冒号"："或分号"；"代替竖线"｜"写成 {代表元素的符号：元素共同特征}

教师追问：{数 | 小于 10 且能被 3 整除的自然数} 不漂亮没有数学味道，哪位同学能将此翻译成地球人都知道的数学符号语言？

生 14：{数 | 小于 10 且能被 3 整除的自然数} = $\{x \in \mathbf{N} \mid x<10, x \in \mathbf{N}\}$。

设计意图：在复习巩固列举法表示集合方法的同时，引出集合另一种表示方法——描述法。学生在把列举法表示的集合转化成自然语言表示的过程中，需要抽象概括出研究对象的一般特征，这样不仅有助于积累数学抽象经验，同时也为后面学习"描述法"做好铺垫。描述法表示格式的符号表示 $\{x \in A \mid P(x)\}$ 以后也用不着，还无形中增加了学生的畏惧心理，所以此处用我们母语表达。

问题7：描述法表示集合的两点：一是元素用什么符号代表；二是元素的共同特征如何用抽象的符号语言表示出来，这也是难点。请同学们用描述法表示：

（1）奇数集；

（2）有理数集；

（3）一次函数 $y=x+1$ 与 $y=-x+5$ 图像的交点组成的集合。

师生活动：小组讨论交流，然后由小组推举同学展示。

生 15：奇数集中的元素是整数，可以用符号 $x \in \mathbf{Z}$ 表示，它的特征可以表示为 $x = 2k + 1$ $(k \in \mathbf{Z})$，因为如果它能表示为 $x = 2k + 1$ $(k \in \mathbf{Z})$ 的形式，那么 x 除以 2 的余数为 1，它就是一个奇数；反之，如果 x 是一个奇数，那么它除以 2 的余数为 1，它就能表示为 $x = 2k + 1$ $(k \in \mathbf{Z})$ 的形式。因此，$x = 2k + 1$ $(k \in \mathbf{Z})$ 是所有奇数的一个共同特征，于是奇数集可以表示为 $\{x \in \mathbf{Z} \mid x = 2k + 1,\ k \in \mathbf{Z}\}$。

生 16：有理数集中的元素是有理数，可以用符号 $x \in \mathbf{R}$ 表示，由于有理数是由有限小数和无限循环小数组成的，它可以表示成分数 $\dfrac{q}{p}$ $(p,\ q \in \mathbf{Z},\ p \neq 0)$ 的形式，所以它的特征可以表示为 $x = \dfrac{q}{p}$ $(p,\ q \in \mathbf{Z},\ p \neq 0)$，于是有理数集可以表示为 $Q = \left\{x \in \mathbf{R} \mid x = \dfrac{q}{p},\ p,\ q \in \mathbf{Z},\ p \neq 0\right\}$。

生 17：交点组成的集合中的元素是点，点用坐标 $(x,\ y)$ 表示，它的特征是两条直线的交点可以表示为两个函数组成方程组 $\begin{cases} y = x + 1, \\ y = -x + 5 \end{cases}$ 的解，$x = 2k + 1$ $(k \in \mathbf{Z})$，交点组成的集合可以表示为 $\left\{(x,\ y) \mid \begin{cases} y = x + 1 \\ y = -x + 5 \end{cases}\right\} = \{(2,\ 3)\}$。

教师：如果从上下文的关系看，$x \in \mathbf{R}$，$x \in \mathbf{Z}$ 是明确的，那么可以省略，只写其元素 x。例如，$D = \{x \in \mathbf{R} \mid x < 10\}$ 也可表示为 $D = \{x \mid x < 10\}$；$E = \{x \in \mathbf{Z} \mid x = 2k + 1,\ k \in \mathbf{Z}\}$ 也可表示为 $E = \{x \mid x = 2k + 1,\ k \in \mathbf{Z}\}$。

设计意图：通过由自然语言抽象出符号语言的过程培养学生抽象素养，掌握奇数、有理数的符号共同特征，以及坐标平面中用坐标点表示元素及共同特征。

5. 巩固应用

问题 8：例 2 试分别用描述法和列举法表示下列集合：

（1）方程 $x^2 - 2 = 0$ 的所有实数根组成的集合 A；

（2）由大于 10 且小于 20 的所有整数组成的集合 B。

师生活动：小组讨论交流，重要的是引导学生分析集合中的元素及元素的共同特征，然后看课本对答案。

设计意图：巩固描述法和列举法，学生体会描述法与列举法各自的特点。

练习：选择恰当的表示法表示本节问题 3 中是集合的 6 个例子。

师生活动：学生先自主完成，然后进行展示，最后教师点评总结。

设计意图：通过让学生根据需要选择适当的方法表示集合，深化从不同集合语言形式对同一内容的理解，并从中体会集合的三种表示方法（自然语言、列举法和描述法）的必要性、各自的特点和适用对象。学会综合联系所学知识去分析和选择较简单、较明了的集合的表示法，从中感受集合语言的意义和作用，培养学生数学语言转换能力。

6. 归纳总结、布置作业

问题 9：请同学们回顾本节课的学习内容，回答下列问题：

(1) 什么是集合？集合元素有哪些特性？两个集合相等应满足什么条件？

(2) 元素与集合之间存在什么关系？如何用符号表示？

(3) 常用的数集有哪些？分别用什么字母表示？

(4) 集合的表示方法有哪些？各自的优点及适用对象是什么？使用时应该注意哪些问题？

师生活动：教师出示问题后，先由学生思考后再进行全班交流，教师注意引导和规范，完善学生的回答。

设计意图：通过回忆、归纳、总结的方式把知识点串联起来，使学生对本节课的知识形成系统而全面的认识。

布置作业：教科书习题 1.1 第 1、2、3、4 题。

（五）目标检测设计

1. 判断下列元素的全体能否组成集合，并说明理由。

(1) 与定点 A，B 等距离的点；

(2) 高中学生中的游泳能手。

2. 用符号"$\in$"或"$\notin$"填空：

0____$\mathbf{Z}$；$\dfrac{1}{3}$____$\mathbf{Z}$；$\dfrac{1}{3}$____$\mathbf{Q}$；$\sqrt{2}$____$\mathbf{Q}$；π____$\mathbf{R}$。

3. 用适当的方法表示下列集合：

(1) 由方程 $x^2 - 9 = 0$ 的所有实数根组成的集合；

(2) 一次函数 $y = x + 3$ 与 $y = -2x + 6$ 图像的交点组成的集合；

(3) 不等式 $4x - 5 < 3$ 的解集。

案例3：函数的概念及其表示（第1课时）

（一）内容和内容解析

（1）内容

函数的概念。

（2）内容解析

函数是现代数学中最基本的概念，是描述客观世界中变量关系和规律的最为基本的数学语言和工具。在高中阶段，函数不仅贯穿于数学课程的始终，而且是学习方程、不等式、数列、导数等内容的工具和基础；在物理、化学、生物等其他学科中也有广泛的应用；在高等数学中，函数是基本数学对象；在实际应用中，函数是数学建模的重要基础。

学生在初中学习了函数概念，函数定义采用了"变量说"。高中阶段要建立函数的"对应关系说"，它比"变量说"更具有一般性。与初中的"变量说"相比，高中用集合语言与对应关系表述函数的概念，明确了定义域、值域，引入了抽象符号 $f(x)$。

函数概念的核心是"对应关系"：两个非空数集 A，B 间有一种确定的对应关系 f，即对于数集 A 中每一个数 x，数集 B 中都有唯一确定的 y 和它对应。这里的关键词是"每一个"和"唯一确定"。集合 A，B 及对应关系 f 是一个整体。函数是两个集合的元素间的一种对应关系，这种"整体观"很重要。

基于以上分析，确定本节课的教学重点：用集合语言与对应关系建立函数概念。

（二）目标和目标解析

（1）目标

① 建立"对应关系说"观点下用集合语言表述函数概念。

② 理解 $y=f(x)$ 的含义，能用函数的定义刻画简单具体的函数。

③ 在由具体函数实例到一般函数概念的归纳过程中，培养学生的数学抽象素养。

（2）目标解析

达成上述目标的标志：

① 学生从具体实例出发，能在初中"变量说"的基础上进一步抽象对应关系、定义域与值域三个要素，构建函数的一般概念。

② 学生能在确定变量变化范围的基础上，通过解析式、图像、表格等形式表示对应关系，理解函数对应关系的本质，体会引入符号 f 表示对应关系的必要性。

③ 学生能在不同实例的比较、分析基础上归纳共性，进而抽象出函数概念，体验用数学的眼光看待事物，发展数学抽象素养。

（三）教学问题诊断分析

学生在初中学习函数概念时没有涉及自变量与函数值的取值范围，也不知道为何要研究变量的取值范围，这是教学中首先遇到的问题。教学中应结合教科书实例 1 与实例 2 的分析、比较，让学生认识到研究自变量、函数值取值范围的必要性。

如何认识函数的对应关系，就成了第二个教学问题。教学中，要让学生通过四个实例建立解析式、图像、表格与函数对应关系的联系，通过具体的解析式、图像与表格去体会变量之间如何对应，由此抽象出函数的对应关系 f 的本质。

在对四个实例分析的基础上，学习认识到了函数自变量的取值范围、函数值的取值范围以及对应关系对于函数的重要性，但是如何在此基础上，让学生进行归纳、抽象出函数概念，并以此培养学生的数学抽象素养，成为第三个教学问题，这也是本节课的教学难点。教学中可以将四个实例各自得到的三个要素表格化，让学生从表格中抽象出函数要素及其表示，并在此基础上给出一般的函数概念。

在得出函数概念后，如何用新的函数概念重新认识已经学习过的函数，建立知识之间的联系，这是第四个教学问题。教学中，除让学生按函数定义，仿照四个实例的分析去具体表述一次函数、二次函数、反比例函数外，还必须重视让学生采用教科书的练习题与习题进行练习，也可以根据学生的学习状态适当增加一些题目供练习。

（四）教学支持条件分析

本节课的教学重点是应试函数要素，并建立函数概念，会涉及函数值的计算图像的运用及分析所得的信息。因此，可以借助信息技术解决以上问题，让学生有更多的时间用于观察与思考函数的基本要素和抽象概念。

（五）教学过程设计

1. 创设问题情境

问题情境： 在初中，我们已经接触过函数的概念，知道函数是刻画变量之间的对应关系的数学模型和工具，例如，正方形的周长 l 与边长 x 的对应关系是 $l=4x$，而且对于每个确定的 x 都有唯一确定的 l 与之对应，所以 l 是 x 的函数。这个函数与正比例函数 $y=4x$ 相同吗？又如，你能用已有的函数知识判断 $y=x$ 与 $y=\dfrac{x^2}{x}$ 是否相同？

设计意图： 由问题点出本节课的主题——初中函数概念还不完善，没有考虑到自变量的取值范围，需要重新建构，同时让学生感觉到数学概念是在解决问题中不断完善的，需要理解数学定义。

师生活动： 由于先把问题导学中的问题提前一晚发给学生思考，学生已思考过了，于是学生可以直接展示思考结果。

师：哪位同学展示一下你的思考？

生1：是不同函数，因为周长函数 $l=4x$ 中的因变量是 l，而正比例函数中的因变量是 y，字母不同，所以不是同一函数。

生2：周长函数 $l=4x$ 中的因变量 l 是正数，而正比例函数中的因变量 y 可以是任意实数，范围不同，所以不是同一函数。

生3：因变量是被动的，由于周长函数 $l=4x$ 中的自变量 x 是边长，为正数，而正比例函数中的自变量 x 可以是任意实数，自变量范围不同，所以不是同一函数。

（学生惊愕！老师惊愕！学生居然连……）

评析：让学生发言，展示学生的思考，我们能真正想学生所想，对症下药。

师：回顾初中函数概念：在一个变化过程中，如果有两个变量 x 和 y，并且对于 x 的每一个确定的值 y 都有唯一确定的值与其对应，我们就把 x 称为自变量，把 y 称为因变量，y 叫作 x 的函数。

按照初中函数概念，这两个函数的对应关系都是因变量 $=4\times$ 自变量，至于字母可以随意代表，那对应关系一样，这两个函数应该是相同的。

（学生惊愕！）

生3：我感觉应是不同的，函数概念中有一句"在一个变化过程中"，周长函数是边长的变化过程与正比例函数的变化过程不同，所以是不同函数。

师：那么 $y=x$ 与 $y=\dfrac{x^2}{x}$ 如何说明变化过程的不同？

师：所以变化范围不明确，说明我们初中所学函数概念不严谨，需要严谨化，这就是我们这节课的内容——函数的概念。

2. 函数概念的抽象

问题1：请同学们根据如下情景回答问题：

高速列车加速到 350km/h 后保持匀速行驶半个小时。

（1）这段时间内，列车行进的路程 s 与运行时间 t 的关系如何表示？这是函数吗？为什么？

（2）如果有人说"根据对应关系 $s=350t$，这趟列车加速到 350km/h 后，运行 1h 就前进了 350km"，你认为这个说法正确吗？

（3）你认为应如何表示 s 与 t 的对应关系才能更精确？

设计意图：用具体的情境表明自变量的取值范围的必要性，引导到用精确语言建构函数的概念。

师生活动：

师：哪位同学展示一下你的思考？

生4：（1）$s=350t$ 是函数，因为每个 t 对应一个 s；（2）说法不对，因为只说明了保持匀速行驶半个小时，半个小时以后是加速了、减速了，还是停下来了都不确定；（3）应加上 t 的取值范围才更精确，即 $t\in\{t\mid 0\leq t\leq 0.5\}$，$s=350t$。

师：对！一个自变量 t 的值对应一个函数值 s，函数值 s 也有范围，也可以组成一个集合，那么这个函数值的集合哪位同学能写出来？

生5：$s\in\{s\mid 0\leq s\leq 175\}$。

师：哈哈，这样这个函数就是两个集合的元素之间的对应关系了，即：

$A_1=\{t\mid 0\leq t\leq 0.5\}$，$s=350t$，$B_1=\{s\mid 0\leq s\leq 175\}$。比前面学习的两个集合的运算（交并补）又多了一种关系——两个集合元素之间的对应关系。

评析：学生回答得好，教师引导学生往集合方向上靠。

问题2：某电器维修公司要求工人每周工作至少一天至多不超过六天，如果公司确定的工资标准是每人每天350元，而且每周付一次工资，那么，

（1）你认为应该怎样确定一个工人的每周所得？

（2）一个工人的工资 W 是他工作天数 d 的函数吗？

（3）你能仿照问题1中 s 与 t 的对应关系的精确表示，给出这个题中 W 与 t 的对应关系的精确表示吗？

设计意图：继续体会函数的精确表示形式，即集合表示。

师生活动：学生在预习、前面讨论的基础上能准确回答问题2了。

生6：（1）每周所得 $=350\times$ 天数；（2）$W=350d$ 是函数；（3）$d\in A_2=\{1,$ 2，3，4，5，6\}，$W=350d$，$W\in B_2=\{350，700，1050，1400，1750，2100\}$。

问题3：图3-2是北京市2016年11月23日的空气质量指数变化图。

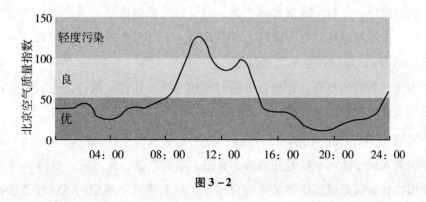

图3-2

（1）你如何根据该图确定这一天内任一时刻 t 的空气质量指数的值 I？

（2）你认为这里的 I 是 t 的函数吗？如果是，你能仿照前面的方法描述 I 与 t 的对应关系吗？

设计意图：继续体会函数的精确表示形式，即函数的集合语言表达，当值域表达有困难时，通过引入较大范围的集合解决，这样让学生理解为函数非满射。

师生活动：学生在看书预习、前面讨论的基础上能回答问题3。

生7：（1）根据图像的坐标确定任一时刻 t 的空气质量指数的值 I；（2）I 是 t 的函数，$t\in A_3=\{t\mid 0\leq t\leq 24\}$，$t$ 按图像对应 I，$I\in B_3=\{I\mid 0<I\leq150\}$。

（由于同学预习看了书，回答得不是很全面，还需适当点拨）

教师点拨 1：任意一个 t 值对应一个点就有该点的纵坐标，所以以任意一个 t 值为横坐标的点对应唯一一个确定的纵坐标 I，对应关系是唯一确定的，但不是算式。

教师点拨 2：函数值 I 的取值范围组成的集合是 $\{I \mid 0 < I \leqslant 150\}$ 吗？

生 8：好像不是。

师：写成 $B_3 = \{I \mid 0 < I \leqslant 148\}$ 可以吗？

生 9：不行，图上的纵坐标范围是 0～150。（说明学生还没有理解课本的表达）

师：图上的纵坐标范围不是图像上的纵坐标范围，干吗不行？

生：望着老师……

师：每一个自变量 t 对应唯一一个函数值 I，所以函数值的集合是一个自变量 t 对应的函数值组成的确定的集合，不过这个集合的准确范围难以从图像上看出来，我们就用一个较大的集合来表达，只要每个函数值落入其中即可，或者说只要包含因变量组成的集合即可。写成 $B_3 = \{I \mid 0 < I \leqslant 148\}$ 也可以，只不过写成 $\{I \mid 0 < I \leqslant 150\}$ 更不要动脑筋。

因此函数值的集合有时难以表达时就用易于表达的大集合表示，反正函数值组成的集合是唯一确定的。

问题 4：国际上常用恩格尔系数 r（r = 食物支出占总支出的百分比）反映一个国家人民生活水平质量的高低，恩格尔系数越低，生活质量越高。表 3 – 1 是我国某省城镇居民恩格尔系数变化情况，从表中可以看出，该省城镇居民的生活质量越来越高。

表 3 – 1

年份 y	2006	2007	2008	2009	2010	2011	2012	2013	2014	2015
恩格尔系数 r（%）	36.69	36.81	38.17	35.69	35.15	33.53	33.87	29.89	29.35	29.57

（1）你认为按表 3 – 1 给出的对应关系，恩格尔系数 r 是年份 y 的函数吗？为什么？

（2）如果是，你能仿照前面的方法给出精确的刻画吗？

（3）如果我们引入 $B_4 = \{r \mid 0 \leqslant r \leqslant 1\}$，将对应关系表述为"对于任意一

个年份 y ，都有 B_4 中唯一确定的 r 与之对应"，你认为有道理吗？

设计意图：继续体会函数的集合语言表达，理解对应关系的表达形式。

师生活动：

生10：（1）是函数，因为每个年份 y 在表格中都对应唯一的恩格尔系数 r；（2）$y \in A_4 = \{2006，2007，2008，2009，2010，2011，2012，2013，2014，2015\}$，$y$ 按表格对应 r ，$r \in B_4 = \{36.69，36.81，38.17，35.69，35.15，33.53，33.87，29.89，29.35，28.57\}$。

生11：我觉得函数值 r 的集合写成 $r \in B_4 = \{r \mid 0 < I \leqslant 1\}$ 更为简洁。

师：好！

教师强调1：自变量用 y 表示也无所谓，用任何字母表示都可以。

教师强调2：表格更是一个自变量对一个因变量。

问题5：上述问题1~问题4中的函数有哪些共同特征？你能概括出函数的本质特征吗？

设计意图：让学生通过归纳4个实例中的函数共同特征，体会数学抽象过程，建立用集合与对应语言刻画的一般性函数概念，并以此培养学生的数学抽象素养，从而达到突破本节课内容的学习难点。

师生活动：为了更好地归纳，把上面4个问题情境列表，如表3-2所示。

表3-2

问题情境	自变量的集合	对应关系	函数值所在的集合	函数值的集合
问题1	$A_1 = \{t \mid 0 \leqslant t \leqslant 0.5\}$	$S = 350t$	$B_1 = \{S \mid 0 \leqslant S \leqslant 175\}$	B_1
问题2	$A_2 = \{1，2，3，4，5，6\}$	$W = 350d$	$B_2 = \{350，700，1050，1400，1750，2100\}$	B_2
问题3	$A_3 = \{t \mid 0 \leqslant t \leqslant 24\}$	图3-2	$B_3 = \{I \mid 0 < I \leqslant 150\}$	$I \subseteq B_3$
问题4	$A_5 = \{2006，20067，2008，2009，2010，2011，2012，2013，2014，2015\}$	表3-1	$B_4 = \{r \mid 0 \leqslant r \leqslant 1\}$	$B_4 = \{36.69，36.81，38.17，35.69，35.15，33.53，33.87，29.89，29.35，28.57\}$
一般化				

表 3 - 3

问题情境	自变量的集合	对应关系	函数值所在的集合
问题 1	$A_1 = \{t \mid 0 \leqslant t \leqslant 0.5\}$	$S = 50t$	$B_1 = \{S \mid 0 \leqslant S \leqslant 175\}$
问题 2	$A_2 = \{1, 2, 3, 4, 5, 6\}$	$W = 350d$	$B_2 = \{350, 700, 1050, 1400, 1750, 2100\}$
问题 3	$A_3 = \{t \mid 0 \leqslant t \leqslant 24\}$	图 1	$B_3 = \{I \mid 0 < I < 150\}$
问题 4	$A_5 = \{2006, 20067, 2008, 2009, 2010, 2011, 2012 2013, 2014, 2015\}$	表 1	$B_4 = \{r \mid 0 \leqslant r \leqslant 1\}$
一般化	自变量集合 $x \in A$	?	$y \in$ 函数值所在集合 B

师：要定义函数的概念，需要归纳出前面 4 个具体函数的共同特征。

生 12：函数就是两个集合的元素间的一种对应关系，即自变量集合中的任意数 x 通过某种对应关系（可以运算对应、图像坐标对应、表格对应）与因变量所在集合中的唯一个数 y 对应。

师：对。函数就是两集合加一个对应关系，对应关系有何要求？

生 13：每一个对唯一一个。

师：为了书写简单，引进符号 f 统一表示这种对应关系。

（教师打出函数的定义）：

设 A，B 是非空的数集，如果按照某个确定的对应关系 f，使对于集合 A 中的任意一个数 x，在集合 B 中都有唯一确定的数 y 和它对应，那么就称 $f：A \rightarrow B$ 为从集合 A 到集合 B 的一个函数（function）。

记作：$y = f(x)$，$x \in A$。

其中，x 叫作自变量，x 的取值范围 A 叫作函数的定义域（domain）；与 x 的值相对应的 y 值叫作函数值，函数值的集合 $\{f(x) \mid x \in A\}$ 叫作函数的值域（range）。显然值域是集合 B 的子集。

3. 函数概念的巩固

问题 6：请同学们填写表 3 - 4：

如果让你用函数的定义重新认识一次函数、二次函数与反比例函数，那么，你会怎样表述这些函数？

表 3 – 4

函数	定义域	对应关系	值域
一次函数 $y = kx + b$	**R**	$f(x) = kx + b$	**R**
二次函数 $y = ax^2 + bx + c$	**R**	$f(x) = ax^2 + bx + c$	当 $a > 0$ 时, $B = \{y \mid y \geqslant \dfrac{4ac - b^2}{4a}\}$ 当 $a < 0$ 时, $B = \{y \mid y \leqslant \dfrac{4ac - b^2}{4a}\}$
反比例函数 $y = \dfrac{k}{x}$ $(k \neq 0)$	$A = \{x \mid x \in \mathbf{R} \text{ 且 } x \neq 0\}$	$f(x) = \dfrac{k}{x}$	$B = \{y \mid y \in \mathbf{R} \text{ 且 } y \neq 0\}$

设计意图: 用函数定义重新认识已学函数,加深对函数定义域的理解,进一步体会定义域、对应关系与值域是函数的三要素。

师生活动: 难点是函数的值域,引导学生观察图像的纵坐标。

问题 7:你能建构一个问题情境,使其中函数的对应关系为 $y = x(10 - x)$ 吗?

设计意图: 由函数表达式想象实际意义。

师生活动: 学生想象,小组交流。

周长为 10 的铁丝弯成矩形,以一边长为自变量,面积为函数。

4. 课堂小结

问题 8:请同学们回顾本节课的学习内容,并回答下列问题:

(1)什么是函数?其三要素是什么?

(2)对于对应关系 f,你有哪些认识?

(3)与初中函数概念相比有什么不同?

(4)本节课我们是如何得到函数概念的?

设计意图: 引导学生从函数概念的内涵、要素的归纳过程、关键词的理解等角度进行小结,进一步加深对函数概念的理解。

师生活动: 教师出示问题后,先由学生思考后进行小组交流,最后教师总结如下:

（1）函数就是两个集合的元素间的一种对应关系，三要素是定义域、对应关系和值域。

（2）对应关系 f 的特征：每一个对唯一一个；方式：运算式子、图像、表格。

（3）强调了定义域。

（4）由具体函数抽象出一般特征，再给出定义。

5. 布置作业

（略）

案例 4：弧度制

（一）教学思考

引入弧度制必要性的理解：

李忠院士在《为什么要使用弧度制》一文中对引入弧度制的好处作了如下分析：

（1）在现代的数学书籍与文献中，角一律以弧度为单位，无须用符号加以特别标注。

（2）采用弧度作为角的单位有许多好处，一个直接的、显而易见的好处是为计算扇形的面积与弧长提供了方便。

（3）$\sin\theta < \theta < \tan\theta$ 的几何意义。

（4）由于这些基本三角函数在微积分中的基本性，弧度制与普通的角度制在上述公式中所引起的差异，就会产生巨大的影响。例如，它会影响到与三角函数有关的一切积分公式，也会影响到三角函数的泰勒展开式。在微积分学中，正弦函数与余弦函数有下列的泰勒展开式：

$$\sin x = x - \frac{x^3}{3!} + \frac{x^5}{5!} - \frac{x^7}{7!} + \cdots$$

$$\cos x = 1 - \frac{x^2}{2!} + \frac{x^4}{4!} - \frac{x^6}{6!} + \cdots$$

这个公式无论在理论上，还是在数值计算上，都有重要的意义。我们必须指出，这些展开式同样要求其中自变量 x 采用弧度才成立。

（5）欧拉公式与弧度制。为了进一步说明弧度制对高等数学的影响的广泛性，现在我们特别举出在复变量函数论中起到重要作用的欧拉公式作为一个例证。大家知道，下列公式被称为欧拉公式 $e^{i\theta} = \cos\theta + i\sin\theta$。

当 $\theta = \pi$ 时，我们有 $e^{i\pi} + 1 = 0$。

章建跃博士在《关于弧度制教学》中也指出，高中把函数定义为两个实数集之间的对应关系，而实数的进位制是十进制，如果沿用锐角三角函数的做法，角的度量采用六十进制的角度，则与函数定义的要求不符。因此，需要引入角的新度量制，它必须是十进制，其单位应与实数的单位一致，从而使三角函数的自变量、函数值都是实数，这是一个理由，但有点牵强。

另外，在解决实际问题有时需要同时应用几种不同类型的函数，有时需要进行自变量的值与函数值的运算。例如，圆的渐开线的参数方程
$$\begin{cases} x = r(\cos\theta + \theta\sin\theta) \\ y = r(\sin\theta - \theta\cos\theta) \end{cases}$$
，如果 θ 是角度制，其意义就不得而知了。

事实上，随着学习的不断深入，弧度制的必要性会越来越显著，有利于微积分中的重要极限 $\lim\limits_{x \to 0} \dfrac{\sin x}{x} = 1$，如果这里的 x 是六十进制的角度，那就是不成立的，是非常充分的理由，不过现在用不上。

总之，从满足函数定义的要求、三角函数的可用性以及有利于数学的后续发展需要等方面看，引入弧度制都有基本的重要性，但在教学中只能适时性渗透。

首都师范大学数学科学学院朱一心教授在《弧度制教学中相关问题的问答》［首都师范大学学报（自然科学版）2020 年 4 月第 2 期］一文中对课程标准中的案例 3 提出了不同看法：

案例 3　引入弧度制的必要性

【目的】理解弧度制的本质是用线段长度度量角的大小，这样的度量统一了三角函数自变量和函数值的单位；进一步理解高中函数概念中为什么强调函数必须是实数集合与实数集合之间的对应，因为只有这样才能进行基本初等函数的运算（四则运算、复合、求反函数等），使函数具有更广泛的应用性。

【情境】对于三角函数的教学，为什么初中数学通过直角三角形讲述，而高中数学要通过单位圆讲述？这是必要的吗？

【分析】基于对应关系的函数定义，要求函数是实数与实数的对应关系，

称前者的取值范围为定义域，后者的取值范围为值域。初中三角函数是对直角三角形中的边角关系的刻画，其中自变量的取值是六十进位制的角度，不是十进位制的实数，不符合对应关系的函数定义。事实上，初中学习三角函数是为了解直角三角形，并不讨论三角函数的基本性质。在高中阶段，借助单位圆建立角度与对应弧长的关系，用对应弧长刻画角的大小；因为长度单位与实数单位一致，这就使得三角函数的自变量与函数值的取值都是实数，符合对应关系的函数定义。

用角度作为自变量表示三角函数，还存在着一个突出的问题，就是自变量的值与函数值不能进行运算（例如，$60°$ 与 $\sin 60°$ 不能相加），阻碍了三角函数通过运算法则形成其他初等函数。此外，微积分中重要极限 $\lim\limits_{x \to 0} \dfrac{\sin x}{x} = 1$ 成立，也依赖自变量 x 为实数。特别是，利用三角函数能够较好地描述钟摆、潮汐等周期现象，这时的自变量不一定是角度，可以是时间或其他的量。通过这样的教学，可以让学生感悟数学抽象的层次性。

其中朱一心教授最主要的是 "把自变量和函数值看成是有 '单位' 的量，提出了函数运算可能 '不能进行' 的说法，即 $x + \sin x$ 中如果 x 是角度制就不能运算，而 x 是弧度制就能运算"，说明了角度制的大小舍去单位后也是一个比值数，作为函数值的 x 也是一个数，可以与 $\sin x$ 进行运算。我赞同朱一心教授的观点。

李忠院士就为什么要引入弧度制的理解让我作为一名中学教师大开眼界，从高观点下看待引入弧度制的必要性；章建跃博士认为 "从满足函数定义的要求、三角函数的可用性以及有利于数学的后续发展需要等方面看，引入弧度制都有基本的重要性，但在教学中只能适时性渗透"，指出教学要理解数学、理解学生；朱一心教授就课程标准指出不同看法，所有这些给我的教学设计提供了帮助。

不过我非常赞同 "度量角用的角度制和弧度制，在原理上并无差别，仅是采用不同的度量单位"；"无论用角度制还是弧度制，都能在角的集合与实数集 **R** 之间建立一一对应关系，由于历史的习惯省略了弧度的单位 rad"。

所以说，弧度制就是用弧长度量角的一种方式，其教学价值也就是掌握用弧度制度量角的大小，教育价值是用数学语言（弧度制）表达世界（角大小）的方式，在弧度制概念的形成过程中发展的数学核心素养是数学抽象。

（二）教学目标

（1）知识与技能

① 初步体会弧度制引入的背景及必要性，明白同一个量可以用不同的单位制来度量。

② 在半径不同但圆心角相同的扇形中，利用初中所学的扇形的弧长公式能够发现弧长与半径之比不变，从而体会用该比值作为弧度制定义的合理性，加深对弧度制概念的理解。

③ 体会弧度制是度量角的一种方式，并能利用 $180° = \pi\,\mathrm{rad}$ 进行弧度制与角度制的互化，利用单位圆中弧长等于半径的圆心角，直观感受用长度度量 1 弧度的大小，能证明并灵活运用一些关于扇形的公式，同时能理解角与实数之间的一一对应关系。

（2）过程与方法

① 学生经历定义弧度制这一新概念的形成的全过程中，领悟从特殊到一般的思想方法，培养合情推理能力。

② 将单位圆直观图上的特殊角的角度制换算成弧度制的过程中，培养数形结合思想，形成直观想象素养。

（3）情感态度与价值观

① 从引入弧度制必要性中感受数学方法之美；

② 将扇形的弧长、面积公式用弧度制表示时体会数学符号的简洁美。

（三）教学支持条件

由于我们学生人手一平板，所以用 GeoGebra 演示改变半径的圆及扇形，体会周角及扇形的圆心角不会因为其所在圆的半径的改变而改变。再用平板的计算器功能进行弧度制与角度制的互化。

（四）教学重难点

重点：理解弧度制，弧度与角度的互换。

难点：弧度制的概念。

（五）教学过程设计

1. 创设情境，引发思考

问题 1：我们吃完饭后，爸爸妈妈会关心地问我们："吃饱了吗？"有两种回答方式：一种是"我吃了 500 克饭，饱啦"；另一种是"我吃了两碗饭，饱啦"。请问：哪种回答方式对？你喜欢哪种？

设计意图：通过生活中的发现，度量一种物体可以用不同的方式从而形成不同的单位，让学生体会度量一样东西可以有多种度量制，为引入弧度制创设合适的情境。

师生活动：小组讨论、交流，形成以下共识：

两种回答都对，一种是用重量度量米饭的多少，另一种是用体积度量米饭的多少，我们习惯用体积——多少碗，表示我们自己吃了多少。

教师小结并提出问题：度量一种物体可以用不同的方式，也就有不同的度量单位，度量长度在不同情况下可以用不同的单位制，如纳米、米、千米、光年等；度量重量可以用克、千克、磅等不同单位制，不同的单位制能给我们解决问题带来方便。

类似地，角的度量方式是什么？由此得到的单位是什么？是否也能用不同的度量方式而形成不同的单位制呢？

评析：由于弧度制与角度制是度量角的方式不同而形成的不同单位制，一是用周角的 $\frac{1}{360} = 1°$ 去度量，二是用等于半径的弧长去度量，所以设计生活情境是用两种不同的方式去度量。

问题 2：初中，我们所学的角的度量方式是：用周角的 $\frac{1}{360} = 1°$（1 度）为单位进行度量，这种用"度"作为度量角的单位制叫作角度制。请同学们作出 $1°$ 的角，有什么感觉？

设计意图：让学生感受 $1°$ 的角很小，单位太小了，需要引进大一点的度量角的单位，为引入弧度制做好心理准备。

师生活动：每个学生独立地作图，然后交流，达成以下共识：

$1°$ 的角很小，两边几乎重合。

2. 提出问题，引入弧度制

问题 3：我们本章研究的圆周运动是 $\odot O$ 上的点 P 以 A 为起点，做逆时针方向旋转时，点 P 的位置发生变化的问题，P 点在变化过程中形成了圆弧 $\overset{\frown}{AP}$，

$\overset{\frown}{AP}$弧长 $= \dfrac{n}{360}$，圆周长 $= \dfrac{n \cdot \pi \cdot r}{180}$（$n$ 是 $\angle POA$ 的度数），可以知道：由 $\angle POA$ 的大小就可以求出 $\overset{\frown}{AP}$ 的弧长，反过来，知道 $\overset{\frown}{AP}$ 的弧长 l 就可以求出 $\angle POA$ 的大小，即 $n° = \left(\dfrac{180 \cdot l}{\pi \cdot r} \right)°$，也就是由 $\overset{\frown}{AP}$ 的弧长确定 $\angle POA$ 的大小，那我们能否用 $\overset{\frown}{AP}$ 的长短来度量 $\angle POA$ 的大小呢？如果选用弧 $\overset{\frown}{AP}$ 的长短来度量角，选用多长的弧所对的圆心角为 1 个单位的角看上去比较合适？

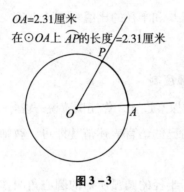

OA=2.31厘米
在⊙OA上 $\overset{\frown}{AP}$的长度=2.31厘米

图 3 - 3

设计意图：通过复习弧长公式体会弧长与圆心角的关系，从而让学生体会可以用弧长度量角，也可感受 1 弧度角的大小。

师生活动：每个学生独立思考，然后小组讨论交流，达成以下共识：

可以用弧长来度量圆心角，弧长决定圆心角的大小。教师引导用等于半径长的弧所对的圆心角作为 1 个单位，这个角的大小感觉比较好，比 60° 略小一点点。

问题 4：如图 3 - 4 所示，同一个角在不同半径的圆中的弧长不一样，AB 弧的长 l_1 与半径 OA 的长 r_1 的比与 CD 弧的长 l_2 与半径 OC 的长 r_2 的比相等吗？等于多少？

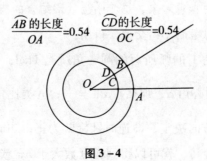

$\dfrac{\overset{\frown}{AB} \text{的长度}}{OA} = 0.54$ $\qquad$ $\dfrac{\overset{\frown}{CD} \text{的长度}}{OC} = 0.54$

图 3 - 4

设计意图：通过复习初中所学知识可知，弧长与半径的比只与角的大小有关，推广到一般也成立，因此我们可以利用这个比值来度量角，引出新概念，使学生明白新概念的由来和定义的合理性。

师生活动：学生自己用平板计算、观察、讨论得出结论：扇形 OCD 与扇形 OAB 相似，对应边成比例；$\dfrac{l_1}{r_1} = \dfrac{l_2}{r_2} = n\dfrac{\pi}{180}$，圆心角所对的弧长与半径的比值，与半径的大小无关，只与 α 的大小有关，也就是说，这个比值随 α 的确定而唯一确定。因此，可以用弧长和半径的比值表示圆心角，而且 $\alpha = \dfrac{n\pi}{180}$ 比原来用角度制更简洁。

3. 解决问题，建立弧度制

问题5：结合上面的探索过程，你能试着说一说什么是 1 弧度角吗？

师生活动：学生用自己的语言表述清楚即可，教师在学生表述的基础上进行完善。

我们规定：长度等于半径的圆弧所对的圆心角叫作 1 弧度的角，弧度单位用符号 rad 表示，读作弧度。

设计意图：引导学生得出定义，体会定义产生的背景、原因及过程。

问题6：①我们把半径为 1 的圆叫作单位圆。既然角的大小与半径无关，那么在单位圆中如何确定 1rad 的角呢？

②在半径为 r 的圆中，弧长为 l 的弧所对的圆心角 α 的弧度数是多少？

③角有正、负、零角之分，它的弧度数呢？

设计意图：深化理解弧度的定义。在单位圆中，直观感受 1rad 的角的大小，体会 1rad 角的几何表示；进一步能在一般圆中求得角的弧度数，使学生通过图形获取对新概念的直观印象，培养学生数形结合的能力。

师生活动：学生思考后小组交流，得出：

①单位圆中长度为 1 的弧所对的圆心角就是 1rad；②在半径为 r 的圆中，弧长为 l 的弧所对的圆心角 α，那么 $|\alpha| = \dfrac{l}{r}$；③类比角度制，其中 α 的正负由角 α 的终边的旋转方向决定，即逆时针旋转为正，顺时针旋转为负。当角的终边旋转一周后继续旋转，就可以得到弧度数大于 2π 或小于 -2π 的角，这样

就可以得到弧度为任意大小的角。

一般地，正角的弧度数是一个正数，负角的弧度数是一个负数，零角的弧度数是0。

评析：这个过程学生完成得好！可以让学生看书回答。

4. 初步应用，深化理解

问题7：弧度制、角度制都是角的度量制，它们之间应该可以换算，如何换算呢？

师生活动：学生思考后小组讨论展示。

这两种角度度量制之间的关系：$360° = 2\pi rad$ 或 $180° = \pi rad$，可得 $1° = \dfrac{\pi}{180}$ rad，$1 rad = \left(\dfrac{180}{\pi}\right)° = 57.3$，最为基础也最为关键的是 $180° = \pi rad$。

设计意图：通过思考，让学生掌握弧度和角度换算的方法；体会同一个数学对象用不同方式表示时，它们之间的内在联系；认识这种联系性是数学研究的重要内容之一。

例2（课本）：按照下列要求，把67°30′化成弧度制：

（1）精确值；（2）精确到0.001的近似值。

例1（课本）：将3.14rad换算成角度（用度数表示，精确到0.001）。

让学生用计算器算一算，增加感性认识。

师生活动：学生利用计算器计算后小组对答案讨论。

67°30′化成弧度制的精确值是 $67°30′ = \left(\dfrac{135}{2}\right)° = \dfrac{135}{2} \times \dfrac{\pi}{180} = \dfrac{3}{8}\pi rad$。

设计意图：通过计算器进一步感受弧度和角度换算的方法，体会现代计算技术的方便。

问题8：用弧度制表示角时，其单位"弧度"或"rad"写起来麻烦，于是大家约定俗成就不写，如 $\alpha = 2rad$ 就写成 $\alpha = 2$。在图3-5中，请同学们用弧度制表示下列特殊角。

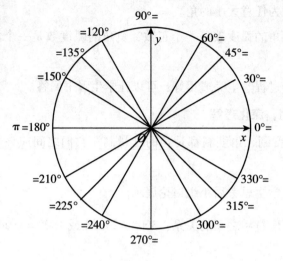

图 3 – 5

师生活动：学生填完，小组对答案。

设计意图：用单位圆直观图表示所有特殊角，既能让学生理解特殊角，又直观地理解两种角度制的互化，也符合认知规律——图形比文字更容易记忆理解。

问题 9：将下列关于扇形的角度制（n 表示角度）公式用弧度制（α 表示弧度）表示：

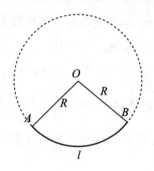

图 3 – 6

（1）弧长 $l = \dfrac{n}{360} \times$ 圆周长 $= \dfrac{n\pi R}{180}$；

（2）扇形面积 $S = \dfrac{n}{360} \times$ 圆面积 $= \dfrac{n\pi R^2}{360}$。

师生活动：学生独立完成，小组对答案。

两种思维方式：一种是将 $n°$ 转化弧度 $\alpha = \dfrac{n\pi}{\pi 180}$ 得：$l = \alpha R$；$S = \dfrac{1}{2}\alpha R^2$，将 l

$= \alpha R$ 代入上式得 $S = \dfrac{1}{2} lR$。

另一种是由公式 $|\alpha| = \dfrac{l}{r}$ 可得 $l = \alpha R$，$S = \dfrac{\alpha}{2\pi} \times$ 圆面积 $= \dfrac{\alpha}{2\pi} \times \pi R^2 = \dfrac{1}{2} \alpha R^2$ $= \dfrac{1}{2} lR$。

特别地，扇形面积可理解为三角形的底（弧长）乘高（半径）除2。

设计意图：体会弧度制下的扇形弧长、面积公式的简洁美，这是引入弧度制的一个优点。

5. 梳理小结，布置作业

问题10：弧度制的优点有哪些？

设计意图：通过找出弧度制的优点的方式让学生更快地接受弧度制、亲近弧度制，达到梳理小结的目的。

师生活动：学生交流讨论，尽可能发表学生自己的感受与体会。

①扇形弧长、面积公式更简洁了；②用弧长度量角；③特别地，在单位圆中，角的大小就是弧的长短；④没有六十进制；⑤换算关系：$180° = \pi$。

布置作业：课本第175页练习。

6. 目标检测设计

用 $\dfrac{\pi}{6}$，$\dfrac{\pi}{4}$，$\dfrac{\pi}{3}$ 表示下列终边所对的角。

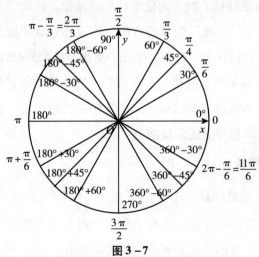

图 3-7

案例5：条件概率

（一）教学内容分析

条件概率的概念在概率理论中占有十分重要的位置，既是古典概率的延伸，又是为事件独立性概念找基础，为导出二项分布需要条件概率和事件独立性的概念。

为方便学生理解，以简单示例为载体，通过逐步探究引导学生体会条件概率的思想。

本节课要在古典概率的基础上，引入条件概率的概念。

教学重点：理解条件概率的概念。

教学难点：①条件概率中条件的理解；②正确地将复杂的概率问题分解转化为几类基本的概率模型。

通过本节课的概念教学，在学生探究问题的过程中，渗透从特殊到一般、具体到抽象、符号化等数学思想方法。

（二）教学目标分析

理解条件概率的概念：

（1）学生在条件概率概念的建立、形成过程中掌握条件概率的概念，并能运用条件概率的概率计算或证明一些简单的问题。

（2）学生经历条件概率概念的建立、形成过程，体验"从特殊到一般发现规律，一般到特殊指导实践"的思想方法，体验建立数学概念的一般过程，消除数学的神秘感，获得观察、归纳、类比、猜想及证明的理性思维探究能力。

（3）通过条件概率概念的建立、形成、运用、深化等过程，培养学生积极主动、勇于探索、不断创新的精神，感受合作探究的乐趣，感受数学内在的和谐美、对称美及数学符号应用的简洁美。

（三）教学情境设计

1. 创设情境，设计问题

问题1：三张奖券中只有一张能中奖，分别有三名学生无放回地抽取，问最后一名学生抽到中奖的概率是否比前两名学生小？

如果三张奖券分别用 $X_1 X_2 Y$ 表示，其中 Y 表示那张中奖奖券，那么三名同学的抽奖结果共有六种可能：$X_1 X_2 Y$，$X_1 Y X_2$，$X_2 X_1 Y$，$X_2 Y X_1$，$Y X_1 X_2$，$Y X_2 X_1$。用 B 表示"最后一名学生抽到中奖奖券"，则 B 仅包含两个基本事件：$X_1 X_2 Y$，$X_2 X_1 Y$，由古典概型计算概率的公式可知，最后一名同学抽到中奖奖券的概率为

$$P(B) = \frac{2}{6}。$$

如果已经知道第一名同学没有抽到中奖奖券，那么最后一名同学抽到中奖奖券的概率又是多少？

设计意图：任何概念都是先有其模型，再抽象形成概念的，学生的学习也是从"最近发展区"开始的，基于此，从有无放回抽奖的概率模型让学生认识条件概率的概念模型。

师生活动：小组讨论、展示，教师点评。

"已经知道第一名学生没有抽到中奖奖券"这一条件对分子变化还是分母变化？

因为已知第一名学生没有抽到中奖奖券，所以可能出现的基本事件只有 $X_1 X_2 Y$，$X_1 Y X_2$，$X_2 X_1 Y$，$X_2 Y X_1$。而"最后一名学生抽到中奖奖券"所包含的基本事件：$X_1 X_2 Y$，$X_2 X_1 Y$，由古典概型计算概率的公式可知，最后一名学生抽到中奖奖券的概率为 $\frac{2}{4} = \frac{1}{2}$。若用 A 表示"第一名学生没有抽到中奖奖券"，则将"已知第一名学生没有抽到中奖奖券的条件下，最后一名学生抽到中奖奖券"的概率记为 $P(B \mid A)$。

"已经知道第一名学生没有抽到中奖奖券"，该条件相当于缩小了基本事件的范围。在没有这个条件的限制下，有六个基本事件 $\Omega = \{X_1 X_2 Y, X_1 Y X_2, X_2 X_1 Y, X_2 Y X_1, Y X_1 X_2, Y X_2 X_1\}$，在这个条件限制下，$Y X_1 X_2$，$Y X_2 X_1$ 一定不会发生，从而只可能出现四个基本事件：$\{X_1 X_2 Y, X_1 Y X_2, X_2 X_1 Y, X_2 Y X_1\}$。

追问：已知第一名学生抽奖结果，为什么影响最后一名同学抽到中奖奖券的概率呢？

在这个问题中，知道第一名同学没有抽到中奖奖券，等价于知道事件 A 一定会发生，导致可能出现的基本事件必然在事件 A 中，从而影响事件 B 发生的概率，使得 $P(B \mid A) \neq P(B)$。

2. 问题解决，抽象概念

问题2：对于上面的事件 A 和事件 B，$P(B \mid A)$ 与它们的概率有什么关系呢？

设计意图：抽象条件概率的计算模型，建立计算条件概率的计算模型表征。

师生活动：小组讨论、展示，教师点评。

用 Ω 表示三名学生可能抽取的全部结果，则它由六个基本事件组成，即 $\Omega = \{X_1X_2Y, X_1YX_2, X_2X_1Y, X_2YX_1, YX_1X_2, YX_2X_1\}$，既然已经知道事件 A 发生，那么只需在 $A = \{X_1X_2Y, X_1YX_2, X_2X_1Y, X_2YX_1\}$ 的范围内考虑问题，即只在四个基本事件中加以考虑。在事件 A 发生的情况下，事件 B 发生等价于事件 A 和事件 B 同时发生，即事件 AB 同时发生，而事件 $AB = \{X_1X_2Y, X_2X_1Y\}$，因此

$$P(B \mid A) = \frac{2}{4} = \frac{n(AB)}{n(A)}。$$

其中，$n(A)$ 和 $n(AB)$ 分别表示事件 A 和事件 AB 所包含的基本事件个数，另外，根据古典概型计算概率的公式可知，

$$P(AB) = \frac{n(AB)}{n(\Omega)}, \quad P(A) = \frac{n(A)}{n(\Omega)}。$$

其中，$n(\Omega)$ 表示事件 Ω 所包含的基本事件个数，所以

$$P(B \mid A) = \frac{n(AB)}{n(A)} = \frac{\dfrac{n(AB)}{n(\Omega)}}{\dfrac{n(A)}{n(\Omega)}} = \frac{P(AB)}{P(A)}。$$

因此，可以通过事件 A 和事件 AB 的概率求 $P(B \mid A)$。

问题3：你能给出条件概率的定义吗？

设计意图：理解定义的形式，用数量关系定义，抽象条件概率的定义。

师生活动：小组讨论、展示，教师点评。

条件概率的定义：

一般地，设 A，B 为两个事件，且 $P(A) > 0$，称 $P(B \mid A) = \dfrac{P(AB)}{P(A)}$ 为在事件 A 发生的条件下，事件 B 发生的条件概率。

对条件概率的理解：

（1）$P(A \mid B) = \dfrac{P(AB)}{P(B)}$ 为在事件 B 发生的条件下，事件 A 发生的条件概率；

（2）条件概率具有概率的性质，任何事件的条件概率在 0 和 1 之间，即 $0 \leqslant P(B \mid A) \leqslant 1$；

（3）如果 B 和 C 是两个互斥事件，则 $P((B \cup C) \mid A) = P(B \mid A) + P(C \mid A)$。

3. 应用问题，巩固概念

例 1　在 5 道题中，有 3 道理科题和 2 道文科题，如果不放回地依次抽取 2 道题，求：

（1）第一次抽到理科题的概率；

（2）第一次和第二次都抽到理科题的概率；

（3）在第一次抽到理科题的条件下，第二次抽到理科题的概率。

设计意图：本例的目的在于演示条件概率的两种计算方法，其三个问题的设计有利于引导学生利用条件概率的定义来求解问题（3）中的条件概率。在解答过程中，得到了前两个问题的答案后，自然会想到利用条件概率的定义去计算条件概率 $P(B \mid A)$。问题（3）的解法 2，演示了利用缩小基本事件范围的观点来计算条件概率的方法。

师生活动：小组讨论、展示，教师点评。

解：设"第一次抽到理科题"为事件 A，"第二次抽到理科题"为事件 B，则"第一次抽到理科题和第二次抽到理科题"就是事件 AB，

（1）从 5 道题中不放回地依次抽取 2 道题的事件数为 $n(\Omega) = A_5^4 = 20$，

根据分布乘法计数原理，$n(A) = A_3^1 \times A_4^1 = 12$，于是

$$P(A) = \frac{n(A)}{n(\Omega)} = \frac{12}{20} = \frac{3}{5}。$$

（2）$n(AB) = A_3^2 = 6$，所以 $P(AB) = \dfrac{n(AB)}{n(\Omega)} = \dfrac{6}{20} = \dfrac{3}{10}$。

（3）解法 1：由（1）（2）可得，"在第一次抽到理科题的条件下，第二次抽到理科题"的概率为 $P(B \mid A) = \dfrac{P(AB)}{P(A)} = \dfrac{3}{10} \times \dfrac{5}{3} = \dfrac{1}{2}$。

解法2：因为 $n(AB)=6$，$n(A)=12$，所以 $P(B|A)=\dfrac{n(AB)}{n(A)}=\dfrac{6}{12}$ $=\dfrac{1}{2}$。

解法3："在第一次抽到理科题的条件下，还剩下4道题，两文两理，第二次抽到理科题的概率 $P(B|A)=\dfrac{2}{4}=\dfrac{1}{2}$。"

本例的教学说明：

（1）把所涉及的事件用字母表示，可以更清楚地表达解题过程。

（2）应该让学生明确，这里的 Ω 表示所有的求取结果、所有的基本事件。

（3）也可以用乘法原理计算 $n(\Omega)$。

（4）在不增加难度的情况下，可以将题修改为"计算在第一次抽到理科题的条件下，第二次抽到文科题的条件概率"或"计算在第一次抽到文科题的条件下，第二次抽到理科题的条件概率"。

例2　一张储蓄卡的密码共有6位数字，每位数字都可从0到9中任选一个。某人在银行自动提款机上取钱时，忘记了密码的最后一位数，求：

（1）任意按最后一位数字，不超过2次就按对的概率；

（2）如果他记得密码的最后一位是偶数，不超过2次就按对的概率。

设计意图：通过本例可以使学生进一步熟悉概率和条件概率的性质，并把这些性质用于简化为概率和条件概率的计算。

师生活动：小组讨论、展示，教师点评。

解：设"第 i 次按对密码"为事件 A_i（$i=1$，2），则 $A=A_1\cup(\overline{A_1}A_2)$，表示"不超过2次就按对密码"。

（1）因为事件 A_1 与事件 $\overline{A_1}A_2$ 互斥，由概率的加法公式得

$$P(A)=P(A_1)+P(\overline{A_1}A_2)=\frac{1}{10}+\frac{9\times1}{10\times9}=\frac{1}{5}。$$

（2）设"最后一位是偶数"为事件 B，则

$$P(A|B)=P(A_1|B)+P(\overline{A_1}A_2|B)=\frac{1}{5}+\frac{4\times1}{5\times4}=\frac{2}{5}。$$

本例的教学说明：

（1）本题中假定这个人是在试密码的过程中，所按密码都不重复，即所输

入的最后一位数字都不相同；

（2）注意利用概率的性质与概率的加法公式来简化概率的计算。

4. 梳理小结，布置作业

小结：①我们学习了条件概率的概念，如何定义？②有何应用？③如何区别古典概型？

布置作业：（略）

（四）教学设计说明

条件概率最基本的模型就是有无放回地抽奖，以此让学生经历归纳、概括事物本质的过程，学生就不会是死板地套用公式了。

下面的附条件概率题很有趣：

1. 单位计划组织 55 名职工进行一种疾病的筛查，先到本单位医务室进行血检，血检呈阳性者再到医院进一步检测。已知随机一人血检呈阳性的概率为 1%，且每个人血检是否呈阳性相互独立。若该疾病的患病率为 0.4%，且患该疾病者血检呈阳性的概率为 99%，该单位有一职工血检呈阳性，求该职工确实患疾病的概率。

2. 为了调查观众对电视剧《风筝》的喜爱程度，某电视台举办了一次观众现场调查活动。在参加此活动的甲、乙两地观众中，各随机抽取了 8 名观众对该电视剧进行评分调查（满分 100 分），被抽取的观众的评分结果如图 3 - 8 所示。

甲		乙
7	7	6 9
8 4 2 1 0	8	0 3 5 9
4 4	9	0 7

图 3 - 8

（1）用频率估计概率，若从乙地的所有观众中再随机抽取 4 人进行评分调查，记抽取的 4 人评分不低于 90 分的人数为 X，求 X 的分布列与期望；

（2）从甲、乙两地分别抽取的 8 名观众中各取一人，在已知两人中至少一人评分不低于 90 分的条件下，求乙地被抽取的观众评分低于 90 分的概率。

参考文献

［1］邵光华，章建跃．数学概念的分类、特征及其教学探讨［J］．课程·教材·教法，2009（7）．

［2］李忠．为什么要使用弧度制［J］．数学通报，2009（11）．

［3］章建跃．关于弧度制的教学［J］．中小学数学（高中版），2017（5）．

［4］朱一心．弧度制教学中相关问题的问答［J］．首都师范大学学报（自然科学版），2020（4）．

［5］李定平．充要条件的"问题解决"教学设计［J］．数学教学，1999（6）．

第 四 章

在活动中领悟数学思想方法

想起 2018 年到北京南山滑雪场滑雪，本来，小孩考虑我跟他妈年龄较大，没有给我们订票，不过放眼望去，确实只有年轻人在滑，可我想既然来了就学一学、玩一玩。穿戴好滑雪鞋，偷听旁边滑雪初学者请的专职教练的讲解：如何减速，滑雪板呈内"八"字，这点是关键，如何转弯，转向的另一边腿用力，保护自己就从侧面摔倒。然后开始下滑，滑行速度一快，心里就发慌，马上又摔倒，这样反复两次，第三次，我突然想到，把重心放低，蹲下去，终于下滑到底，成功！到下午时，已感觉在初级道上滑行速度太慢。我们的数学学习何尝不是如此？也在滑雪活动中体验与自主建构滑雪方法的过程。

数学基本知识是由数学概念和数学方法组成的，基本数学方法的运用就形成了数学基本技能，在建构数学概念、领悟方法、演练基本技能的数学学习活动中获得了基本的活动经验，也就形成了数学思想，进而发展了数学抽象、逻辑推理、数学运算、直观想象、数据处理和数学建模等数学核心素养。

一、自主概括数学思想方法

学生如何获得数学方法？当然，最简单、最直接的方法就是把这个方法直接告诉学生，然后反复练习巩固熟练，现在大部分老师教学也是这样做的，如果仅从考试成绩来看，也不会差，只不过费时而已，不过不要紧，现在不是周六日补课、早上 5∶30 起床到晚上 10∶30 争分夺秒、见缝插针地学，只要学不死就往死里学嘛，所以说时间不是问题，不是说头悬梁、锥刺股吗，这就是师生累的原因，当然获得方法过程中的数学素养就无从谈起了。所以，也就是为什么要研究我们的教学、学生的学习的原因。

回想我自己学习数学归纳法的感觉犹深，我是 1979 年参加高考的，那时候高中我好像没有学过数学归纳法。我清楚记得是在大学高等代数里才学习数学归纳法的，还学习了第二归纳法，用最小数原理证明了数学归纳法。即使教多年，带了 n 届高三，做了 n 多数列与数学归纳的题目，肯定不会影响学生得分，但是，始终在我的思维情绪里有这么一个结——数学归纳法总差那么一点点不够自然。直到 1998 年，我读了一篇文章徐毅克《数学归纳法——教案一则》（《数学通讯》1996 年第 6 期）以后，我才恍然大悟、豁然开朗，才自我认为真正理解了数学归纳法，徐老师是这样引入的：

师：观察实例，图 4 - 1、图 4 - 2 中的两组小球有何特征？

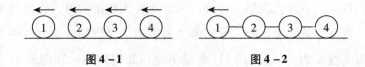

图 4 - 1   图 4 - 2

生：第一组小球是相互独立的。第二组相邻的球之间有连接的线。

师：对！怎样使这两组有限个小球都向左移动呢？

生：对第一组球，可以逐个移动；对第二组球，只要拉第一个球，就可以使它们都向左移动。

师：若两组小球都有无数个呢？

生：对第一组小球逐个移动是不可能的，对第二组球，只要拉第一个球，就可以使它后面的所有的小球都向左移动。

师：能使第二组无数个小球向左移动的决定因素是什么？

生：第一，拉第一个球；第二，任意两个相邻的球之间都有连接的线。

师：对！ $\left\{ \begin{array}{l} \text{拉第一个球——移动的基础} \\ \text{连接的线——具有传递性} \end{array} \right\}$ 缺一不可。

（实例使学生从这里得到用"有限"的手段来解决"无限"问题的感性认识）

师：从上述实例中，我们是不是得到了这样的启示？对于一个与自然有关的数学命题，如果它具有传递性，同时存在传递的基础，那么，我们不就能用"有限"的手段来解决"无限"的问题了吗？

（运用反义疑问句式进行表述，加大了肯定的力度）

师：这就是从实践中抽象出来的数学方法——数学归纳法。

（在学生的学习情绪达到高潮时展示目标，能收到事半功倍的效果）

师：数学归纳法的基本思想：在可靠的基础上，利用命题本身具有的传递性，运用"有限"手段来解决"无限"问题。

（使学生从感性认识上升到理性认识，符合认知规律）

……

这不就理解数学归纳法了吗？

拉动第一个球（验证当 $n=1$ 时，第一个等式是成立的）；

任意两个相邻的球之间都有连接的线（假设第 k 个等式是成立的，在这个基础上去证明第 $k+1$ 个等式也成立）。

在我后面所听众多数学归纳法课中，用多米诺骨牌效应这个视频也非常直观形象，遗憾的是一放而过，只求热闹而没有学生领悟过程。

从我们习以为常的真实情境中抽象出来的数学方法更能使我们接受，注意两点：真实情境，学生抽象过程。

在真实生活情境中经常使用的一些数学方法也会使学生理解得更透彻，如独立性检验，我们可以让学生统计"迟到与学习成绩有关吗"，还有相关关系等。

综上所述，数学方法学习的情境与问题的设计要注意：尽可能在真实情境中让学生在数学学习的活动中自己领悟。

《数学选修1—2教师教学用书》一段话说得好：一般地，对于数学思想方法的教学，都应当采取先让学生自己独立思考、实践、再讨论、归纳、概括的方式进行，因为思想方法，不能靠讲解、灌输、记忆而学会，只能通过在实践上的领悟而掌握。

二、提炼数学思想方法的问题设计方式

（一）数学方法模型化

创设真实情境模型让学生理解数学方法，如上面所述的数学归纳法就是多米诺骨牌效应，排列就是坐座位，分类讨论思想可以如此理解：我们顺德高中

学生的校服是什么颜色？如果答蓝色或红色是不准确的，准确的回答：男生是白底蓝条纹，女生是白底红条纹。

（二）思考中概括

如类比、归纳的合情推理、综合法、分析法、反证法待演绎推理，包括运算推理，这些数方法只有先"让学生自己独立思考、实践，再讨论、归纳、概括的方式进行。"

（三）操作中体验

有些数学方法是操作性的，如诱导公式是旋转变换，只有让学生自己在画图体验各种变换的过程中才能体验诱导公式的变换特性，形成变换感觉。又如复数的运算，也是在运算过程中熟练运算。

三、案例

案例1：让核心素养自然发展——二项式定理教学活动设计

《普通高中数学课程标准（2017年版）》中的教学建议指出，"数学学科核心素养在学生与情境、问题的有效互动中得到提升。在教学活动中，应结合教学任务及其蕴含的数学学科核心素养设计合适的情境和问题，引导学生用数学的眼光观察现象、发现问题，使用恰当的数学语言描述问题，用数学的思想、方法解决问题。在问题解决的过程中，理解数学内容的本质，促进学生数学学科核心素养的形成和发展"。这就告诉我们需要创设合适的情境，将教学内容设计成恰当的问题，以问题来引领和驱动学生经历数学对象的研究过程，在问题解决的过程中，让学生自己概括出数学的本质、进行知识的自主建构，从而让数学核心素养自然发展。

我受邀参加兄弟学校教学开放日的关于二项式定理（第1课时）的同课异构，为了提高自己的教学水平，我拜读学习了二项式定理教学设计的系列文章（见参考文献），我执教的课也受到听课老师及专家的一致好评。下面是我关于二项式定理的教学过程与思考，望各位同仁指教。

（一）理解二项式定理

二项式定理的科学价值就是开方或者说二项展开式，应用价值是二项展开后可能解决整除、近似计算、不等式证明等问题，也是随机变量的二项分布，还能导出一些组合数的恒等式。在詹姆斯·伯努利之前，二项展开式的系数只能用数阵表示，很不方便，当然不美观也很难看，这就是我们常说的杨辉三角（如图 4 – 3 所示，在杨辉 1261 年所著的《详解九章算术》一书就出现了），或者说帕斯卡（1623—1662）三角，是"詹姆斯·伯努利在他的《推想的艺术》（1713 年）中推广了组合学，然后用组合公式证明了 n 为正整数时的二项式定理"，也就是说我们现在学的二项式定理是从组合学角度理解、引入组合数符号后，才使二项式定理被准确地表达出来，成为现代的二项式定理，而且非常简洁、美丽。

图 4 – 3

$$(a+b)^n = C_n^0 a^n + C_n^1 a^{n-1} b + C_n^2 a^{n-2} b^2 + \cdots + C_n^r a^{n-r} b^r + \cdots + C_n^{n-1} ab^{n-1} + C_n^n b^n。$$

（二）理解学生

受邀参加同课异构的学校是一所普通高中，我所在学校也不是当地最好的高中。那么，我们学生学习的难点是什么？笔者调查了解到"前面我学组合的时候就感到难了，我一看到 C_n^r 就心理发怵"，确实，二项展开式干吗与组合联系起来？这需要在教学中创设合适的情境，将这种"偶遇"设计成"必遇"，让学生自然用组合模型去理解二项展开式的项，这种模型一旦建立，这不就自然让学生会"用恰当的数学语言（组合符号）描述问题"吗？学生真正理解二项展开式中的项的组合模型，"看到 C_n^r 就心理发怵"不就突破了吗？组合符号是简洁的,因为简洁而美丽,因为美丽而成为地球通用语言,数学美的特征之一就是简洁。同时也因为理解不透彻而对"简洁"产生敬畏。还有让学生归纳二项展式的通项公式、证明二项式定理的过程中,学生的数学抽象、逻辑推理素养不就自然发展起来了吗?

(三) 教学活动设计

1. 创设情境,引入定理

问题1:请学生思考下列两题:

(1) 89^{10}除以88的余数是多少?(人教 A 版《普通高中课程标准实验教科书·数学 2-3 选修》第 129 页,以下简称《课本》)

(2) 与 π 一样重要的自然对数的底数 $e = \lim\limits_{n\to\infty}\left(1+\dfrac{1}{n}\right)^n$,为了证明 $\lim\limits_{n\to\infty}\left(1+\dfrac{1}{n}\right)^n$ 是一个确定的数,你能先证明 $2 < \left(1+\dfrac{1}{n}\right)^n < 3$ $(n\in\mathbf{N},\ n\geqslant 2)$ 吗?

设计意图: 任何知识的产生都是解决问题的需要,通过问题解决的需要,激发学生学习热情与欲望,能尽快将知识纳入学生的最近发展区,完成学生的知识建构。

学生小组讨论形成共识:

要算 89^{10} 除以 88 的余数需要将 $89^{10} = (88+1)^{10}$ 展开;要证不等式 $2 < \left(1+\dfrac{1}{n}\right)^n < 3$,也需要将 $\left(1+\dfrac{1}{n}\right)^n$ 展开。

师生共同抽象出这节课我们所研究的课题: $(a+b)^n = ?$

评析:如果直接引入课题"这节课我们研究 $(a+b)^n = ?$",学生心理会产生"我学它有什么用"的疙瘩,由二项式定理的科学价值创设情境:两个问题的解决需要引入课题,一个是教材的定理应用题,另一个是自然对数的底数 e 的介绍,有助于扩大学生数学视野。设置情境可以是水平数学化的现实世界的真情境,也可以是垂直数学化的数学世界的情境,目的就是使学生对学习内容产生好奇,产生"我想学"的兴趣。

2. 归纳结论,产生困惑

问题2:在选修 2-2 中,我们学过用合情推理可以获得某些数学结论,再用演绎推理证明其正确性,你能用此数学思想方法探求 $(a+b)^n = ?$

设计意图：考虑学生的认知水平，教师给出思维方向，让学生自然思考，用所学的数学思想方法尝试解决问题，培养学生的核心素养之———"数学推理"。

小组活动1：

$(a+b)^2 = a^2 + 2ab + b^2$，

$(a+b)^3 = a^3 + 3a^2b + 3ab^2 + b^3$，

$(a+b)^4 = a^4 + 4a^3b + 6a^2b^2 + 4ab^3 + b^4$，

…

只能归纳出：展开式一共有 $n+1$ 项，$(a+b)^n = a^n + na^{n-1}b + \cdots + nab^{n-1} + b^n$，中间项的系数找不到规律，无法归纳。

小组活动2：

$(a+b)^2 = (a+b)\ (a+b)\ = a^2 + ab + ab + b^2$

$\qquad\qquad = a^2 + 2ab + b^2$；

$(a+b)^3 = (a+b)\ (a+b)^2 = (a+b)\ (a^2 + 2ab + b^2)$

$\qquad\qquad = a^3 + 2a^2b + ab^2 + a^2b + 2ab^2 + b^3$

$\qquad\qquad = a^3 + 3a^2b + 3ab^2 + b^3$；

$(a+b)^4 = (a+b)\ (a+b)^3 = (a+b)\ (a^3 + 3a^2b + 3ab^2 + b^3)$

$\qquad\qquad = a^4 + 3a^3b + 3a^2b^2 + ab^3 + a^3b + 3a^2b^2 + 3ab^3 + b^4$

$\qquad\qquad = a^4 + 4a^3b + 6a^2b^2 + 4ab^3 + b^4$。

得到递推关系：每项系数 = 前一个展开式的两项系数之和，仍无法用符号表示。

小组活动3：

有些同学看课本也看不懂。

评析：由于受小学找规律负迁移影响，学生喜欢从数的多少去找规律，小组活动1代表了大部分学生的做法，小组活动2进一步了，能找到前后的递推关系，这就是后面的杨辉三角。但无法用符号表达，不过为定理的数学归纳法证明奠定了基础，在学生思维自然运行中，敢于自己思考才是最重要的，培养学生勇于克服困难的意志品质。

3. 纾困解惑，发展素养

进行归纳、类比推理时，不要只注重表象，注重表象往往会出错，也可能归纳不了，而要注重内在的方法、内在的关系。著名数学教育家波利亚在"怎样解题"表中指出：解决问题的一种基本思想方法——"回到定义"，回到出发点，或者说是"特殊化"，此题中回到最特殊的情形：如何计算出 $(a+b)^2$？由此出发进行探究：

在初中，我们用多项式乘法法则得到了 $(a+b)^2$ 展开式：

$$(a+b)^2 = (a+b)(a+b)$$

$$= a \times a + a \times b + b \times a + b \times b$$

$$= a^2 + 2ab + b^2。$$

上面展开过程中，请学生思考：

问题 3.1：为什么展开式的每一项都是 2 次的？

设计意图：回顾展开方式：每个括号取一个字母相乘，理解展开式项的特征。

$(a+b)^2$ 是 2 个 $(a+b)$ 相乘，根据多项式乘法法则，展开式的每项是每个括号取一项相乘，有两个字母相乘，所以每项都是 2 次的。

问题 3.2：能解释一下为什么展开式合并前有 4 项，合并后只有 3 个不同的项？

设计意图：理解展式式不同类的项数，启发用计数原理计算展开式的项数。

每个 $(a+b)$ 在取一项时有两种选择，选择 a 或选择 b，而且每个 $(a+b)$ 中的 a 或 b 都选定后相乘，才能得到展式式的一项，由分步乘法计数原理，$(a+b)^2$ 的展开式共有 $2 \times 2 = 2^2$ 项。

因为每项都是 2 次的，按 a 的降幂排列，只能有 a^2b^0，a^1b^1，a^0b^2 这 3 项。

问题 3.3：数学有一种美叫作统一美，这 3 项能否用一个通项公式统一表达？

设计意图：为归纳二项展开式通项做准备，培养学生抽象素养，让学生学会用数学语言表达世界。

可以表示成统一的形式：$a^{2-k} \times b^k$（$k = 0$，1，2）。

问题 3.4：项的系数就是该同类项的个数，展开式中项 a^2 个数为 1 是因为 $(a+b)(a+b)$ 中两个括号都取 a 相乘，只有一种取法；项 ab 个数为 2 是因为 $(a+b)(a+b)$ 中两个括号一个取 a 相乘，另一个取 b 相乘，有两种取法，请同学们想象我们学过这种从多少个元素中取一些元素的数学模型吗？

设计意图：由展开过程分析同类项系数的形成过程，自然产生用组合数来表达。

学生自然就想到组合，用组合数表达：

项 a^2 的系数相当于从 2 个 $(a+b)$ 中取 0 个 b（即都取 a）的组合数 $C_2^0=1$；

项 ab 个数是由一个 $(a+b)$ 中选 a，另一个 $(a+b)$ 中选 b 得到的。由于 b 选定后，a 的选法也随之确定，因此，ab 出现的次数相当于从 2 个 $(a+b)$ 中取 1 个 b 的组合数 C_2^1，因此 ab 共有 $C_2^1=2$ 个；

项 b^2 的个数，是由 2 个 $(a+b)$ 中都选 b 得到的，相当于从 2 个 $(a+b)$ 中取 2 个 b（即都取 b）的组合数 $C_2^2=1$，因此 b^2 只有一个；

上面 3 项系数的统一叙述为：项 $a^{2-k} \times b^k$（$k=0$，1，2）的个数，就是 $a^{2-k} \times b^k$ 出现的次数，相当于从 2 个 $(a+b)$ 中取 k 个 b 的组合数 C_2^k，因此 $a^{2-k} \times b^k$ 共有 C_2^k 个。

由上述分析可能得到：$(a+b)^2 = C_2^0 a^2 + C_2^1 ab + C_2^2 b^2 = a^2 + 2ab + b^2$。

问题 3.5：请同学们仿照上述过程，自己推导 $(a+b)^3$ 的展开式，并归纳 $(a+b)^n = ?$

设计意图：巩固用组合思想得到二项展开式，完成二项式定理的归纳。

项是 $a^{3-k} \times b^k$（$k=0$，1，2，3），相应系数是 C_3^k，$(a+b)^3 = C_3^0 a^3 + C_3^1 a^2 b + C_3^2 ab^2 + C_3^3 b^3$。

$(a+b)^n = C_n^0 a^n + C_n^1 a^{n-1} b + C_n^2 a^{n-2} b^2 + \cdots + C_n^r a^{n-r} b^r + \cdots + C_n^{n-1} ab^{n-1} + C_n^n b^n$。

这就是二项式定理。

评析：不是告知二项式定理可以归纳得到，而是启发学生运用所学的数学思想（合情推理、回到定义）去思考想象解决问题，学生数学素养不经意间就提升了。学生试错是学生思维的自然流动，恰好也是引入新方法的最近发展区。从大家习以为常的完全平方公式转向用组合思想来思考，需要理解二项式定理的本质：项的次数、项数与项的系数，以此设计问题串，很自然引导学生用计数原理思考，这对普通学校学生来说，是上升搭了一个台阶，学生学会从一些日常普通的事情思考一些本质的东西，提升思维品质。

4. 类比证明，巩固定理

问题 4.1：上面是用归纳法得到的二项式定理。归纳法是合情推理，不够严谨，还需要证明，如何证明？

设计意图：认识合情推理是不严谨的，类比寻找证明方法，让学生完成定理的建构，发展学生的数学核心素养——逻辑推理。

小组讨论，师生共同形成二项式定理的证明思维方向：

（1）要证明 n 取所有的自然数都成立，已经验证了 $n=2$，3成立，就是将2换成 n，$(a+b)^n$ 展开式的每一项都是每个括号取一个相乘为 n 次式 $a^{n-k} \times b^k$（$k=0$，1，2，$\cdots$，n）；相应项的系数就是出现的次数，也就是从 n 个括号中选 k 个 b 的组合数 C_n^k。

这就是类比方法，课本就是如此证明的（为了体现规范的书写，教师投影出《课本》第30页证明）。

（2）与自然数有关的定理，还可以用数学归纳法证明。

问题4.2：二项式定理中，字母 a，b 代表任何数，如果设 $a=1$，$b=x$，二项式定理将变成什么样？

设计意图：理解多项恒等式，为下节课用赋值法推证组合恒等式做准备。

$$(1+x)^n = C_n^0 + C_n^1 x + C_n^2 x^2 + \cdots + C_n^k x^k + \cdots + C_n^n x^n。$$

问题4.3：例1：求 $\left(2\sqrt{x} - \dfrac{1}{\sqrt{x}}\right)^6$ 的展开式。

设计意图：练习用二项式定理展开，体会先化简再展开能减少运算，培养学生的核心素养——数学运算。

直接展开。

先将原式化简：$\left(2\sqrt{x} - \dfrac{1}{\sqrt{x}}\right)^6 = \left(\dfrac{2x-1}{\sqrt{x}}\right)^6 = \dfrac{1}{x^3}(2x-1)^6$ 再展开。

评析：虽然是普通中学学生，相信他们只要设置反映数学本质和在他们思维最近发展区内的问题，是能解决的，只要得到激励，他们能多维度思考。

教师解答本节课情境提出的问题：

（1）解：$89^{10} = (88+1)^{10} = C_{10}^0 88^{10} + C_{10}^1 88^9 + C_{10}^2 88^8 + \cdots + C_{10}^8 88^2 + C_{10}^9 88^1 + C_{10}^{10} \times 1 = 88\left(C_{10}^0 88^9 + C_{10}^1 88^8 + C_{10}^2 88^7 + \cdots + C_{10}^8 88^1 + C_{10}^9 88^0\right) + 1$，

$\therefore$ 余数为1。

（2）解：$\left(1+\dfrac{1}{n}\right)^n = C_n^0 + C_n^1\left(\dfrac{1}{n}\right) + C_n^2\left(\dfrac{1}{n}\right)^2 + \cdots + C_n^k\left(\dfrac{1}{n}\right)^k + \cdots + C_n^n\left(\dfrac{1}{n}\right)^n$，

$< 1 + 1 + \dfrac{1}{2!} + \dfrac{1}{3!} + \cdots + \dfrac{1}{k!} + \cdots + \dfrac{1}{n!} < 1 + 1 + \dfrac{1}{2} + \dfrac{1}{4} + \cdots + \dfrac{1}{2^{k-1}} + \cdots + \dfrac{1}{2^{n-1}} + \dfrac{1}{2^n} <$

3，左端显然小于右端，故不等式得证。

5. 理解通项，熟识符号

展开式中各项的系数是一个组合数 C_n^k（$k \in \{0，1，2，\cdots，n\}$），为了确切地称呼，叫作二项式系数（像数列一样，用一个能表示各项式子叫通项），式中的 $C_n^k a^{n-k} \times b^k$ 叫作二项展开式的通项，用 T_{k+1} 表示，即通项为展开式的第 $k+1$ 项：$T_{k+1} = C_n^k a^{n-k} \times b^k$。

问题5：例2：（1）求 $(1+2x)^7$ 展开式的第4项的系数；

（2）求 $\left(x - \dfrac{1}{x}\right)^9$ 的展开式中 x^3 的系数。

设计意图：学生经历了二项展开式的探究过程，理解了展开式中项的次数和系数形成的原理及符号表示。俗话说"温故而知新""熟能生巧"，安排符合学生认知水平的巩固练习也就是必然的了。

学生自主解答交流。

（1）$(1+2x)^7$ 展开式的第4项是 $T_{3+1} = C_7^3 \times 1^{7-3} \times (2x)^3 = C_7^3 \times 2^3 \times x^3$ $= 280x^3$。

$(1+2x)^7$ 展开式的第4项的二项式系数是 $C_7^3 = 35$，一个二项展开式的某一项的二项式系数与这一项的系数是两个不同的概念。

（2）$\left(x - \dfrac{1}{x}\right)^9$ 的展开式的通项是 $T_{k+1} = C_9^k x^{9-k} \times \left(-\dfrac{1}{x}\right)^k = (-1)^k C_9^k x^{9-2k}$。依题意得 $9 - 2k = 3$，解得 $k = 3$，因此，x^3 的系数是 $(-1)^k C_9^k = -84$。

课堂练习：《课本》第31页练习。

评析：教材是一些长期从事数学教育的专家编写出来的，选用课本的练习题就是用好教材。二项式定理的本质就是展开式项的次数与系数，无论例题示范还是练习都围绕此进行，让学生掌握二项展开式及其通项，区分二项式系数和该项的系数，让学生熟悉相关知识，理解二项式定理并进行应用，培养学生的运算能力。

6. 回顾反思，总结提炼

设计意图：小结也是一种知识在头脑里的内化过程，通过提炼本节课的内容，可以锻炼学生的概括能力、语言表达能力，加深对本节课的认识。

问题6：请同学们对本节课的内容作一个小结，从两方面进行，一是知识点，二是数学思想方法。

学生思考然后小组讨论。

知识方面：二项式定理，通项，二项式系数，系数。

思想方法：从特殊到一般；观察—归纳—猜想—证明；特殊化—回到起点另寻方法；类比—寻找证明方法。

7. 课下作业，思维延伸

设计意图：遗忘曲线告诉我们：及时巩固练习有助于学生掌握本节课所学内容。本节课下作业分为知识巩固性作业1和思想方法延伸性作业2。

作业1：教材第36页习题1.3的第1题、第2题、第3题。

作业2：思想方法延伸：（1）探究 $(a+b+c)^5$ 的展开式中 a^2b^2c 的系数。
（2）用数学归纳法证明二项式定理。

（四）教学设计说明

（1）何小亚教授认为"逻辑推理"这一核心素养改为"数学推理"更确切，"逻辑推理是演绎推理的另一种说法，怎么能把从特殊到一般的合情推理当成演绎推理呢？归纳有两种：一是完全归纳，属于演绎推理；二是不完全归纳，属于合情推理。为什么把数学创造中最重要的直觉、想象这两大合情推理的形式丢掉呢？不过我认为，合情推理不只是归纳与类比，还包含"想象"，"合情推理"是"逻辑推理"的引领。"它的展开式与分类加法计数原理、分步乘法计数原理以及排列、组合的知识有关，那么，如何把二项展开式与这些知识联系起来呢"（《课本》第29页），引导学生思考的不是归纳类比，而是"想象"，只有在无穷的想象中，才能把各种看似无关的东西联系起来，也就是用组合数公式表示二项式系数是自然而然的了。

（2）在教学过程中，学生是一个积极的探索者，教师的作用是要形成一种能够独立探索的情境，而不是提供现成的知识。像这节课教师设置了6个问题，让学生通过自主探索与小组讨论、合作交流的问题解决过程中，而让学生亲身经历定理的发生、形成和发展过程，就自主建构了二项式定理，同时也激发了学生的兴趣，挖掘了学生的学习潜能。不过也可以想象：如果不经过学生的探索，直接把二项式定理的结果告诉学生，然后进行大量的练习，虽然部分学生日久慢慢会理解，但得花多少时间，有部分学生对定理的本质并没有真正地理解，学生对定理的记忆只是暂时的，并没有得到很好的效果。而让学生亲身经历定理的发生、形成和发展过程，通过自主探索与合作交流，可以使学生发现自己的学习潜能，容易将这一知识同化到自己已有的知识结构中。

（3）教师设置的问题情境、问题、问题串引导的质量决定了学生学习的质量，而问题的质量主要体现在"启发度"的把握上，"启发度"可以从两个方面衡量：是否反映数学本质和是否在学生思维最近发展区内，由此可见，高质量的问题基于"理解数学""理解学生"。所以在由 $(a+b)^2$ 归纳出 $(a+b)^n$ 展开式时，基于"理解数学"就是围绕展开式项、项数、项的系数，基于"理解学生"就是考虑本人所任教学生的学习能力，设置为"问题串"。

（4）现在，包括我所在学校在内的很多学校都在实施"导学案"制教学，有些"导学案"已沦落为"习题案"，只不过让学生反复操练而已，没有思维活动。有些虽有问题导引，但问题过于空洞，或没有思维含量，不能启发学生思考，最后还是沦落为学生只能依样画瓢地做"习题案"，这样课堂环节则是解答学生习题中的问题，没有了知识的建构过程。在某种程度上掩盖也缺少了学生独立思考和当堂训练落实的情况，造成课堂练习的进度太快，挤压了学生思考、交流的空间。本节课的问题导学（学生任务单）只是问题1、问题2、问题3和示例练习题，问题串则是通过课堂上的师生思维交流完成的，所以课堂上主要是定理的生成。

参考文献

［1］中华人民共和国教育部．普通高中数学课程标准（2017版）［M］．北京：人民教育出版社，2017.

［2］M. 克莱因．古今数学思想：第1册［M］．上海：上海科学技术出版社，2011.

［3］G. 波利亚．怎样解题［M］．北京：科学出版社，1982.

［4］何小亚．数学核心素养指标之反思［J］．中学数学研究，2016（7）.

［5］章建跃．如何把握启发学生思维的度［J］．中小学数学（高中版），2014（11）.

［6］汪和平．尊重经验　有效探究——二项式定理的教学设计与思考

[J]. 中国数学教育, 2013 (6).

[7] 殷伟康. 基于数学核心素养的二项式定理的教学设计 [J]. 中学数学研究 (广州), 2019 (1).

[8] 崔志荣. 归纳探究 自然过渡——二项式定理 (第一课时) 的教学设计与思考 [J]. 中国数学教育, 2016 (1-2).

[9] 何磊. "二项式定理"教学设计 [J]. 中国数学教育, 2017 (1-2).

[10] 方倩. "二项式定理": 在历史中探源、求法、寻魅 [J]. 教育研究与评论·中学教育教学, 2016 (9).

[11] 沈子兴. 基于数学核心素养培育的教学设计——以"二项式定理"教学为例 [J]. 上海中学数学, 2017 (12).

案例 2: 重视数学证明, 发展核心素养——"综合法和分析法"教学设计 (第 1 课时)

理解思维方式, 提升思维能力

缘由: 昨天小测一个证明根号不等式的题:

题 6: 已知 $a \geqslant 5$, 求证: $\sqrt{a-5} - \sqrt{a-3} < \sqrt{a-2} - \sqrt{a}$。

这是一道典型的用分析法证明的题, 也是学习分析法的经典题, 可两个班只有 4 人, 5 班作为一个次重点班只有 3 人, 6 班 1 人做对, 值得反思。

学生错误一, 没有格式语言。

错误二, 不知平方要两边为正才是同解变形 (6 人)

错误三, 竟然用反证法 (大约有 4 人)

错误四, 其他 (3 人)

让我欣慰的是都做了, 可是如此, 说明学生还没有理解分析法的思维方式。没有形成使用分析法的能力, 也没有理解何时用, 为什么要用, 如何用分析法。

为此, 我不得不对分析法的教学重新设计:

作为一名老师, 对某一个内容没有特别重视, 而导致这个内容学生没有学好, 事后补救, 重新设计教学也正常, 也为以后教学留下反思。教学是一门遗憾的艺术。

要让学生形成分析法的思维方式，就要让学生感觉这种思维方式能带来价值，如何设计一些问题，用这种思维方式能解决？

应该从学生的最近发展区入手，即从学生最熟悉的问题入手，在前面立体几何中经常从分析法入手寻找证明。

龚浩生、黎宁《突出思维形式教会学生思维——"综合法和分析法"教学设计与反思》《中小学数学》2014年1—2月下旬（高中）这篇文章值得参考。

（一）教材分析

本课教学内容"§2.2.1综合法与分析法"是《人教A版高中数学选修教材2-2》第二章"推理与证明"第2节"直接证明与间接证明"第1课时，是在上一节学习了"合情推理与演绎推理"后的这些"合情推理"需要证明的自然需求。数学的美妙在于任何数学问题都是经过严格推理证明解决的，数学证明是解决数学问题的基本手段，也是数学学科的核心素养之一，学生在初中几何学习中，以及必修教材学习的基础上，对数学的严格推理证明方法有了很好的感性认识，需要总结提炼，形成系统的数学证明方法和应用数学证明方法证明数学问题的思维方向。本课内容"综合法与分析法"属于直接证明方法，下一课的学习内容则是间接证明的反证法。

（二）学情分析

证明中的综合法与分析法学生在初中平面几何中就逐步接触，在高中必修二的立体几何中已开始运用，只是一直没有概括提炼方法的特点，也没有形成思维方式，也就没有这些思维概念。本课学习主要是让学生对严格的推理证明方法有明确认识，进而能更规范、准确地运用这些方法分析证明数学问题。

教师把自主学案通过平板电脑让学生在上课前的自主学习过程中，自主学习，自主思考，一定要完成前4个例题证明过程的透彻理解，为课堂上抽象出分析法、综合法做准备。通过设置各种问题情境，学生在自主探究的数学活动中，获得思维碰撞，建构数学思维方法，帮助学生形成数学核心素养。

（三）教学目标

结合上述的教学内容及其学情分析，本人认为本节课的三维目标如下：

（1）知识与技能

① 结合已经学过的数学实例，使学生了解直接证明的两种基本方法：分析法和综合法；了解分析法和综合法的思考过程、特点。

② 通过具体例子和练习，促使学生能自觉地，有意识地，更规范、准确地运用这些方法进行数学证明。

（2）过程与方法

让学生自主观察体会对比教师给出的 4 个题目的证明过程，形成两种证明题目的基本方法，建构两种基本方法的概念：分析法和综合法。再通过 3 个例题的学生自主探究，体会如何选择哪种方法证明？最后形成证明题目的基本思维模式，从而提高解决问题的能力。

（3）情感、态度、价值观

学生在建构自己的知识结构的过程中，亲身体验和感受到获取数学知识的愉悦，形成逻辑推理的数学素养。从而培养学生大胆尝试、敢于创新的精神和勇于克服困难的道德品质。

（四）重点与难点

重点：了解直接证明的两种基本方法——分析法和综合法，以及它们的思考过程、特点。

难点：根据问题的特点，结合分析法和综合法的思考过程、特点，选择适当的证明方法和综合运用两种方法进行数学证明。

（五）教学过程

1. 创设情境，提出问题

问题 1：合情推理所得的结论的正确性是要证明的。请同学们观察、思考下列各题的证明过程，判断证明是否正确？

设计意图：让学生感受题目的证明思维形式，对比认识两种不同的证明思路，为学生理解综合法与分析法提供感性认识。

（1）已知 a，$b > 0$，求证：$a\,(b^2 + c^2)\,+ b\,(c^2 + a^2)\,\geqslant 4abc$。

证明：因为 $b^2+c^2 \geqslant 2bc$，$a>0$，

所以 $a(b^2+c^2) \geqslant 2abc$。

又因为 $c^2+a^2 \geqslant 2ac$，$b>0$，

所以 $b(c^2+a^2) \geqslant 2abc$。

因此 $a(b^2+c^2)+b(c^2+a^2) \geqslant 4abc$。

（2）如图 4-4，已知 $\triangle ABC$ 在平面 α 外，它的三边所在直线分别交平面 α 于 P，Q，R，求证：P，Q，R 三点共线。

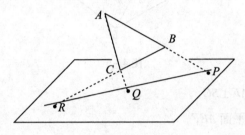

图 4-4

证明：$\triangle ABC$ 的三个顶点确定平面 ABC，

因为 $AB \cap \alpha=P$，$BC \cap \alpha=Q$，$AC \cap \alpha=R$，

所以 P，Q，$R \in$ 平面 α ①

且 $P \in AB$，$Q \in AC$，$R \in BC$ ②

由②得 P，Q，$R \in$ 平面 ABC。

因此 P，Q，R 是平面 ABC 与平面 α 的公共点。

因为两平面相交有且只有一条交线，所以 P，Q，R 三点在平面 ABC 与平面 α 的交线上，即 P，Q，R 三点共线。

（3）证明基本不等式 $\dfrac{a+b}{2} \geqslant \sqrt{ab}$（$a>0$，$b>0$）。

证明：为了证明 $\dfrac{a+b}{2} \geqslant \sqrt{ab}$，

只需证明 $a+b \geqslant 2\sqrt{ab}$，

只需证明 $a+b-2\sqrt{ab} \geqslant 0$，

只需证明 $(\sqrt{a}-\sqrt{b})^2 \geqslant 0$，

由于 $(\sqrt{a}-\sqrt{b})^2 \geqslant 0$ 显然成立，因此原不等式成立。

(4) 如图 4-5 所示，$SA \perp$ 底面 ABC，$\angle ABC = 90°$，过 A 作 $AE \perp SB$，垂足为 E，过 E 作 SC 的垂线，垂足为 F。求证：$AF \perp SC$。

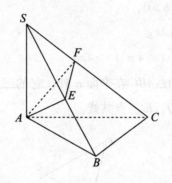

图 4-5

证明：要证明 $AF \perp SC$，

只需证明 $SC \perp$ 平面 AEF，

只需证明 $AE \perp SC$（因为 $EF \perp SC$），

只需证明 $AE \perp$ 平面 SBC，

只需证明 $AE \perp BC$（因为 $AE \perp SB$），

只需证明 $BC \perp$ 平面 SAB，

只需证明 $BC \perp SA$（因为 $BC \perp AB$），

由于 $SA \perp$ 平面 ABC 可知，上式成立。

所以 $AF \perp SC$。

师生活动：

生：自主学习课上学习理解上面 4 题的证明过程与方法。

师：教师概括：题 1 利用基本不等式直接证明；题 2 由条件得出 P，Q，R 是平面 ABC 与平面 α 的公共点，在两平面的公共直线上得证；题 3 找到了所证不等式成立的条件是 $(\sqrt{a} - \sqrt{b})^2 \geq 0$ 显然成立；题 4 要证线线垂直需证线面垂直，三次找线面垂直，第一次找证 $SC \perp$ 平面 AEF，第二次找证 $AE \perp$ 平面 SBC，第三次找证 $BC \perp$ 平面 SAB，而第三次显然成立。

2. 问题探索，理解方法

问题 2：题 1、题 2 与题 3、题 4 的证明思维方式的区别是什么？如何称呼？题 3、题 4 的证明如此书写形式中，"只需证明"这几个字是否可以省略？

设计意图： 让学生思考、概括、体会题目的证明思维方式的差异，认识理解分析法。

师生活动：

生 1：题 1、题 2 的证明思维方式是从条件推出结论正确，这种方法称为综合法；题 3、题 4 的证明思维方式是找结论成立的条件，这种方法称为分析法。

生 2：这两种方法的思维方向相反。

生 3：题 3、题 4 证明的书写有点怪怪的，我认为"只需证明"这几个字可以省略，写得有点麻烦。

师：各位同学还有不同的看法吗？确实题 1、题 2 的证明思维方式就是我们平时常用的：从已知条件和某些数学定义、定理、公理出发，通过推理推出所要的结论。

一般地，利用已知条件和某些数学定义、公理、定理，经过一系列的推理论证，最后推导出所要证明的结论成立，这种证明方法叫作综合法。

用 P 表示已知条件、已有的定义、公理、定理等，Q 表示所要证明的结论，则综合法可用框图表示为：

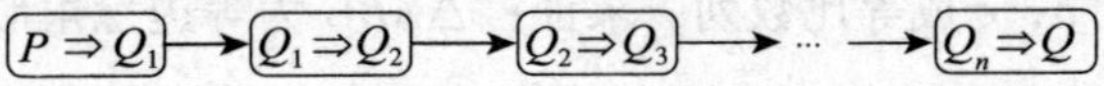

$$\boxed{P \Rightarrow Q_1} \longrightarrow \boxed{Q_1 \Rightarrow Q_2} \longrightarrow \boxed{Q_2 \Rightarrow Q_3} \longrightarrow \cdots \longrightarrow \boxed{Q_n \Rightarrow Q}$$

图 4-6

题 3、题 4 的证明思维方式就是我们在立体几何中经常这样想，但没有这样写过：就是找结论成立的充分条件。

一般地，从要证明的结论出发，逐步寻求使它成立的充分条件，直至最后，把要证明的结论归结为判定一个明显成立的条件（已知条件、定理、定义、公理等）为止，这种证明方法叫作分析法。

用 Q 表示要证明的结论，则分析法可用框图表示为：

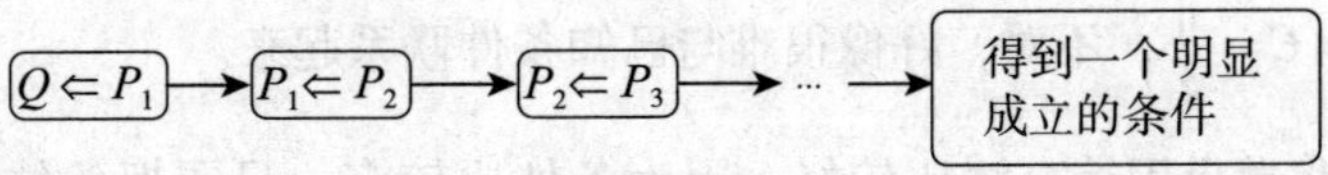

$$\boxed{Q \Leftarrow P_1} \longrightarrow \boxed{P_1 \Leftarrow P_2} \longrightarrow \boxed{P_2 \Leftarrow P_3} \longrightarrow \cdots \longrightarrow \boxed{\text{得到一个明显成立的条件}}$$

图 4-7

确实"只需证明"这几个字不能省略，这说明所找的条件是充分条件，因为本来我们变形时得到的必要条件，同时也提醒我们每一步都是充分的。

师："只需证明"这几个字又不能省，写得也麻烦，有没有一个办法，既不写，又严谨，也不扣分？

生4：像立体几何证明题目时，反推上去，变成综合法。

师："综合法"与"分析法"都是证明题目的方法，同学们，你喜欢用哪种方法？

生5：如果是一看就知道这个题目如何证明，那当然就用综合法啦，用综合法书写看上去挺舒服的，可是如果一看这题不是很明确如何证明，那就用分析法分析，因为分析法最大的优点是寻找如何证明。

3. 当堂练习，运用方法

问题3：请同学们选择适当方法证明下面例题：

无论证明题还是解答题都可以按思维程序进行思考：

（1）读懂题意，有几个条件？是什么？结论要干什么？

（2）考虑证法，用综合法如何思考？用分析法又如何思考？用哪个方法更容易想？

例1：在 $\triangle ABC$ 中，三内角 A，B，C 的对边分别为 a，b，c，且 A，B，C 成等差数列，a，b，c 成等比数列，求证：$\triangle ABC$ 为等边三角形。

设计意图： 此例条件较多，更容易从条件出发进行推理，首先主要引导学生运用综合法、分析法做初步的思考，有意识地比较辨析两种思考方法，进而选择恰当方法解决问题；其次训练学生的综合法思维方式及综合法书写规范。

师生活动： 教师思维导引，学生讨论解答。

生6：两个条件："A，B，C 成等差数列"用符号语言表示为"$2B = A + C$"，"a，b，c 成等比数列"用符号语言表示为"$b^2 = ac$"，还有一个隐含条件"$A + B + C = \pi$"，涉及三个角、三条边，结论是要证三角形为等边三角形。

生7：用分析法思考：要证 $\triangle ABC$ 为等边三角形，只需证明 $a = b = c$，只需证明 $A = B = C = \dfrac{\pi}{3}$，不对，好像很难与已知条件联系起来。

生6：我觉得用综合法比较好，因为条件比较多，只要把条件关系弄明白就可以。

生7：我也觉得用综合法比较好。

教师点拨：题中条件较多，先将条件理解透彻，角的条件"A，B，C 成等差数列"的等式表示为 $2B = A + C$，又想到三角形内角和定理 $A + B + C = \pi$，易得 $B = \frac{\pi}{3}$；边的条件"a，b，c 成等比数列"的等式表示是 $b^2 = ac$；如何将角 B 与三边联系导出边相等或角相等？联想到余弦定理。

证明：由 A，B，C 成等差数列，有 $2B = A + C$①。

因为 A，B，C 为 $\triangle ABC$ 的内角，所以 $A + B + C = \pi$②。

由①②，得 $B = \frac{\pi}{3}$③。

由 a，b，c 成等比数列，有 $b^2 = ac$④。

由余弦定理及③，可得 $b^2 = a^2 + c^2 - 2ac\cos B = a^2 + c^2 - ac$。

再由④，得 $a^2 + c^2 - ac = ac$，即 $(a - c)^2 = 0$，

因此 $a = c$。

从而 $A = C$⑤。

由②③⑤，得 $A = B = C = \frac{\pi}{3}$。

所以 $\triangle ABC$ 为等边三角形。

解题小结：题中条件较多时，先将条件理解透彻，一般用综合法。

综合法的书写格式：

因为 P，所以 Q_1；

因为 Q_1，所以 Q_2；

……

因为 Q_n，所以结论 Q 成立。

例 2：求证：$\sqrt{3} + \sqrt{7} < 2\sqrt{5}$。

设计意图：此例条件较少，很难用综合法从条件出发进行推理，只能用分析法"执果索因"，所以此例首先主要引导学生运用综合法、分析法做初步的思考，有意识地比较辨析两种思考方法，当条件较少时选择分析方法解决问题；其次训练学生的分析法证明的书写规范。

师生活动：教师思维导引，学生讨论解答。

师：无论证明题还是解答题都可以按思维程序进行思考。

教师思维导引同例 1。

生8：没有明确的条件。

生9：综合法从条件出发进行推理很难，只能用分析法从所证的结论入手反推。

证明：因为 $\sqrt{3}+\sqrt{7}$ 与 $2\sqrt{5}$ 都是正数，所以要证 $\sqrt{3}+\sqrt{7}<2\sqrt{5}$，

只需证明 $(\sqrt{3}+\sqrt{7})^2<(2\sqrt{5})^2$。

展开得 $10+2\sqrt{21}<20$。

只需证明 $\sqrt{21}<5$。

只需证明 $21<25$。

因为 $21<25$ 成立，所以 $\sqrt{3}+\sqrt{7}<2\sqrt{5}$ 成立。

师：你能用综合法书写此题吗？

生10：（略）

教师点拨：此题中，没有明确给出条件，我们也很难看出从"$21<25$"入手，所以用综合法思考比较困难。就用分析法的思维从结论入手，寻找结论成立的充分条件，目标明确、方向清楚，如果不易把握，还可用综合法书写。

解题小结：题中条件较少时，就用分析法，从结论入手，寻找结论成立的充分条件。

分析法的书写规范是：

要证明命题 Q 为真。

只需要证明命题 P_1 为真，从而有……

只需要证明命题 P_2 为真，从而又有……

……

只需要证明命题 P_n 为真。

而已知 P_n 为真，故命题 Q 必为真。

例3：已知 α，$\beta\neq k\pi+\pi/2$ $(k\in\mathbf{Z})$，且 $\sin\theta+\cos\theta=2\sin\alpha$①；$\sin\theta\cdot\cos\theta=\sin^2\beta$②

求证：$\dfrac{1-\tan^2\alpha}{1+\tan^2\alpha}=\dfrac{1-\tan^2\beta}{2(1+\tan^2\beta)}$。

设计意图：训练学生综合运用综合法、分析法的思维方式探索解题思路，完整表述解题过程。

师生活动：教师思维导引，学生讨论解答。

师：无论证明题还是解答题都可以按思维程序进行思考。

教师思维导引同例1。

生10：题中有两个条件，是 α 用 θ 表示的三角函数关系式和 β 用 θ 表示的三角函数关系式，结论是要证明 α 与 β 的三角条件等式。

生10：结论中没有 θ，我先想到将条件中的 θ 消掉，由 $(\sin\theta + \cos\theta)^2 - 2\sin\theta \cdot \cos\theta = 1$，可得 $4\sin^2\alpha - 2\sin^2\beta = 1$，可是如何再变出所证结论，我就无法将弦化为切，好像综合法不行。

生11：那就用分析法，将结论中的切化为弦不就解决了，将所证等式左边分子分母同乘 $\cos^2\alpha$，等式右边分子分母同乘 $\cos^2\beta$，得 $\cos^2\alpha - \sin^2\alpha = \frac{1}{2}(\cos^2\beta - \sin^2\beta)$，再都化为正弦得证。好像这个题既用到了综合法，也用到了分析法。

教师点拨：由于有了明确的条件，证题的思维方式就是将条件往结论这一目标方向上变，比较已知条件和结论，发现结论中没有出现角 θ，可先从两个条件等式中消去 θ，得到 $4\sin^2\alpha - 2\sin^2\beta = 1$ 后，再与结论相比较，发现角相同，函数名称不同，于是只要将函数名称化为一致即可，由于我们习惯化切为弦，于是由结论逆推变形，即把正切函数化为正（余）弦函数。这样下去，从两个方向逐步往中间凑，直到打通思路，进而形成证明过程。

证明：因为 $(\sin\theta + \cos\theta)^2 - 2\sin\theta\cos\theta = 1$，所以将①②代入，可得

$4\sin^2\alpha - 2\sin^2\beta = 1$　③

另一方面要证 $\dfrac{1 - \tan^2\alpha}{1 + \tan^2\alpha} = \dfrac{1 - \tan^2\beta}{2(1 + \tan^2\beta)}$。

即证 $\dfrac{1 - \dfrac{\sin^2\alpha}{\cos^2\alpha}}{1 + \dfrac{\sin^2\alpha}{\cos^2\alpha}} = \dfrac{1 - \dfrac{\sin^2\beta}{\cos^2\beta}}{2\left(1 + \dfrac{\sin^2\beta}{\cos^2\beta}\right)}$。

即证 $4\sin^2\alpha - 2\sin^2\beta = 1$。

由于上式与③相同，于是问题得证。

解题小结：综合法与分析法各有优势，在解决问题时，要把综合法和分析法结合起来使用。一方面，根据条件 P 的结构特点去转化结论 Q，得到中间结

论 Q'；另一方面，根据结论 Q 的结构特点去转化条件 P，得到中间结论 P'。若由 P 可以推出 Q 成立，就可以证明结论成立，思路就被打通了，思维方向既要有朝结论，也要找结论。

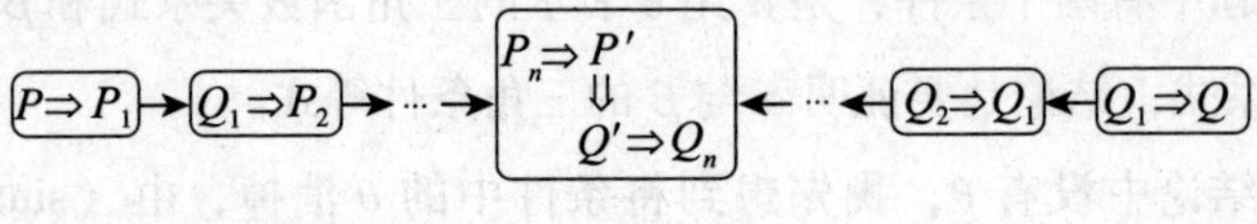

$$\boxed{P \Rightarrow P_1} \rightarrow \boxed{Q_1 \Rightarrow P_2} \rightarrow \cdots \rightarrow \boxed{\begin{array}{c} P_n \Rightarrow P' \\ \Downarrow \\ Q' \Rightarrow Q_n \end{array}} \leftarrow \cdots \leftarrow \boxed{Q_2 \Rightarrow Q_1} \leftarrow \boxed{Q_1 \Rightarrow Q}$$

图 4 - 8

4. 课堂小结，布置作业

问题 4：本课学习了数学证明的方法，怎样称呼？各有什么特点？证明数学问题的过程中如何灵活选择？

设计意图： 课堂小结也是一个思考的过程，以问题的形式引领学生回顾反思整节课的学习、研究过程，明确所要研究的内容和方法，使学生深入理解数学证明的综合法与分析法的同时，在具体情境中能两种思维方向同时运用，让学生在"学会"的基础上，逐步做到"会学"。

生 12：

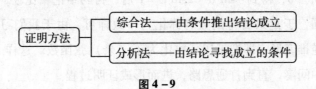

图 4 - 9

生 13：题中已知条件多时一般选择综合法，思维方向是由条件推出结论成立；条件较少时，一般用分析法，思维方向是由结论寻找成立的条件。

布置作业：课本第 89 页，练习 2、3。第 91 页，A 组题 2。

5. 教学反思

爱因斯坦说过一句话："什么是教育，当你把受过的教育都忘记了，剩下的就是教育。"所以我们高中数学教育除了应试之外，重要的就是促进学生智力发展、形成理性思维，"重视数学对象的获得过程，要注重数学与现实之间的联系，也要注重数学内在的前后逻辑，从现实或数学事实出发，让学生经历归纳、概括事物本质的过程，使学生学会数学地认识问题，这就是用数学的眼光观察世界，也就是落实数学抽象素养、直观想象的素养。"

本节中学生新的思维方法就是分析法，虽然前面已有如此的思考过程，但明确提出还是现在，所以就出示 4 个学生熟知的题目证明过程，让学生从已有的认知出发（立体几何证明、不等式证明等），去感知，同时对比综合法，使学生对直接法证明问题的方法形成一个完整的认知结构，优化学生的思维方式。

以问题为导引，形成学生灵活运用综合法与分析法证明问题的思维方式。本课时的巩固运用中就用了课本的三个例题，例 1 是综合法；例 2 是分析法；例 3 是分析法与综合法的综合运用。但在具体证明过程中如何选用？我遵循波利亚的"怎样解题表"，以下两个思维步骤进行思考：（1）读懂题意：题中有几个条件？是什么？结论要干什么？（2）考虑证法，用综合法如何思考？用分析法又如何思考？用哪个方法更容易想（选择证法）？使学生能具体地思考，也可互相交流。

重视学生的表达能力，规范用分析法答题的书写格式。在严格的推理证明中，学生的答题规范、书面表达、严谨叙述历来是一个不足点，在本课内容中，只有让学生充分理解分析法是寻找结论成立的条件才能理解分析法的书写规范要求，所给的实例，也是对学生具有一种书写表述规范的示范性，应强调学生注意学习，在通过例题学习巩固证明方法时，与学生共同分析思路、完成答题书写表述，在重要细节、易错易漏细节上突出强化，如分析法的证明书写，针对大多数学生都习惯于省略一些必要的推理联结语，还可以让学生去掉联结语"只需证明"后，比较表达意思的变化。

案例 3：基于数学建模的计数原理教学活动设计

中学阶段用原理作为后缀的知识内容只有加法原理和乘法原理，合称为计数原理，对"原理"百度百科如此释义：自然科学和社会科学中具有普遍意义的基本规律，是在大量观察、实践的基础上，经过归纳、概括而得出的。既能指导实践，又必须经受实践的检验。这说明计数原理的数学本质就是在大量观察、实践的基础上，经过归纳、概括而得出的数学模型，不是经过逻辑推理得到的，2017 年版数学新课标如此说"数学建模是对现实问题进行数学抽象，用数学语言表达问题、用数学知识与方法构建模型解决问题的过程"，基于此，本人对计数原理的教学活动进行了如下设计，以其同行斧正：

（一）教材分析

两个计数原理是人们在大量实践经验的基础上归纳出来的数学模型（基本规律）。它们不仅是推到排列组合数计算公式的依据，而且其基本思想方法贯穿本章内容的始终。事实上，从思想方法的角度看，运用分类加法计数原理解决问题就是这样一个复杂问题分解为若干"类别"，然后分类解决，各个击破；运用分步计数原理则是将一个复杂问题的解决过程分解为若干步骤，先对每一步进行细致分析，再整合为一个完整的过程；综合运用两个计数原理就是将综合问题分解为多个单一问题，再对每个单一问题逐个击破。这样做的目的都是为了分解问题、简化问题。由于排列组合及二项式定理的研究，都是作为两个计数原理的典型应用而设置的。因此，理解和掌握两个计数原理是学好本章内容的关键。

（二）教学目标

（1）知识与技能

①了解计数原理的应用背景；②理解"完成一件事情"的含义；③理解"分类"或"分布"的区别。

（2）过程与方法

①经历观察、归纳分类加法计数原理或分步乘法计数原理的过程，学习由具体到抽象的思维方式，培养抽象推理能力；②通过原理的运用，领悟分类和分步的数学思想。

（3）情感态度价值观

①感受计数原理的抽象美；②体会计数原理的应用价值，形成崇尚科学的精神。

（三）教学活动过程设计

1. 创设情境，提出问题

问题1：随着人民生活水平的提高，家庭汽车拥有量迅速增加，广州市常住人口已接近1500万，若达到2人均一部汽车时，广州的汽车牌照号码是否够用？现在广州市汽车牌照如"粤A—213CD"，即粤A代表广州市，再从26个英文字母、10个阿拉伯数字中选出5个，并按照适当的顺序排列。

设计意图： 通过学生熟悉的问题引入如何计数的基本思想——数数，以及计数原理的本质就是规律计数，为引入计数原理做准备。

师生活动1：

学生思考3分钟左右。

师：汽车牌照号码的数学含义是什么？

生1：是一个5位数，但每个位的字符多了一些英文字母。

师：哪个同学说一说用什么方法解决？由什么公式求得？

生2：我觉得不够用，号码只有5位数，若2人一部需要近800万辆车，需要800万个号码，即8000000是7位数肯定比号码5位数多，所以不够。

师：你只是感觉，你算出来了吗？数学是喜欢用数据说话，感觉很重要，但不能说服人的。

生3：我们好像没有学过计算此问题的公式。

师：数学公式是计算方法的符号化，我们没有学过计算公式，我们可以想一想用什么方法得到汽车牌照号码的个数？

生4：数出来，不过太多了。

师：会数吗？

生5：12340，12341，…，12349，1234A，1234B，…，1234Z，前4位是1234的就有36个，前4位是其他的还有很多。

师：对，解决这个问题的基本方法是数，即幼儿园时就会的，一个一个地数数的方法计算自己拥有玩具的数量，当然这个问题由于数量太大，需要找到一个规律模型才能数完，否则就难解决。

我们这节课就是要找到一个数数的模型——计数原理（给出课题）。

师：如何找规律？我们在哪节中学过找规律的？

生6：我们在数列中学过，都是序号从最小的自然数开始的。

师：著名数学教育家波利亚在"怎样解题"表中"如果你不能解决所提的问题，可先解决一个与此有关的问题，你能不能想出一个更容易着手的有关问题？一个更普遍的问题？一个更特殊的问题？一个类比的问题？你能否解决这个问题的一部分？……"这是我们解决问题的一般思想，遵循此思想，我们的计数规律即计数原理就可以从简单的问题开始，从最简单的问题开始分析。

评析：在活动中，适当介绍解决问题的思想方法很重要。

2. 分析实例，建构模型

（1）构建加法计数原理模型

教师出示以下实例：

实例1：用一个大写的英文字母或一个阿拉伯数字，给教室里的座位编号。总共能够编出多少种不同的号码？

实例2：在填写高考志愿表时，一名高中毕业生了解到，A，B两所大学各有一些自己感兴趣的强项专业。具体情况如下。A大学：生物学，化学，医学，物理学，工程学；B大学：数学，会计学，信息计数学，法学。如果这名同学只能选一个专业。那么它共有多少种选择呢？

实例3：从甲地到乙地可以乘火车或汽车。一天中，火车4班，汽车8班，乘这些交通工具从甲地到乙地有多少种不同方法？

问题2：你能解答上面3个实例吗？为了更好更准确地完成，按下面思维程序思考：①上述问题中要完成的事件是什么？②能列出要完成的这件事的不同方式吗？③有什么规律计数多少种方式完成事件？

设计意图：设置问题情境，引出分类计数问题，激发学生的求知欲，强调完成的事件是什么？列出可能的完成方法，让学生感性体验，形成思维方式，避免思维混乱。

师生活动2：

学生思考2分钟左右。

师：哪位同学来展示你的结果？

生7：实例1完成的一件事：用一个字符编号列出不同方式：A、$\cdots$、Z；0、1、$\cdots$、9，

完成方式数的计数规律 $N = 26 + 10$。

实例2完成的一件事：选择一个专业。

列出不同方式：生物学，$\cdots$，工程学；数学，$\cdots$，法学，

完成方式数的计数规律 $N = 5 + 4$。

实例3完成的一件事：从甲地到乙地。

列出不同方式：火车班次1，$\cdots$，火车班次4；汽车班次1，$\cdots$，汽车班次8。

完成方式数的计数规律 $N = 4 + 8$。

师：上面解决问题的方法舍去具体意义，保留数量关系，你能概括归纳出它们的共同特征吗？

生8：实例1中，用一个字符给教室里的座位编号，用字母编号 A、B、…、Z 有26种；用数字 0、1、…、9 编号有10种，编出的号码数 $N = 26 + 10$。

抽象：完成的一件事，有两类办法：第一类有26种办法，第二类有10种办法，完成这件事共有 $N = 26 + 10$ 种不同的方法。

师：好！数量关系怎么用符号表示？

生9：就是26换成 m，10换成 n，即：完成一件事有两类不同方案，在第1类方案中有 m 种不同的方法，在第2类方案中有 n 种不同的方法，那么完成这件事共有 $N = m + n$ 种不同的方法。

师：这就是我们的分类加法计数原理。

评析：在活动中，注意"完成一件事"，由学生抽象"类"的含义。

（2）构建乘法计数原理模型

实例4：用前6个大写英文字母和 1～9 九个阿拉伯数字，以 A_1，A_2，…，B_1，B_2，…的方式给教室里的座位编号，总共能编出多少个不同的号码？

实例5：设某班有男生30名、女生24名。现要从中选出男、女生各一名代表班级参加比赛。共有多少种不同的选法？

实例6：从甲地到乙地。需要经过丙地。从甲地到丙地有4条路。从丙地到乙地有8条路。从甲地到乙地，有多少条不同的路线？

问题3：你能解答上面3个实例吗？为了更好、更准确地完成，按下面思维程序思考：①上述问题中要完成的事件是什么？②能列出要完成的这件事的不同方式吗？③有什么规律计数多少种方式完成事件？

设计意图：设置问题情境，引出分步计数问题，激发学生的求知欲，强调完成的事件是什么？列出可能的完成方法，让学生感性体验，形成思维方式，避免思维混乱。

师生活动3：

学生思考2分钟左右。

师：哪位同学来展示你的结果？

生 10：实例 4 完成的一件事：用 2 个字符编号。

列出不同方式（或用树状图列出，如图 4－10 所示）。

完成方式数的计数规律 $N=6\times9$。

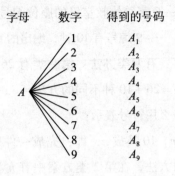

字母
数字
得到的号码
A
1
2
3
4
5
6
7
8
9
A1
A2
A3
A4
A5
A6
A7
A8
A9

图 4－10

男生
女生
不同的选法
男1
女1
女2
…
女23
女24
男1女1
男1女2
…
男1女23
男1女24

图 4－11

实例 5 完成的一件事：选一男一女 2 名学生。

列出不同方式（或用树状图列出，如图 4－11 所示）。

完成方式数 N 的计数规律 $=3\times24$。

实例 6 完成的一件事：从甲地经丙地到乙地，如图 4－12 所示。

甲地
1
2
3
4
丙地
1
2
3
4
5
6
7
8
乙地

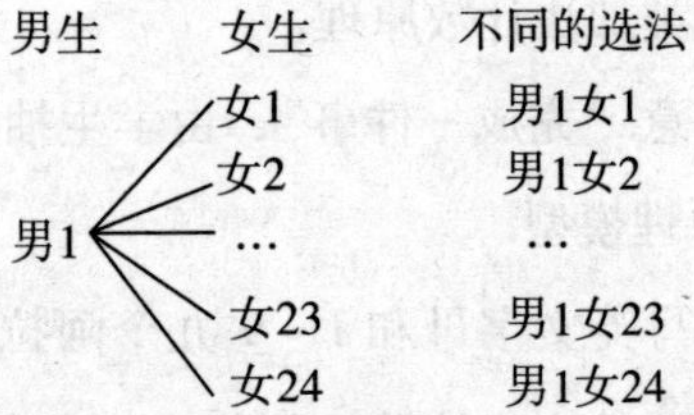

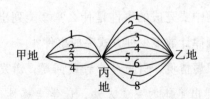

图 4－12

列出不同方式

11，12，…，18；21，22，…，28；31，32，…，38；41，42，…，48；

完成方式数的计数规律 $N=4\times8$。

师：上面解决问题的方法舍去具体意义，保留数量关系，你能概括归纳出它们的共同特征吗？

生 11：实例 4 中，用 2 个字符给教室里的座位编号，用字母编号 A、B、…、Z 有 26 种；用数字 0、1、…、9 编号有 10 种，编出的号码数 $N = 26 + 10$。

抽象：完成的一件事，有两类办法：第一类有 26 种办法，第二类有 10 种办法，完成这件事共有 $N = 26 + 10$ 种不同的方法。

师：好！数量关系用符号怎样表示？

生 9：就是 26 换成 m，10 换成 n，即：完成一件事需要两个步骤，做第 1 步有 m 种不同的方法，做第 2 步有 n 种不同的方法，那么完成这件事共有 $N = m \times n$ 种不同的方法。

师：这就是我们的分步乘法计数原理。

评析：分步时，用图形表示，能加强直观理解。

（3）区别分类分步

例 4：书架的第一层放有 4 本不同的计算机书。第 2 层放有 3 本不同的文艺书。第 3 层放有 2 本不同的体育书。

① 从书架中取 1 本书，有多少种不同的取法？

② 从书架的第 1，2，3 层各取 1 本书，有多少种不同的取法？

设计意图：让学生再次练习，体会"完成一件事"是什么？进一步领会分类与分步。

师生活动 4：

师：谁能说一说这个问题？

生 10：①"从书架中取 1 本书"只要 1 步就能完成，有三类完成方法：第一类方法是从第 1 层取 1 本计算机书有 4 种取法；第二类方法是从第 2 层取 1 本文艺书有 3 种完成取法；第三类方法是从第 3 层取 1 本体育书有 2 种取法，不同的取法种数是 $N = 4 + 3 + 2 = 9$。

②"从书架的第 1，2，3 层各取一本书"要 3 步才能完成：第 1 步是从第 1 层取 1 本计算机书有 4 种取法；第 2 步是从第 2 层取 1 本文艺书有 3 种完成取法，第 3 步是从第 3 层取 1 本体育书有两种取法，不同的取法种数是 $N = 4 \times 3 \times 2 = 24$ 种取法。

师：此题中第①问与第②问的区别是什么？

生11：①是分类，②是分步。

3. 应用模型，解决问题

师：回到这节课开始的问题，谁能解答问题1？

生12：广州市汽车牌照的个数就是5位字符的个数，组成5位字符要5个步骤才能完成：第一步是从26个英文字母与10个阿拉伯数字中选出1个排在个位上有36种排法；第二步是从36个字符中选出1个排在十位上有36种排法；……第五步是从36个字符中选出1个排在万位上有36种排法，不同的排法种数是 $N = 36 \times 36 \times 36 \times 36 \times 36 \approx 6.05 \times 10^7$ 种取法，大于6千万个号码，完全足够。

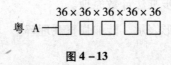

图 4-13

师：所以，车牌的实际编排还有一些规定细则：

"车牌编号字符位数为5位，由阿拉伯数字或阿拉伯数字和英文字母组成。序号编码规则有三种，分别是：

（1）序号的每一位都使用阿拉伯数字；

（2）序号的每一位可单独使用英文字母，26个英文字母中 O 和 I 不能使用；

（3）序号中允许出现2位英文字母，26个英文字母中 O 和 I 不能使用。"

请同学们算一算能组成多少个号码？

生13：分三类号码：

第一类：序号的每一位都使用阿拉伯数字，要分5步完成，有 $10 \times 10 \times 10 \times 10 \times 10 = 10^5$ 个；

第二类：序号的每一位可单独使用英文字母，又分5类，第1类是第1位使用英文字母，其他使用数字，粤 A—A0000，有 $24 \times 10 \times 10 \times 10 \times 10 = 24 \times 10^4$ 个；第2类是第2位使用英文字母其他使用数字，粤 A—0A000，有 $10 \times 24 \times 10 \times 10 \times 10 = 24 \times 10^4$ 个，……，一共有 $5 \times 24 \times 10^4 = 12 \times 10^5$ 个号码。

第三类：序号中允许出现2位英文字母，分10类，粤 A—AA000，粤 A—

A0A00，粤 A—A00A0，粤 A—A000A，粤 A—0AA00，粤 A—0A0A0，粤 A—0A00A，粤 A—00AA0，粤 A—00A0A，粤 A—000AA，每 1 类要分 5 步完成有 $24 \times 24 \times 10 \times 10 \times 10 = 576 \times 10^3$ 个，一共有 $10 \times 576 \times 10^3 = 576 \times 10^4$ 个号码。

能组成 $N = 10^5 + 12 \times 10^5 + 576 \times 10^4 = 706 \times 10^4$ 个号码。

师：好，作为一个地级市足够了，广州也差不多够了。这就是我们的计数原理。

评析：运用原理解决现实生活中的问题，既有趣又有意义。

4. 课堂小结，巩固分类与分步

（1）本课归纳概括出的原理是什么？

（2）加法原理与乘法原理的区别是什么？

（3）课后作业：课本第 6 页，练习 1、2、3，第 12 页，习题 1.1A 组题 1、题 2、题 3。

（四）设计中的思考

（1）数学学科的六种核心素养之——数学建模是对现实问题进行数学抽象，用数学语言表达问题、用数学方法构建模型解决问题的素养。数学模型是由数字、字母或其他数学符号组成的，描述现实对象数量规律的数学公式、图形或算法。计数原理就是一种抽象出来的算法模型，或者说是一种思维模型。

（2）计数原理的教学中，教师教学用书为什么安排 4 课时？因为两个计数原理是人们在大量实践经验的基础上归纳出来的基本规律，不是逻辑推导出来的，所以教材遵循了这种原理形成规律，也让学生在大量具体的活动情境中归纳出计数原理，虽然两个计数原理实际上是学生从小学就开始学习的加法运算与乘法运算的拓展应用，是体现加法与乘法运算相互转化的典型例证。经过归纳后，计数原理可以说不是知识，而是一种思维模型，是思维的自动感应，所以教学中需要活动训练这种感觉，也要通过大量的活动内化与积淀。

（3）这节课不应该为了强调"分类还是分步"，而应该是为了"完成一件事情"需要分类还是分步，区别"类"与"步"的最好方法是要把"完成一件事情"列出来。曾经见过学生在计数原理这一章节中，学生一做题就是用排列或组合公式去套，根本不看清题目要求做什么，所以我们一定要强调"完成一件事情"是什么？

（4）高考题对这一章着重考查学生利用计数原理解题，而不是利用排列组合公式解题，这些题中的数字都比较小，如：

2018 年新课标 1 理 15 题：从 2 位女生、4 位男生中选 3 人参加科技比赛，且至少有 1 位女生入选，则不同的选法共有_____种。（用数字填写答案）

解析：完成一件事"选 3 人至少一位女生"，分 2 类：第 1 类一位女生两位男生，再分两步：第 1 步选 1 位女生有 2 种选法，第 2 步选 2 位男生有 6 种选法；第 2 类二位女生一位男生，再分两步：第 1 步选 2 位女生有 1 种选法，第 2 步选 1 位男生有 4 种选法，不同的选法 $=2 \times 6 + 1 \times 4 = 16$ 种。

2019 年新课标 1 理 6 题：我国古代典籍《周易》用"卦"描述万物的变化。每一"重卦"由从下到上排列的 6 个爻组成。爻分为阳爻"——"和阴爻"— —"，图 4-14 就是一重卦。在所有重卦中随机抽取一重卦，则该重卦恰好有三个阳爻的概率是（　　）

A. $\dfrac{5}{16}$ B. $\dfrac{11}{32}$ C. $\dfrac{21}{32}$ D. $\dfrac{11}{16}$

图 4-14

解析见第一章，也可以说是考查计数原理中的组合模型，即基本数学素养——数学建模。

参考文献

[1] 周远方. 通过两个计数原理演绎两个教学 [J]. 中国数学教育，2016（3）.

[2] G. 波利亚. 怎样解题 [M]. 北京：科学出版社，1982.

[3] 中华人民共和国教育部. 普通高中数学课程标准（2017 年版）[M]. 北京：人民教育出版社，2017.

案例 4：数学操作性技能中的数学素养之达成
——以诱导公式的问题解决学案为例

数学教育的终极目标是一个人学习数学之后，即便这个人未来从事的工作和数学无关，也应当会用数学的眼光观察世界，会用数学的思维思考世界，会用数学的语言表达世界。我们的数学教学活动应当把握数学内容的本质；创设合适的教学情境，提出合理的问题；启发学生独立思考，鼓励学生与他人交流；让学生在掌握知识技能的同时，感悟数学的本质；让学生积累数学思维的经验，形成和发展数学核心素养。

为使数学素养的达成，不同的数学内容有不同的教学设计，那数学操作性技能的教学设计如何？下面以诱导公式的教学设计为例说明。

（一）内容和内容分析

任何知识的产生都是为解决问题的需要而形成的。在问题解决的过程中需要新的思想、新的方法，这就形成了新的数学知识。诱导公式的产生也是如此。在我们读书时期，诱导公式的引入可以是为求任意角的三角函数而准备的，那时只有《数学用表》，在表中能查 $\sin 55° = 0.8192$，怎样求 $\sin 235°$，用此问题来引入诱导公式。因为那时只有 $0 \sim 90°$ 角的数学用表可查，随着技术的进步，现在要求任意一个角的三角函数值只要一按计算器马上就能显示。所以再用求任意角的三角函数值作为知识发展的引入问题就不是问题了，甚至还会引起学生的反感，认为老师是无聊的。所以诱导公式的教学价值不再是求角的函数值工具。

三角函数是研究匀速旋转过程中单位圆上的点 (x, y) 的变化，即研究 x 和 y 作为 θ 的函数。$(\alpha + 2k\pi)$、$(\alpha \pm \pi)$、$\left(\alpha \pm \dfrac{\pi}{2}\right)$ 的诱导公式就是角旋转整周、半周、$\dfrac{1}{4}$ 周变换导致单位圆上点的变换问题。$(\pi - \alpha)$、$(-\alpha)$、$\left(\dfrac{\pi}{2} - \alpha\right)$ 的诱导公式就是角的对称（关于 y 轴、x 轴、直线 $y = x$ 对称）变换导致单位圆上点的变换问题。它的本质就在于它表现了单位圆上点的旋转与对称变换中的不变性，也是圆的完美对称性表现。它的依据——三角函数的定义，思想方法——变换（旋转、对称），工具——单位圆。所以诱导公式可称之为操作性技能，其数学教育价值是旋转与对称变换的数学思想方法。

（二）目标和目标解析

（1）知识与技能

① 理解诱导公式是角变换（加减一个特殊角）导致函数值变化的关系；

② 会画出变换后的角终边位置；

③ 用符号表示角的变换；

④ 写出变换前后的三角函数关系（诱导公式）。

（2）过程与方法

① 经历画角终边变换的活动，培养动手操作能力，积累数学化的经验；

② 通过角变换的符号化表示，培养学生的符号意识，形成抽象思维能力；

③ 推导诱导公式，学习旋转与对称变换的数学思想方法。

（3）情感态度价值观

① 通过画角终边变换感受数学操作活动的乐趣；

② 通过从终边变换导致与单位圆交点坐标变换抽象出诱导公式，从而体会数学的抽象性；

③ 通过诱导公式的推导过程，感受"追求简单化"这一数学的灵魂；

④ 通过诱导公式的图形化表示感受数学的简洁、对称、概括、统一之美。

（三）教学问题诊断分析

学生对诱导公式感觉的难点就是符号记不住，函数名称的变化有时也出错。虽有老师将诱导公式归纳为"奇变偶不变，符号看象限"，把 α 看作锐角时的象限，可学生在感觉上还是有一点想不通：α 可以不是锐角呀！怎么 α 一定要看作锐角呢？$\pi - \alpha$ 为什么一定是第二象限？α 为负角时还可以是第三、第四象限。所以说对诱导公式理解不透彻而试图记住是困难的。还有就是学生对 $\pi + \alpha$、$\pi - \alpha$、$-\alpha$、$\frac{\pi}{2} - \alpha$ 等角的终边与角 α 终边的对称性的角也感性不足。

操作性知识只有在操作过程中才能习得。正如小汽车驾照不可能只在课堂上听教练员讲解获得，必须在路上反复练习才能通过考试取得。诱导公式本质就是变换，变换只有在操作过程中才能感受、感悟。眼过千遍，不如手过一遍。

（四）教学过程设计

为此，本人设计了两个类比、五个探究、两个点拨让学生解决。学习过程就是问题解决的过程，这个过程老师少啰唆，让学生自己去直观感知、观察发现、归纳类比、符号表示等思维过程。让学生体验数学发现和创造的历程，发展他们的创新意识。具体如下：

1. 创设问题情境

角 α 是始边在 x 轴的非负半轴，终边绕原点旋转而形成的；设角 α 的终边与单位圆的交点 P（x，y），则 $\sin\alpha = y$，$\cos\alpha = x$，$\tan\alpha = \dfrac{y}{x}$。我们知道"终边相同的角的同一三角函数的值相等"。"终边相同的角"指角 α 的终边是在绕原点旋转整周后仍回到原来位置，所以上面这句话我们可以这样理解：①角 α 旋转整周后的角用含 α 的式子表示就是 $\alpha + 2k\pi$；②α 终边与单位圆的交点 P（x，y），旋转整周后的交点 P'（x'，y'）与 P 重合，所以 $x' = x$，$y' = y$；③由三角函数定义变换前后三角函数关系 $\sin(\alpha + 2k\pi) = \sin\alpha$，$\cos(\alpha + 2k\pi) = \cos\alpha$，$\tan(\alpha + 2k\pi) = \tan\alpha$。

2. 类比提出问题1

角 α 的终边在绕原点旋转过程中，旋转整周后三角函数值会重复不变，那么旋转半周、$\dfrac{1}{4}$ 周后同名三角函数值是否会重复？如果不重复又会怎样改变？如何用数学式子表达？

这就是我们这节课所研究角变换后的三角函数值的变化问题——诱导公式。

设计意图：以知识发展需要，创设诱导公式产生的合适情境，诱发学生的探索欲望，符合学生的最近发展；以上节课推导诱导公式——"终边相同的角的同一三角函数的值相等"的思想方法的复习为这节课的问题解决方法提供了铺垫。

3. 自主探究1

设角 α 的终边与单位圆的交点为 P（x，y）。请同学们按如下步骤自主探究完成下列问题：①画出变换后的角的终边位置；②变换后的角如何表示？③变换后的终边与单位圆交点 P'（x'，y'）与 P 的坐标关系是什么？④由三角函数定义变换前后三角函数关系如何？

（让每一个学生自主探究，相信学生）

生 1：将角 α 终边旋转半周，①如图 4-15 所示；②逆时针 $\alpha \to \alpha + \pi$、顺时针 $\alpha \to \alpha - \pi$；③$y' = -y$，$x' = -x$；④$\sin(\pi \pm \alpha) = y' = -y = -\sin\alpha$，$\cos(\pi \pm \alpha) = x' = -x = -\cos\alpha$，$\tan(\cdots\cdots\pi \pm \alpha) = \tan\alpha$。

生 2：将角 α 终边旋转 $\frac{1}{4}$ 周，①如图 4-16 所示；②逆时针 $\alpha \to \alpha + \frac{\pi}{2}$、顺时针 $\alpha \to \alpha - \frac{\pi}{2}$；③逆时针 $y' = OM' = OM = x$，$x' = M'P' = -MP = -y$、顺时针 $y'' = OM'' = -OM = -x$，$x'' = M''P'' = MP = y$；④$\sin\left(\alpha + \frac{\pi}{2}\right) = y' = x = \cos\alpha$，$\cos\left(\alpha + \frac{\pi}{2}\right) = x' = -y = -\sin\alpha$，$\sin\left(\alpha - \frac{\pi}{2}\right) = y'' = -x = -\cos\alpha$，$\cos\left(\alpha - \frac{\pi}{2}\right) = x'' = y = \sin\alpha$。

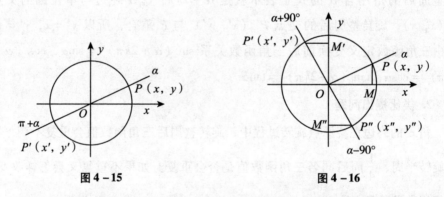

图 4-15　　　　　　　　　　图 4-16

创设一个适合学生自主探究的问题很重要，但还需要教师的适当引领、点拨。

教师点拨 1：点 P 旋转 90°后的坐标是一个难点，可引导学生这样理解：绕原点逆时针旋转 90°，x 轴旋转成了 y 轴，y 轴旋转成负 x 轴。所以 $y' = x$，$x' = -y$，顺时针旋转 90°，x 轴旋转成了负 y 轴，y 轴旋转成 x 轴，所以 $y'' = -x$，$x'' = y$。

将角 α 终边旋转半周，产生了诱导公式二，将角 α 终边旋转 $\frac{1}{4}$ 周，产生了诱导公式六。

4. 类比提出问题 2

转半周的实质是角 α 终边关于原点中心对称，诱导公式二也可以说是角 α 的终边中心对称变换后导致的三角函数变换问题。自然我们还可以从角终边的对称变换角度研究其三角函数的变换关系。角的中心对称已然，下面就研究角的轴对称变换后的三角函数的变换，轴对称变换的轴当然是特殊的直线，所以我们考虑对称轴是 x 轴、y 轴、直线 $y = x$ 等，下面请同学们探究角 α 终边关于 x 轴、y 轴、直线 $y = x$ 等对称变换后其三角函数值如何变化？

设计意图： 自然提出研究对称变换的要求，诱发学生的探索欲望，符合学生的最近发展；研究方法与上面一样，学生能够顺利完成。

5. 自主探究 2

（再一次强调，让每一个学生自主探究，相信学生）

生 3：将角 α 终边关于 x 轴对称变换，①如图 4-17 所示；②$\alpha \to -\alpha$；③$y' = -y$，$x' = x$；④$\sin(-\alpha) = y' = -y = -\sin\alpha$，$\cos(-\alpha) = x' = x = \cos\alpha$，$\tan(-\alpha) = -\tan\alpha$。

生 4：将角 α 终边关于 y 轴对称变换，①如图 4-18 所示；②$\alpha \to \pi - \alpha$；③$y' = y$，$x' = -x$；④$\sin(\pi - \alpha) = y' = y = \sin\alpha$，$\cos(\pi - \alpha) = x' = -x = -\cos\alpha$，$\tan(\pi \pm \alpha) = -\tan\alpha$。

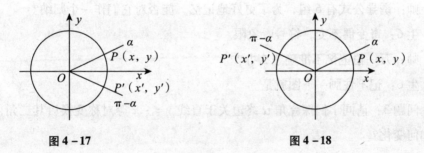

图 4-17   图 4-18

教师点拨 2：终边关于 y 轴对称的角的表示是一个难点，可启发学生回到角概念：角是由始边按一定方向转动形成的，当 α 始边在 x 轴正半轴（初始值为 0）时，对称角的终边在 x 轴负半轴上（初始值为 π），当 α 的终边旋转时，对称角的终边旋转方向相反，所以可表示为 $\pi - \alpha$。

将角 α 终边关于 x 轴对称变换，产生了诱导公式三，将角 α 终边关于 y 轴对称变换，产生了诱导公式四。

生 5：将角 α 终边关于 $y = x$ 对称变换，①如图 4-19 所示；②$\alpha \to \dfrac{\pi}{2} - \alpha$；③$y' = OM' = OM = x$，$x' = M'P' = MP = y$；④$\sin\left(\dfrac{\pi}{2} - \alpha\right) = y' = x = \cos\alpha$，

$$\cos\left(\frac{\pi}{2}-\alpha\right) = x' = y = \sin\alpha。$$

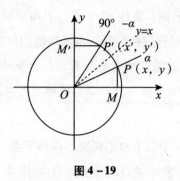

图 4-19

教师点拨 3：角 α 关于 $y=x$ 对称变换，α 的始边 x 轴对称到了 y 轴，α 的转动方向改变了，所以对称后的角表示为 $\frac{\pi}{2}-\alpha$。

将角 α 终边关于 $y=x$ 对称变换，产生了诱导公式五。

6. 小结

师：诱导公式有 6 组，为了更好地记忆，能否对它们作一个归纳？

生 6：奇变偶不变，符号看象限。

师：万一怕记忆不准确怎么办？

生 6：记不住画一下图就是。

问题 3：请同学们探究角 α 终边关于直线 $y=-x$ 等对称变换后其三角函数值如何变化？

（五）结束语

学生自主学习过程中面对教材内容的冰冷而严谨的叙述，最大困惑就是——"老师：课本中的每一个字都认识，但我看完书后却还是云里雾里"，因为课本呈现的往往是完美数学概念、定理及证明。没有、也不可能把当初的形成过程——展现出来。如果教师把课时内容按知识的形成过程设计成一个个学生能解决的小问题，让学生轻松完成，这个困惑不就迎刃而解了吗？

（此文发表于《数学教学研究》，2020 年第 4 期）

参考文献

［1］何小亚. 追求数学素养达成的数学教学设计标准与案例［J］. 中学数
学研究，2019（12）.

［2］中华人民共和国教育部. 普通高中数学课程标准2017年版［M］. 北
京：人民教育出版社，2017.

［3］李定平. 数学操作性技能中的数学素养之达成——以诱导公式的问题
解决学案为例［J］. 数学教学研究，2020（4）.

案例5：一道统考试题的解法探究及主题教学

我市上学期末统考高二理科22题第（2）问得分率很低，甚至没有出现标
准答案以外的其他解法，不仅如此，高考也是圆锥曲线得分率也不高，以至于
现在高考中前移圆锥曲线题的位置（由20题前移至19题）而降低难度。这不
由得引起了我的深入思考。

（一）试题

题目：已知椭圆 C 的两个焦点坐标分别为 F_1（$-\sqrt{3}$，0），F_2（$\sqrt{3}$，0），一
个顶点 B（0，-1）。

（1）求椭圆 C 的方程；

（2）点 A（4，0），M（x_1，y_1），N（x_2，y_2）是 C 上的两点且 $x_1 \neq x_2$。直
线 AM，AN 关于 x 轴对称，求 $\triangle AMN$ 的面积 S 的取值范围。

试题评析：此题第（1）小问是椭圆的基本概念题，对绝大部分学生不成

问题，很容易求得 C：$\dfrac{x^2}{4} + y^2 = 1$。只是作为一个过渡，成为压轴题关键是第

（2）问，也是常见的将 $\triangle AMN$ 表示为某个变量的函数问题。

（二）解法探究

思维视角1（统考提供）：以直线 MN 为变量，求得过定点 B，$S = S_{\triangle ABM}$

$+ S_{\triangle ABN}$。

解法1：设 MN 的方程为 $x = ky + m$（$k \neq 0$），联立 $\begin{cases} x = ky + m, \\ x^2 + 4y^2 = 4, \end{cases}$

整理得 $(k^2+4)y^2+2kmy+m^2-4=0$，$\therefore y_1+y_2=\dfrac{-2km}{k^2+4}$，$y_1y_2=\dfrac{m^2-4}{k^2+4}$。

因为关于 x 轴对称的两条不同直线 l_1，l_2 的斜率之和为 0，即 $\dfrac{y_1}{x_1-4}+\dfrac{y_2}{x_2-4}=0$，

亦即 $\dfrac{y_1}{ky_1+m-4}+\dfrac{y_2}{ky_2+m-4}=0$，故 $2ky_1y_2+(m-4)(y_1+y_2)=0$，即

$\dfrac{2k(m^2-4)}{k^2+4}-\dfrac{2km(m-4)}{k^2+4}=0$，解得 $m=1$，所以直线 MN 的方程为 $x=ky+1$。

直线 MN 过定点 $B(0,1)$。

又 $|y_1-y_2|=\sqrt{(y_1+y_2)-4y_1y_2}=4\sqrt{\dfrac{1}{k^2+4}-\dfrac{1}{(k^2+4)^2}}$，令 $\dfrac{1}{k^2+4}=t$，

则 $t\in(0,\dfrac{1}{4})$，$\therefore |y_1-y_2|=4\sqrt{t-t^2}\in(0,\sqrt{3})$，$S=\dfrac{1}{2}|AB|\,|y_1-y_2|$

$=\dfrac{3}{2}|y_1-y_2|\in(0,\dfrac{3\sqrt{3}}{2})$。

思维视角 2：以直线 MN 为变量，$S=\dfrac{1}{2}|MN|\cdot d$。

解法 2：以上同解法 1，$|MN|=\sqrt{1+k^2}|y_1-y_2|=\sqrt{1+k^2}\dfrac{\sqrt{\Lambda}}{a}=$

$\sqrt{1+k^2}\dfrac{\sqrt{16(k^2+3)}}{(k^2+4)}$，$d=\dfrac{3}{\sqrt{1+k^2}}$，$S=\dfrac{1}{2}|MN|d=\dfrac{3}{2}\times4\times\dfrac{\sqrt{k^2+3}}{k^2+4}$。

令 $t=\sqrt{k^2+3}$，则 $t\in(\sqrt{3},+\infty)$，所以 $S=$

$\dfrac{6t}{t^2+1}$ 在 $(\sqrt{3},+\infty)$ 上递减，所以 $S\in(0,\dfrac{3\sqrt{3}}{2})$。

思维视角 3：以 AM 为变量，求得过定点 B，S

$=S_{\triangle ABM}+S_{\triangle ABN}$。

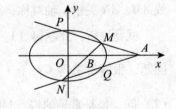

图 4-20

解法 3：设 x 轴上方直线 AM 方程为 $x=my+4$

（如图 4-20 所示），与椭圆 C 另一交点 $P(x_2,y_2)$，不妨设 $x_2<x_1$，则 $N(x_2$，

$-y_2)$，联立 $\begin{cases}x=my+4,\\x^2+4y^2=4,\end{cases}$ 整理得 $(m^2+4)y^2+8my+12=0$，$\therefore \Delta=(8m)^2-4$

$\times(m^2+4)\times12=16(m^2-12)>0$，即 $m^2>12$，$y_1+y_2=\dfrac{-8m}{m^2+4}$，$y_1y_2=$

$\dfrac{-12}{m^2+4}$。设 MN 与 x 轴交点 B $(t, 0)$，则 $(x_1 - t) (-y_2) - (x_2 - t) y_1 = 0$，

即 $(my_1 + 4 - t) (-y_2) - (my_2 + 4 - t) y_1 = 0$，化简得 $2my_1y_2 + (4 - t) (y_1$

$+ y_2) = 0$，代入得 $\dfrac{24m}{m^2+4} + \dfrac{8m(4-t)}{m^2+4} = 0$，解得 $t = 1$，即 B $(1, 0)$，$S = S_{\triangle MBA}$

$+ S_{\triangle NBA} = \dfrac{1}{2} |AB| |(y_1 + y_2)| = \dfrac{12|m|}{m^2+4}$。

因为 $|m| > 2\sqrt{3}$，函数 $y = \dfrac{x}{x^2+4}$ 在 $(2, +\infty)$ 区间上递减，所以 S

$\in \left(0, \dfrac{3\sqrt{3}}{2}\right)$。

思维视角 4：以 AM 为变量，S 用向量的坐标表示。

解法 4：$\overrightarrow{AM} = (x_1 - 4, y_1)$，$\overrightarrow{AN} = (x_2 - 4, -y_2)$，$\cos\angle MAN =$

$\dfrac{(x_1 - 4)(x_2 - 4) + y_1(-y_2)}{|\overrightarrow{AM}| \cdot |\overrightarrow{AN}|}$，$\sin\angle MAN = \dfrac{(x_1 - 4)(-y_2) - (x_2 - 4)y_1}{|\overrightarrow{AM}| \cdot |\overrightarrow{AN}|}$，所以

$S = \dfrac{1}{2} |\overrightarrow{AN}| \times |\overrightarrow{AM}| \times \sin\angle MAN = \dfrac{1}{2} |(x_1 - 4)(-y_2) - (x_2 - 4)y_1| = |my_1y_2|$

$= \dfrac{12|m|}{m^2+4} \in \left(0, \dfrac{3\sqrt{3}}{2}\right)$。

思维视角 5：以 AM 为变量，S 用补割法表示。

解法 5：$S = S_{\triangle APN} - S_{\triangle MPN} = \dfrac{1}{2}(2y_2) \cdot (4 - x_2) - \dfrac{1}{2}(2y_2) \cdot (x_1 - x_2) = y_2$

$(4 - x_1) = my_1y_2 = \dfrac{12|m|}{m^2+4} \in \left(0, \dfrac{3\sqrt{3}}{2}\right)$。

（三）解法溯源

求 $\triangle AMN$ 的面积 S 的取值范围，就是求面积 S 随某个变量变化而变化的函数值域，这就是基本的数学思想——函数思想，自变量可以是 MN 的变化，也可以是 AM 的变化，用体现 AM 变化的量（AM 斜率的倒数）比较好，只有一个 m。然后就是将 S 表示为这些变量的函数（表达式），这就用

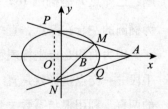

图 4-21

到了如何用点坐标表示三角形的面积，面积表示方式不同得到不同的解法。用点坐标表示几何量（三角形的面积）是解析几何最基础、最基本的知识，不是一蹴而就，而是逐步学习的。

1. 在初中学了①分割法：如图 $4-22$，$S = S_{\triangle PBC} + S_{\triangle PBA} = \frac{1}{2} |x_B - x_P| \cdot (|y_C| + |y_A|)$；②补割法：如图 $4-23$ 所示，把三角形补成一个边与坐标轴平行的正方形 $AMNQ$，所求三角形面积 = 正方形面积 $-$ 4 个小直角三角形面积，即 $S = |x_B - x_A| \cdot |y_C - y_A| - \frac{1}{2} |x_B - x_A| \cdot |y_B - y_A| - \frac{1}{2} |x_B - x_C| \cdot |y_B - y_C| - \frac{1}{2} |x_A - x_C| \cdot |y_A - y_C|$。

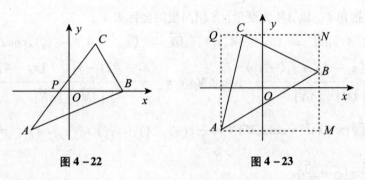

图 4 – 22   图 4 – 23

2. 高中必修 2 中，学习了点到直线的距离，有求三角形面积练习题：

习题 3.3B 组第 5 题：在 x 轴上求一点 P，使 A（1，2），B（3，4）和 P 为顶点的三角形的面积为 10。

复习参考题 B 组第 4 题：已知圆 C：$x^2 + y^2 = 50$ 和直线 l：$x - 2y - 5 = 0$。求 (1) 交点 A，B 的坐标；(2) $\triangle AOB$ 的面积。

3. 高中选修 $1-2$ 与 $2-1$ 的《圆锥曲线与方程》章节复习参考题 B 组 1 题：已知点 P 是椭圆 $16x^2 + 25y^2 = 1600$ 上的一点，且在 x 轴上方，F_1，F_2 分别为椭圆的左、右焦点，直线 PF_2 的斜率为 $-4\sqrt{3}$，求 $\triangle PF_1F_2$ 的面积。

因为面积是点坐标表示的式子，为了转化为自变量的函数，还要经过变换手段——交点坐标就是直线与曲线组成的方程组的解，整理成为一元二次方程的两根，利用根与系数关系转化成变量的函数。为了顺利转化，需要将面积的点坐标式表示成要么只含横坐标，要么只含纵坐标或积的式子，然后根据面积的点坐标式确定是消 x 还是消 y。另外，联立方程组消元成为一元二次方程是手段，不是目的。

此题中，对称图形的视觉美，变成了使得计算简单的运算美，通过对称，以直线 AM 的斜率为变量，使得计算简洁。

（四）主题教学

阅卷中发现有些学生设 MN 直线方程代入椭圆方程消元后不知所措，有些学生干脆就用点差法后也不知下文，说明此题难住学生的是如何用点 A、M、N 的坐标表示△AMN 的面积，即不会用点坐标表示面积这一基本量，从上面教材分析可知，坐标平面内三角形面积求法应该作为主题教学来设计。

第一阶段，在学习必修 2 中点到直线的距离公式，如何利用点到直线的距离为高，利用底高求三角形的面积，同时巩固复习割补法；

第二阶段，必修 4 学习平面向量后，可拓展点到直线距离的向量表示：△ABC 的底 AB 边上的高 CD 就是 $\vec{AC} = (x_2, y_2)$ 在 $\vec{AB} = (x_1, y_1)$ 的法向量 $\vec{m}$

$$= \frac{1}{|\vec{AB}|} (y_1, -x_1) \text{ 上投影 } |CD| = \frac{1}{|\vec{AB}|} |x_1 y_2 - x_2 y_1|, \quad S = \frac{1}{2} |AB| \cdot |CD| =$$

$$\frac{1}{2} |x_1 y_2 - x_2 y_1|;$$

第三阶段，高二学习圆锥曲线与方程的过程中，如章节复习参考题 B 组 1 题的基础上，可增加"直线 PF_2 与椭圆的另一交点为 Q，求△OPQ，△F_1PQ 的面积"；

第四阶段，综合复习中，可选用高考真题作为提高之用。

1.（2014 年新课标 Ⅰ 理 20）已知点 A（0，-2），椭圆 E：$\dfrac{x^2}{a^2} + \dfrac{y^2}{b^2} = 1$

（$a > b > 0$）的离心率为 $\dfrac{\sqrt{3}}{2}$，F 是椭圆的焦点，直线 AF 的斜率为 $\dfrac{2\sqrt{3}}{3}$，O 为坐标原点。

（Ⅰ）求 E 的方程；

（Ⅱ）设过点 A 的直线 l 与 E 相交于 P，Q 两点，当△OPQ 的面积最大时，求 l 的方程。

2.（2019 年新课标Ⅱ理 21）已知点 A（-2，0），B（2，0），动点 M（x，y）满足直线 AM 与 BM 的斜率之积为 $-\dfrac{1}{2}$。记 M 的轨迹为曲线 C。

（1）求 C 的方程，并说明 C 是什么曲线；

（2）过坐标原点的直线交 C 于 P，Q 两点，点 P 在第一象限，$PE \perp x$ 轴，垂足为 E，连接 QE 并延长交 C 于点 G。

（Ⅰ）证明：$\triangle PQG$ 是直角三角形；

（Ⅱ）求 $\triangle PQG$ 面积的最大值。

（五）结束语

眼过千遍，不如手过一遍。我们平时在学习新的电脑软件时，只要按要求自己操作一两遍就熟了。解析几何是用代数的方法研究几何问题，是通过算几何问题，也只有在算的过程中才能体会其中的感觉。所以，在解析几何教学中，我们应设置问题情境，让学生自己在学习活动中进行知识的建构，如公式的推导、方程的建立等，都应该是学生自己完成，如椭圆、双曲线、抛物线的标准方程都应该让学生自己推导完成，千万别越俎代庖。

数学核心素养的立意点是四基，基础知识、基本技能、基本思想这三基也只有在第四基本活动经验的过程中才能建构、才能落实、才能形成，基本活动经验就是我们的课堂活动与课后作业。正如教育家陶行知所说"教、学、做是一件事，不是三件事，我们要在做上教，在做上学，在做上教的是先生，在做上学的是学生，先生拿做来教，乃是真教，学生拿做来学，乃是真学"。[此文发表于《数学教学研究》2020 年第 3 期（教研版）]

参考文献

［1］中华人民共和国教育部．普通高中数学课程标准 2017 年版［M］．北京：人民教育出版社，2017.

［2］李定平．一道统考试题的解法探究及主题教学［J］．数学教学研究，2020（3）．

第 五 章

用数学的眼光看问题

　　用数学的眼光看世界，用数学的眼光观察世界。在我们的学习当中，我们希望学习效果好、考试成绩高，也希望通过抓紧时间来努力学习、多花时间来学习。我们如果把学习时间当作自变量，把学习效果当作因变量，那么学习效果是学习时间的函数，是一次函数吗？是不是呈直线上升一样随着所花时间越多，学习效果越好呢？如果不是，那么学习效果是时间的什么函数？是否可能是二次函数？如果是二次函数，那就有可能时间越多，效果不一定好还可能越差？那就应该是时间在某一个点的时候，效果函数取得最大值。我们在学习当中能否把这个最大值点找出来？如果找出这个最大值点，我们的效果会更好。所以我想我们做任何事情，都要学会用数学的眼光来观察这个事情。

一、数学抽象是什么

　　数学的眼光就是数学抽象。数学抽象是一种素养，而且是六大核心素养排第一位的，数学抽象也是数学的基本思想，是形成理性思维的重要基础，反映了数学的本质特征，贯穿于数学产生、发展、应用的过程中。数学抽象主要表现为：获得数学概念和规则，提出数学命题和模型，形成数学方法与思想，认识数学结构与体系。

　　所以说数学抽象贯穿于整个学习过程中，从萝卜白菜各有所爱到茄子苦瓜各有所爱也是一种抽象。$y = A\sin(wx + \varphi)$ 换元为 $y = A\sin x$ 也是数学抽象。

在教学过程中要注重抽象过程，只有让学生参与抽象过程，才能体会什么是数学抽象，只有长此以往，才能形成抽象素养。

二、数学抽象的问题设计类型

（一）由现实情境抽象出数学模型

很多数量关系都是由现实情境抽象出来的，如等式、不等式、随机变量等都可以由真实情境抽象出来，向量是由现实的物理情境抽象出来的。

（二）由几何图形抽象出数量关系

由几何关系抽象出数量关系是数学中基本的抽象形式，函数的单调性、奇偶性、最值这些都是由图形关系抽象出数量关系，进而由数量关系定义这些数学概念，几何中圆锥曲线也是如此。

（三）由数量关系抽象出式子关系

换元法是典型的数学抽象，基本不等式 $2 + 8 \geq 2\sqrt{2 \times 8} \rightarrow a + b \geq 2\sqrt{ab} \rightarrow f(x) + \dfrac{1}{f(x)} \geq 2$ 则是换元法的逆向。

三、案例

案例 1：不等式与两个实数大小关系的基本事实

不等式学习的第一节课内容——等式性质与不等式性质，我原来的教学理解（包括现在的同事），这一节可以完全不要学，没有学习的价值，因为不等式的性质初中已经学过了，也会解一元一次不等式，在解一元一次不等式时肯定要用到不等式的性质，所以学生对不等式的性质有所了解，课本所举的用不等关系表示实际应用问题的例子也很简单，那放在这里教学用，它的教学价值究竟是什么？

我突然被这句话"引导学生用数学的眼光来观察世界"触动了，认为这一节的教育教学价值有下面几点。

（1）学会用数学的眼光来观察现实生活，因为数学的眼光就是观察相等或不等的数量关系，把观察出来的不等关系或相等关系符号化，也就是说，所谓数学化是数学抽象过程，培养学生的抽象素养。原来我们学生解决与实际应用有关的问题时，总认为学生是不会解的，而没有思考学生是哪一步的缺失，现在我认为是先抽象出数量关系，再符号化，最后求解。在整个高中阶段，缺乏的就是先抽象出数量关系（找出不等关系），再符号化这样一个过程，使学生对于应用问题有种畏惧心理。所以我们原来教学缺少前面两个过程，而这节课的教学应该放在如何找出不等关系，然后符号化，特别是符号化是一个重要的抽象过程。

（2）不等式的基本事实：$a>b \Leftrightarrow a-b>0$；$a=b \Leftrightarrow a-b=0$；$a<b \Leftrightarrow a-b<0$，原来我们没有重视它，也就这点还是没有完全明白，这个叫作不等式的基本事实，也就是说不用证明当作公理化，不等式的其他变形的性质需要证明，站在这个角度上来说，不等式的变形性质的证明就是提升学生的数学思维形式，这就是为什么又要证明性质的原因，当然这些性质证明的结果过程不重要，而重要的是能训练学生思维能力的严谨性，因为这些不等式的性质学习，在初中解一次不等式的时候，已经用过很多次，那么在这一节来讲，重要的就是一个数学的素养，数学的思想方法，或者说是数学的眼光，那么站在这一个角度来说，这一节课的教育教学价值内涵非常丰富。

（3）关于重要不等式，现在仔细想一想，重要不等式提前放在这里来教学，非常好，减轻了基本不等式那一节的教学任务，同时也进一步强化学生用数学的眼光去观察、去求数量关系的能力。

（一）内容和内容解析

（1）内容

用数学的眼光——相等或不等关系来发现实际问题所蕴含的不等关系，并能抽象出不等式；两个实数大小关系的基本事实及其简单应用；重要不等式 $a^2+b^2 \geq 2ab$。

（2）内容解析

现实世界和日常生活中，大量存在着相等关系和不等关系，它们反映在数量关系上，就是相等与不等。实际问题中所蕴含的不等关系可以抽象出不等式的关键是确定问题中涉及的量及其满足的不等关系，然后用未知数表示量，把不等关系"翻译"成不等式。与用等式表示相等关系不同的是，有时用自然语言表达的不等关系不够明确，例如，"不少于""不低于""至多""至少"等，需要先把它们翻译成大于或小于的关系，再用不等式表示。

两个实数大小关系的基本事实既是实数的基本性质，又是研究式的大小关系的基础，为不等式的研究奠定了逻辑基础。这个基本事实把两个实数的大小关系转化为它们的差与 0 的大小关系，实际上就是两个实数差的符号，从而使实数的运算能够参与到实数的大小比较中，使实数大小关系的比较有了"抓手"。

重要不等式 $a^2 + b^2 \geq 2ab$ 是基本不等式的基础，该不等式从赵爽弦图中获得猜想，运用由一般性与特殊性获得"="成立的条件。证明中，运用了完全平方差公式和两个实数大小关系的基本事实证明了上述不等式，这既体现了数学知识之间的联系，又再一次说明了两个实数大小关系的基本事实在解决不等式问题中的应用价值。

结合以上分析，确定本节课的教学重点：两个实数大小关系的基本事实及其简单应用。

（二）教学目标

（1）知识与技能

① 会从实际问题所蕴含的不等关系中抽象出不等式；

② 理解两个实数大小关系的基本事实，能运用这个基本事实比较式的大小关系；

③ 了解重要不等式 $a^2 + b^2 \geq 2ab$ 及其发现和证明的方法。

（2）过程与方法

① 经历从赵爽弦图中抽象不等关系并用不等式 $a^2 + b^2 \geq 2ab$ 表达的过程，领悟数形结合的思想方法，发展学生的抽象素养，形成用数学的眼光看世界；

② 经历由不等关系抽象出不等式的过程，发展学生的抽象素养，形成用数学的眼光看世界。

（3）情感态度价值观

① 在由不等关系抽象出不等式的过程中感受到数学的简洁之美；

② 通过了解赵爽弦图，体验数学文化，增强爱国情怀和民族自豪感。

（三）目标和目标解析

（1）目标

① 会从实际问题所蕴含的不等关系中抽象出不等式；

② 理解两个实数大小关系的基本事实，能运用这个基本事实比较式的大小关系；

③ 了解重要不等式 $a^2 + b^2 \geqslant 2ab$ 及其发现和证明的方法。

（2）目标解析

达成上述目标的标志：

① 学生能够在生活问题、数学问题等情境中，发现其中所蕴含的不等关系，并将其符号化，从而用不等式表达；

② 学生能够在比较大小的问题情境中，发现并运用两个实数大小关系的基本事实比较式的大小关系，体会这个基本事实能够使实数的运算参与到实数的大小比较中；

③ 学生能够从赵爽弦图中抽象不等关系，并用不等式 $a^2 + b^2 \geqslant 2ab$ 表达。通过观察图形理解"＝"成立的条件和"当且仅当"的含义，并能够运用完全平方差公式和两个实数大小关系的基本事实证明。通过了解赵爽弦图，体验数学文化，增强爱国情怀和民族自豪感。

（四）教学问题诊断分析

学生在用不等式表示实际问题时，对没有符号化的问题，不知从何入手，学生能够抽象不等关系，但不能用符号语言表达，这是本节课的难点之一。教学中，教师应引导学生将问题符号化，体会符号语言在数学中的作用。

两个实数大小关系的基本事实及其应用对学生来说较为容易，但理解这个基本事实使运算参与比较中存在困难。教学中要让学生动起来，在比较大小的过程中体会运算的作用。

学生对理解重要不等式 $a^2 + b^2 \geqslant 2ab$ 中的等号成立的条件存在困难。第一，学生由赵爽弦图发现等号成立存在困难，教学中采用动态演示的方法，帮助学生观察图形，发现存在相等的情况；第二，学生理解"当且仅当"的含义存在困难，教学中借助动态图形和证明过程，帮助学生理解此含义。

本节课的教学难点是从实际问题所蕴含的不等关系中抽象出不等式。

(五) 教学过程设计

1. 创设情境

问题 1：俗话说"仁者见仁，智者见智""一千个读者就有一千个哈姆雷特""不同的人对同一个问题有不同的看法"。

图 5−1（课本第 39 页）是在北京召开的第 24 届国际数学家大会的会标，它是根据中国古代数学家赵爽的弦图设计的，颜色的明暗使它看上去像一个风车（图 5−2），代表中国人民热情好客。

你能以"数学的眼光"在这个图案中发现一些数学关系吗？可能有同学会问什么是"数学的眼光"？数学是研究空间图形与数量关系，"数学的眼光"简单地说就是观察图形关系与数量关系。

图 5−1   图 5−2

设计意图：引导学生观察图形特征，找出不等关系，并且符号化得到重要不等式，引导用数学的眼光看世界，培养学生的数学观察能力。

师生活动：学生独立思考，然后小组内交流讨论：

生 1：我们小组讨论的结果：

图形关系：风车是由 4 个全等的直角三角形加中间 1 个正方形组成的。

数量关系：

等式：风车的面积 = 4 个全等的直角三角形面积 + 小正方形面积；小正方形边长 = 长直角边长 − 短直角边长。

不等式：风车的面积 ≥ 4 个全等的直角三角形面积；风车的面积 ≥ 小正方形面积。

师：对！数量关系就是相等关系和不等关系，这里通过面积关系建立了等量关系和不等关系。

教师追问：不等关系能否用符号语言表示？因为用符号语言表示的等式或不等式简洁，更有数学味道。

生2：设直角三角形两直角边分别为 a，b，则风车正方形的边长就是直角三角形的斜边为 $\sqrt{a^2+b^2}$，风车正方形的面积 $=(\sqrt{a^2+b^2})^2$，直角三角形的面积 $=\frac{1}{2}ab$，用符号表示上面的等式、不等式：

等式：$(\sqrt{a^2+b^2})^2=4\times\frac{1}{2}ab+(a-b)^2$

不等式：$(\sqrt{a^2+b^2})^2\geqslant 4\times\frac{1}{2}ab$①；$(\sqrt{a^2+b^2})^2\geqslant(a-b)^2$②。

师：化简后结果如何？

生3：等量关系式化简后两边恒等，不等量关系式①化简后得 $a^2+b^2\geqslant 2ab$，式②化简后得 $0\geqslant-2ab$。

师：好！用"数学的眼光"一看，就看出了一个不等式 $a^2+b^2\geqslant 2ab$①，风车图形是漂亮的，漂亮图形带出了漂亮的不等式。而且这个不等式总是成立的，非常重要，约定俗成叫重要不等式。我还用几何画板做了一个动画（见图5-3）。

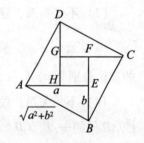

图5-3

教师演示：用几何画板做好的"风车"图，拉动 b 增大时，正方形 $EFGH$ 逐渐缩小（见图5-4），当 $b=a$ 时，正方形 $EFGH$ 缩为一个点，这时有 $(\sqrt{a^2+b^2})^2=4\times\frac{1}{2}ab\Rightarrow a^2+b^2=2ab$。

评析：重要不等式可以告知学生，过程简单快捷，可是我们要使学生在发现掌握重要不等式过程中得到什么？是用数学的眼光看世界的数学观察能力，具体地说就是用自然语言抽象出数量关系，然后符号化。

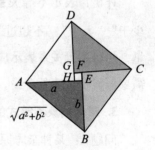

图5-4

2. 抽象不等式

问题2：人们常说，现实世界中不等关系远比相等关系多，你能用不等式或不等式组表示下列问题中的不等关系吗？

（1）某路段限速 40km/h；

（2）某品牌酸奶的质量检测规定，酸奶中的脂肪的含量 f 应不小于 2.5%，蛋白质的含量 p 应不小于 2.3%；

（3）三角形两边之和大于第三边，两边之差小于第三边；

（4）连接直线外一点与直线上各点的所有线段中，垂线段最短。

设计意图：体会现实生活中到处存在的不等关系，培养学生能将不等关系用不等式或不等式组表示出来并且符号化的数学能力。

师生活动：学生独立思考，然后小组内交流讨论：

生 4：（1）不等关系：速度不超过 40km/h；符号化：设速度为 v km/h，则 $0 < v \leqslant 40$；

（2）不等关系：题目明确所说；符号化：$\begin{cases} f \geqslant 2.5\%, \\ p \geqslant 2.3\%。 \end{cases}$

（3）不等关系：题目明确所说；符号化：设 $\triangle ABC$ 的三边分别为 a，b，c，则 $a+b>c$，$a-b<c$。

（4）不等关系：题目明确所说；符号化：设 C 是直线 AB 外的一点，$CD \perp AB$，垂足为 D，E 是 AB 上异于 D 的任意一点，则 $CD < CE$。

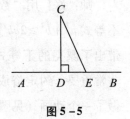

图 5-5

评析：表示不等关系的词常见的有"不小于""不少于""大于""不超过"等，将不等关系表示成不等式时，要用字母符号表示量，再将不等关系表示成不等式，表示成不等式的过程就是用符号表示，这就需要假设字母表某个量，本质就是符号化过程，也是难点。

3. 深化抽象不等式的方法，引入不等式基本事实的必要性

问题 3：某种杂志原以每本 2.5 元的价格销售，可以售出 8 万本，据市场调查，杂志的单价每提高 0.1 元，销售量就可能减少 2000 米。如何定价才能使提价后的销售总收入不低于 20 万元？

设计意图：继续让学生抽象关系为不等式，培养学生的问题数学化的数学能力，为引入两个实数大小关系的基本事实做准备。

师生活动：

教师追问：要确定定价，就要将定价满足的条件列出来，然后求解。列不

等式的步骤是先找不等关系然后符号化，请问，此问题中蕴含哪些量？哪些相等、不等关系？

生5：相等关系：提价后的销售总收入 = 销量 × 价格；不等关系：提价后的销售总收入≥20万元。

教师：将左边提价后的销售总收入用式子（符号）表示需要将一些量用字母表示，假设哪个量用什么字母表示？其他的量都能表示出来吗？

生6：要求什么设什么为x，设定价为x元；提价后的销售总收入 = 销量 ×价格，价格已用x表示，销量 = 8万 - 减少的销量，减少的销量 = $\dfrac{x-2.5}{0.1} \times 2000$本 = $\dfrac{x-2.5}{0.1} \times 0.2$万本。

教师：不等关系抽象成不等式是什么？

生6：$\left(8 - \dfrac{x-2.5}{0.1} \times 0.2\right)x \geq 20$。

教师：求出不等式的解集，就知道满足条件的杂志的定价范围。如何解不等式，解不等式要用不等式的性质，为此我们需要先研究不等式的性质。

评析：此问题使学生在问题解决中产生矛盾，调动了学生探究知识的内趋力。同时将不等式与等式进行对比，合理地引出不等式性质研究的必要性。

4. 两个实数大小关系的基本事实

问题4：在初中，我们已经通过具体实例归纳出来一些不等式的性质。那么，这些性质为什么是正确的？还有其他不等式的性质吗？回答这些问题要用到关于两个实数大小关系的基本事实，请同学们思考两个实数大小关系的几何表示如何？如何计算判定？

设计意图：让学生从形与数两个方面建立两个实数大小关系的基本事实。

师生活动：学生看书思考，然后小组内交流讨论：

生6：由于数轴上的点与实数一一对应，所以可以利用数轴上点的位置关系来规定实数的大小关系：如图5-6所示，设实数a，b，它们在数轴上的对应点分别为A，B，那么，当点A在点B左边时，$a<b$；当点A在点B右边时，$a>b$。

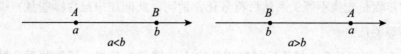

图 5-6

生7：关于实数 a，b 大小比较，有以下基本事实：

如果 $a-b$ 是正数，那么 $a>b$；如果 $a-b$ 等于0，那么 $a=b$；如果 $a-b$ 是负数，那么 $a<b$，反过来也对。

这个基本事实可以表示为：$a>b \Leftrightarrow a-b>0$；

$$a=b \Leftrightarrow a-b=0;$$

$$a<b \Leftrightarrow a-b<0。$$

教师追问：为什么与0进行比较？此方法有何优点？

生8：0是正数与负数的分界点，是实数比较大小的"标杆"，也便于计算。

评析：让学生看书思考理解，加上学生已有的经验，学生能掌握好。

5. 两个实数大小关系的基本事实的应用

问题5：（1）例：比较 $(x+2)(x+3)$ 和 $(x+1)(x+4)$ 的大小。

（2）请证明重要不等式 $a^2+b^2 \geq 2ab$。

设计意图：巩固利用基本事实比较两个实数的大小关系方法，形成利用基本事实比较两个实数的大小关系基本活动经验。

师生活动：学生独立完成，然后小组内交流讨论。

6. 归纳小结，布置作业

问题6：本节课我们主要学习了两个实数大小关系的基本事实，为什么要研究这个基本事实？这个基本事实有什么作用？

师生活动：学生通过梳理本节课的内容，能想起研究两个实数大小关系的基本事实是为了研究不等式的性质，从而解决解不等式的问题。两个实数大小关系的基本事实使数学运算参与问题解决中，可以比较两个实数的大小。

作业布置：教科书习题2.1第2、3、10、12题。

案例2：让数学思维自然生长——几何概型的教学思考

数学是思维的体操，数学好的人一定是会用数学思维思考世界的。好的课

堂教学一定要让学生学会思考，从而变得有数学思想。让学生学会独立思考的
教学，一定不是将数学思想方法直接灌输给学生，而是通过提供材料，提供不
同的想法，让学生自己去思考、选择，最后形成解决某一（类）问题的数学思
想方法，也就形成了数学能力。在几何概型教学中，为了提高自己的教学水平，
我拜读学习了《数学通报》等期刊几何概型教学设计的系列文章［见参考文
献，都是大学老师（或大学老师参与）设计的］，引发了本人对几何概型教学
的再设计。下面是本人关于几何概型的教学过程与思考，望各位同仁指教。

（一）教学过程

1. 思维冲突一：基本事件及度量

同学们，前面我们已经学习了古典概型及其求法，请看下面例题：

例1：（人教 A 版《普通高中课程标准实验教科书·数学 3 必修》第 129
页）某种饮料每箱 6 听，如果其中有 2 听不合格，问质检人员从中随机抽出 2
听，检测出不合格饮料的概率有多大？

解：①确定基本事件（试验结果）：从 6 听中随机抽出 2 听；

②列出所有的基本事件：把合格的饮料标记为 1，2，3，4，不合格的饮料
标记为 a，b，不放回抽取 2 听，所有可能的情况是：

$\{1, 2\}$，$\{1, 3\}$，$\{1, 4\}$，$\{1, a\}$，$\{1, b\}$；

$\{2, 3\}$，$\{2, 4\}$，$\{2, a\}$，$\{2, b\}$；

$\{3, 4\}$，$\{3, a\}$，$\{3, b\}$；

$\{4, a\}$，$\{4, b\}$；

$\{a, b\}$。

每一个基本事件发生等可能，所有的基本事件一共有 $n = 15$ 个。

③事件 $A = \{$抽出的 2 听饮料有不合格产品$\}$，包含的基本事件的个数
$n(A) = 9$。

④概率 $P(A) = \dfrac{A\text{ 包含的基本事件的个数}}{\text{基本事件的总数}} = \dfrac{n(A)}{n} = \dfrac{9}{15} = \dfrac{3}{5}$。

按照求古典概型的思维步骤：①确定基本事件；②通过列出所有的基本事
件计算出所有的基本事件数 n；③求出事件 A 包含的基本事件的个数 $n(A)$；
④求概率 $P(A) = \dfrac{n(A)}{n}$。请同学们解决下面问题：

例2：（人教 A 版《普通高中课程标准实验教科书·数学 3》第 135 页）。一个游戏转盘如图 5-7 所示（每一部分圆心角是四等分或八等分周角），甲、乙两人玩转盘游戏，当指针指向 B 区域时，甲获胜，否则乙获胜。求甲获胜的概率。

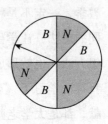

图 5-7

设计意图：例 1 为标准的古典概型问题，它与例 2 看似风马牛不相及（我们关注的是其思想方法，不是其外在形式）。两个例题都选自课本，而课本是一些长期从事数学教育的专家编写出来的，我们教学要用好课本，尽量挖掘课本的内涵和价值。

生 1：①基本事件：指针指向区域；②列出所有的基本事件：指向 N_1，N_2，N_3，B_1，B_2，B_3，一共有 $n=6$ 个区域；③事件 $A=\{$指向 B 区域$\}$，包含的基本事件的个数 $n(A)=3$；④概率 $P(A)=\dfrac{n(A)}{n}=\dfrac{3}{6}=\dfrac{1}{2}$。

生 2：错，这几个区域有大有小，试验结果不等可能，这不是古典概型。

生 3：添加辅助线，将圆盘 8 等分，如图 5-8 所示，使指针指向每个扇形区域的可能性相等。这时概率 $P(A)$

$=\dfrac{n(A)}{n}=\dfrac{4}{8}=\dfrac{1}{2}$。

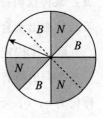

图 5-8

师：第一次指针指向一个区域 B，第二次指向另一位置的区域 B，两次试验结果是否等可能？

生 4：我想基本事件不是区域，而是指针的指向，指向圆弧（与圆心等距离）中的点，指针指向圆弧中不同的两点是两个不同的基本事件，指向圆弧中的每一点都是等可能的，所以基本事件可用几何元素点（指针指向圆弧中的点）来代表，可是这样的基本事件又有一个问题：基本事件（指针指向圆弧中的点）有无数多个，无法数清，同样，事件 $A=\{$指向 B 区域$\}$ 中所包含的基本事件（指向 B 区域中圆弧上的点）也无法计数，怎么办？

师：现在学生 4 提出的两点请同学们讨论：①基本事件就是试验结果——指针指向圆弧中的点，指向每点都等可能；②基本事件数太多无法计数，怎么办？

学生讨论：……

数量太多无法计数，有什么办法解决？从我们现实生活中的下列事例能否得到启示？稻谷的粒数太多无法计数粒数，我们就用重量来度量，水的分子数太多无法计数就用容积（升、立方米）来度量，……，哈哈，指针指向圆弧中的点排列起来可以用长度来度量，那么这个问题就解决了，请学生4说出这个问题的解答。

生4：解法1：①基本事件：指向圆弧（与圆心等距离）中的点；②所有基本事件＝{指针指向圆弧中的所有点}，其度量值是长度为 $n=2\pi$；③$A=$ {指针指向 B 区域中圆弧上的点}，其度量长度为 $n(A)=\pi$；④概率 $P(A)=\dfrac{n(A)}{n}=\dfrac{\pi}{2\pi}=\dfrac{1}{2}$。

师：个数太多，就用其他单位来度量，数学就是如此，来源于生活，又高于生活，集合的元素个数太多而无法计数时，用别的单位来度量，或称测度。

为了简化表达，我们约定：所有基本事件的集合用Ω表示：其测度值 $l(\Omega)=2\pi$，事件 A 的测度值 $l(A)=\pi$，$P(A)=\dfrac{l(A)}{l(\Omega)}$。

这个问题还可作如下解释：

基本事件是指针的指向，就是方向射线，方向射线可以用几何元素来表示，角可以度量。

解法2：①基本事件：指针的指向角；②所有基本事件Ω＝{所有指向角}，$l(\Omega)=360°$；③$A=$ {指向 B 区域的角}，$l(A)=45°+90°+45°=180°$，④概率 $P(A)=\dfrac{l(A)}{l(\Omega)}=\dfrac{180°}{360°}=\dfrac{1}{2}$。

评析：知识建构的过程也是问题解决的过程，设置问题情境，引发学生思考探究，在问题解决过程中，发现原有的知识方法不足以解决问题，而需要引入新概念、新方法才能解决时，新的知识自然就出现了，上面例2求甲获胜的概率的过程中，方法还是求古典概型的方法，只不过基本事件数无法度量时需要引入新的度量方法，就建立了新的概率模型，即几何概型。这样的知识建构不仅位于学生的最近发展区，容易融新知于学生原有的知识结构，而且直指新知识最本质的东西，也就不会只空泛地知道几何概型大致是与几何有关的概率模型，却不了解几何概型中最本质的基本事件是什么？所以设置合乎知识内在发展逻辑的问题情境尤为重要。

2. 思维冲突二：用几何中的点代表数

例3：（人教A版《普通高中课程标准实验教
科书·数学3》第136页）某人午觉醒来，发现手
表停了，他打开收音机，想听电台报时，求他等
待的时间不多于10分钟的概率。

师：电台是每隔1小时报时一次，在0～60
分钟之间任何时刻打开收音机听到报时是等可能
的，但0～60分钟之间有无穷多个时刻，无法计
数，不过时间可以用长度度量。

图5-9

生5：①基本事件：打开收音机的时刻；②$l(\Omega)=60$分钟；③$A=\{$打
开收音机等待的时间不多于10分钟，即时刻位于$[50,60]$时间段内$\}$，
$l(A)=60-50=10$；④$P(A)=\dfrac{l(A)}{l(\Omega)}=\dfrac{10}{60}=\dfrac{1}{6}$。

师：0～60分钟之间，分针刚好转了一圈如图5-9所示，所以打开收音机
的时刻可能用分针的指向来代表。

生6：①基本事件：打开收音机时分针的指向角；②$l(\Omega)=360°$；③$A=$
$\{$等待的时间不多于10分钟的分针指向角$\}$，$l(A)=60°$；④$P(A)=\dfrac{l(A)}{l(\Omega)}$

$=\dfrac{60°}{360°}=\dfrac{1}{6}$。

师：每一个时刻都可以用一个数来表示，0～60分钟之间有无穷多个时刻，
就有无穷多个数，而且这些数是连续的，那么这些数又如何度量？

实数对应数轴上的点，无数个连续的实数在数轴上排列形成线段，度量值
就是这条线段的长度。例如$A=\{x\mid 0<x<1\}$，$l(A)=1$，如图5-10所示。

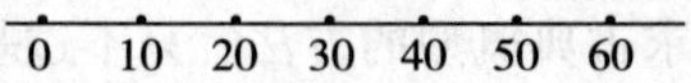

$$\begin{array}{cccccccc} & | & | & | & | & | & | & | \\ & 0 & 10 & 20 & 30 & 40 & 50 & 60 \end{array}$$

图5-10

生7：①基本事件：0～60之间所有的数；②$l(\Omega)=60$；③$A=[50,$
$60]$，$l(A)=60-50=10$；④$P(A)=\dfrac{l(A)}{l(\Omega)}=\dfrac{10}{60}=\dfrac{1}{6}$。

今天我们所学的求概率问题中，当基本事件（试验结果）不可数时，就转化为点或角，其概率就是点或角构成区域长度（面积或体积）或角度的比值。我们把这种概率模型称为几何概型。

评析：几何概型本质上是试验的所有结果无穷多，表示时间的时刻是一种连续且无穷多的模型，让学生在不同情境中体会"所有结果无穷多的度量"，加深对几何概型的理解，也就读懂了教材编写者的用意；时刻的表示方式有多种，可以直观地用指针的方向表示，也可以用实数来表示，如何度量所有这些实数自然就想到了用数轴上的点来表示这些实数，即用形表示数，这就自然地、悄无声息地发展了学生的直观想象素养。

3. 思维冲突三：一维到二维

例4：（人教 A 版《普通高中课程标准实验教科书·数学 3 必修》第 132 页）假设你家订了一份报纸，送报人可能在早上 6:30~7:30 之间把报纸送到你家，你父亲离开家去上班的时间在早上 7:00~8:00 之间，问你父亲在离开家前能得到报纸（称为事件 A）的概率是多少？

生 7：这里有两个时间：送报人到达时间和父亲离开家的时间，基本事件是哪一个？

师：前面我们抛甲、乙两颗骰子，出现的点数有两个，基本事件是什么？

生 7：甲、乙两颗骰子出现的点数分别为 x，y，用实数对 (x, y) 表示，哦，我明白了。

设送报人到达时间为 x，父亲离开家的时间为 y：①基本事件：(x, y)；②所有基本事件（所有试验结果）$\Omega = \{(x, y) \mid 6:30 \leq x \leq 7:30, 7:00 \leq y \leq 8:00\}$；基本事件数肯定不可数，就用度量值，如何度量？

师：实数对应数轴上的点，无数个连续的实数在数轴上排列形成线段，度量值就是这条线段的长度；实数对 (x, y) 对应直角坐标平面上的点，无数个连续的实数对在直角坐标平面内排列形成平面图形，度量值就是这个平面图形的面积。

生 7：现在会解了，如图 5-11 所示，Ω 的面积 $S(\Omega) = 1 \times 1 = 1$，①$A = \{$父亲在离开家前能得到报纸$\} = \{(x, y) \mid y \geq x, 6:30 \leq x \leq 7:30, 7:00 \leq y \leq 8:00\}$，$A$ 的面积 $S(A) = 1 - \frac{1}{2} \times \frac{1}{2} \times \frac{1}{2} = \frac{7}{8}$，②概率 $P(A) = \frac{S(A)}{S(\Omega)} = \frac{7}{8}$。

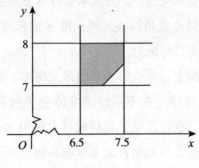

图 5-11

师：实数 x 用 x 轴上的点表示，实数对 (x, y) 用直角坐标平面上的点表示，实数组 (x, y, z) 就可以用空间中的点表示，这就是数形结合思想，把数的问题转化成形的问题来思考。

评析：理解教材编者的设计意图和内在的知识联系，了解知识的发生发展是由浅入深、由简单到复杂的，学生的认知规律也是如此。通过类比，让学生掌握一个基本数学思想：一个量可以用一维数轴（直线）上的点 x 表示，两个量可以用二维平面上的点 (x, y) 表示，三个量自然就会想到用三维空间中的点 (x, y, z) 表示……这也是用数学语言表达世界。

4. 思维冲突四：从无限到有限

例5：（1）在 $[0, 1]$ 上随机取一个数，求取到 0.5 的概率。

（2）在例2中，指针指向 B 与 N 区域的分界线的概率是多少？谁获胜？

设计意图： 通过具体的实例，让学生体会到：有限相对无限其概率为0。由此导致了古典概型与几何概型之间的一些差异。

生8：（1）0.5 对应一个点，点的长度为0，$P(A) = \dfrac{l(A)}{l(\Omega)} = \dfrac{0}{1} = 0$。

生9：（2）B 与 N 区域的分界线有6条，对应圆弧上有6个点，$l(A) = 6 \times 0 = 0$，$P(A) = \dfrac{l(A)}{l(\Omega)} = \dfrac{0}{2\pi} = 0$，指向分界线的概率为0，所以对谁获胜都没影响。

师：对（1）也可用古典概型来理解，$P(A) = \dfrac{n(A)}{n} = \dfrac{1}{\infty} = 0$，也好像是从游泳池中随机抽取一个水分子，抽到某个水分子的概率的直觉肯定为0。因为从概率知识的形成过程看，事件 A 的概率是其发生频率随试验次数增加的稳定值，在这个问题中稳定值为 0 也是不难理解的，所以说，数学有时很美妙，有时也很奇怪。

由上面得知：在几何概型中，概率为 0 的事件不一定是不可能事件，概率为 1 的事件也不一定是必然事件，这与古典概型完全不同。随机事件 A 概率范围由古典概型中的 $0 < P$（A）< 1 扩充到了几何概型中的 $0 \leqslant P$（A）$\leqslant 1$。

甚至还有，在区间 $[0, 1]$ 上任取一个数，"取到有理数"的概率为零。

练习1.（课本习题 3.3B 组 2 题）若 P（$A \cup B$）$= P$（A）$+ P$（B）$= 1$，则事件 A 与 B 的关系是（　　）

（A）互斥不对立　　　　　　（B）对立不互斥

（C）互斥且对立　　　　　　（D）以上答案都不对

评析：由于对基本事件数的度量方式不同，自然几何概型就有它独特的性质，这些性质奇特而美妙，虽不符合直观感觉，但又是经过内在逻辑计算得到的，却也在情理之中，让学生欣赏到数学的美、体会到数学的妙，这也是用数学的眼光欣赏世界。当教师提出"取到有理数"的概率为零时，还会引发学生进行课外阅读思考，做进一步地探索，学生对数学的兴趣就会由此点燃。这不是只靠让学生刷题能够获得的，这需要我们教师挖掘教材内涵，设计恰当的情境，才能充分领略数学思想之美。

（二）教学思考

（1）几何概型最重要的是要弄清表示基本事件（试验结果）的几何元素是什么？对于同一个问题可以有不同的选择几何元素的方法，必须等可能。就我所在的教学环境来看，教辅资料、导学稿等，都缺少这一环节。被调查的 100 名教师不仅在下面两个问题中出错率相当高，并且解答正确的教师也说不清错误解法的原因。

题1：在区间 $[-1, 1]$ 上随机取一个数 x，$\cos \dfrac{\pi x}{2}$ 的值介于 0 到 $\dfrac{1}{2}$ 之间的概率为（　　）

A. $\dfrac{1}{3}$　　　　B. $\dfrac{2}{\pi}$　　　　C. $\dfrac{1}{2}$　　　　D. $\dfrac{2}{3}$

解析：①基本事件：区间 $[-1, 1]$ 上的数 x；②l（Ω）$= 2$；③$A = \{x$

$|0<\cos\dfrac{\pi x}{2}<\dfrac{1}{2}|$ $=\{x\mid \dfrac{2}{3}<x<1$ 或 $-1<x<-\dfrac{2}{3}\}$，l（A）$=\dfrac{2}{3}$；④P（A）

$=\dfrac{l（A）}{l（\Omega）}=$ $=\dfrac{1}{3}$。

题2：如图 5 – 12 所示，给定两个单位平面向量 $\overrightarrow{OA}$ 和 $\overrightarrow{OB}$，它们的夹角为 120°。点 C 为以 O 为圆心的圆弧 AB 上任意一点，且 $\overrightarrow{OC}=x\overrightarrow{OA}+y\overrightarrow{OB}$（其中 x，$y\in\mathbf{R}$），则满足 $x+y\geqslant\sqrt{2}$ 的概率是（　　）

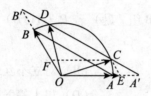

图 5 – 12

A. $2-\sqrt{2}$ 　　　B. $\dfrac{3}{4}$ 　　　C. $\dfrac{\pi}{4}$ 　　　D. $\dfrac{2}{3}$

解析：①基本事件：圆弧 AB 上的点；②l（Ω）$=\dfrac{2}{3}\pi$；③$A=\{$点 $C\mid \overrightarrow{OC}=$ $x\overrightarrow{OA}+y\overrightarrow{OB}$（其中 x，$y\in\mathbf{R}$），则满足 $x+y\geqslant\sqrt{2}\}$，过 C 作 $A'B'//AB$，交 OA 于 A'、交 OB 于 B'，过 C 作 $CE//OB$ 交 OA' 于点 E，过 C 作 $CF//OA'$ 交 OB 于点 F，所以 $\overrightarrow{OC}=\overrightarrow{OE}+\overrightarrow{OF}=x\overrightarrow{OA}+y\overrightarrow{OB}$，所以 $x=|OE|$，$y=|OF|=CE|$ $=|EA'|$，$x+y=|OA'|=\sqrt{2}$ 时，由正弦定理求得 $\angle OCA=135°$，$\angle COA=15°$，所以 C 点在 15°~135° 的圆弧上，l（A）$=\dfrac{\pi}{2}$；④P（A）$=\dfrac{l（A）}{l（\Omega）}=$ $=\dfrac{3}{4}$。

只要分清基本事件是什么，就容易区分下列外形一样的两道经典题。

题3：（苏教版第102页例3）在等腰直角三角形 ABC 中，在斜边 AB 上任取一点 M，求 $AM<AC$ 的概率（如图 5 – 13 所示）。

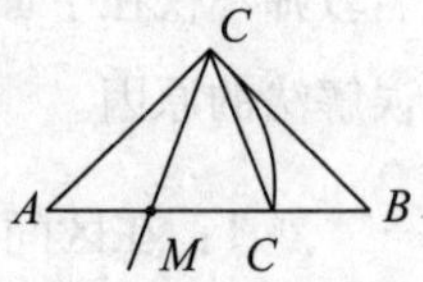

说明：基本事件：AB 上的点；l（Ω）$=\sqrt{2}$。

题4：（苏教版第104页习题6）在等腰直角三角形 ABC 中，过直角顶点 C 在 $\angle ACB$ 内部任作一条射线 CM，与线段 AB 交于点 M，求 $AM<AC$ 的概率（如图 5 – 13 所示）。

图 5 – 13

说明：基本事件：射线 CM；l（Ω）$= \dfrac{\pi}{2}$。

（2）求古典概型、几何概型的基本方法是一样的，首先确定基本事件（试验结果）必须是等可能的，然后计数基本事件数 n，如果不可数就用几何元素（点或方向）来代表基本事件，然后测度其几何元素组成的图形（即几何概型），再计数（或测度）事件 A 包含的基本事件数 n（A），最后求概率 P（A）$= \dfrac{n（A）}{n}$。

这样一来为什么要几何测度？为什么叫几何概型就自然了，而且从生活中自然就理解了什么叫测度：稻谷的粒数太多无法计数粒数，我们就用重量来度量，水的分子数太多无法计数就用容积（升、立方米）来度量。

（3）几何概型一般是用几何元素角或点表示基本事件，下面我们就角和点表示基本事件时，分别说明著名的"贝特朗（Bertrand）问题"。

贝特朗（Bertrand）问题：若在半径为 1 的圆内随机地取一条弦，则其长超过该圆内接等边三角形的边长的概率是多少？

解：用弦心角来表示弦，不同弦长所对弦心角不同，不同的同长弦（弦心角）都是绕圆心旋转一周，是等可能的。问题转化为：①基本事件：弦心角；②l（Ω）$= 180°$；③$A = \{$弦心角大于 $120°\}$，l（A）$= 180° - 120° = 60°$；④P（A）$= \dfrac{l（A）}{l（\Omega）} = \dfrac{60°}{180°} = \dfrac{1}{3}$。

如果用弦的中点表示弦时，不同弦长所对应的点不同，不同的弦长绕圆心旋转一周时，中点排列所组成的圆的测度（长度）不同，不是等可能的，所以用弦的中点作为基本事件，l（Ω）$= \pi$，超过内接正三角形边长的弦的中点在半径为 $\dfrac{1}{2}$ 的同心圆内，l（A）$= \dfrac{1}{4}\pi$，P（A）$= \dfrac{1}{4}$，这样求解就是错误的。同样用弦心距 d 作为表示不同长弦的基本事件时也是错误的，原因同样如此。

所以涉及旋转（方向）问题是用角表示基本事件。

结束语：高中数学教学，我们需要关注题型，更需要关注题目内在的知识与思想方法联系，特别在新授课中要重视概念和思想的形成过程。真正的基础是数学概念和数学思想。

（此文发表于《中国数学教育》2020 年第 12 期）

参考文献

[1] 王佩，赵思林."几何概型"的教学设计［J］.中学数学研究，2018
    （2）.

[2] 孙成成，胡典顺.信息技术下数学素养的培养——以几何概型教学为
    例［J］.数学通讯，2018（1）.

[3] 官运和.几何概型教学中的理解学生［J］.数学通报，2017（9）.

[4] 赵国玮，孔德兰.注重概念形成的几何概型教学设计研究［J］.数学
    通报，2017（7）.

[5] 程海奎，陈雪梅.是强调几何度量，还是关注概率模型的建构——关
    于几何概型教学的再思考［J］.数学通报，2014（11）.

[6] 何小亚.高中概率模型学与教中的问题和对策［J］.数学教育学报，
    2017（2）.

[7] 中华人民共和国教育部.普通高中数学课程标准（2017年版）［M］.
    北京：人民教育出版社，2018.

案例3：平面向量的概念

在办公室交流如何上好"平面向量的概念"一节课时，有年轻老师说
"我用了15分钟讲""我20分钟就讲完了"，我说"我一节课可能还比较紧
张""你有什么要讲那么多""我是从数类比到向量来引领学生进行探索的"
"怎么像近世代数似的"。确实，我认为向量是研究对象由数量变成了向量，
对象变化其运算方式也自然就不同了，高等代数、近世代数也是由研究对象
变成了矩阵、群、环、域，自然地，对象变化其运算方式也自然就不同了。我
想这就是平面向量的根本，幸好，平面向量有非常直观的一面，用位移作
为表征。

1. 创设情境

问题1：在现实生活中有两类量：①年龄、身高、长度、面积、体积、质
量……②位移、速度、加速度、重力、浮力……这两类量有什么区别？去掉物
理意义后，用数学眼光如何看待它们？

设计意图：通过生活中具体的数量与向量的差异，理解向量与数量的区别，

建立向量的表征，形成数学来源于生活观念，也为后面数的扩充形成一般观念。

师生活动：小组讨论，由学生口头展示：

①只剩下大小；②剩下大小和方向。

2. 抽象概念

问题2：请同学们类比数量的概念、表示说明向量的概念。

设计意图：通过类比得到向量的概念和一些基本术语，培养学生的类比思维，让杂乱的术语条理化，进一步深化理解向量的建立。

师生活动：小组讨论，由学生口头展示：

（1）数量的概念

只有大小，没有方向的量称为数量（标量）；

数量的表示

代数符号表示：用小写英文字母表示：a，b，c，…

几何表示：

由于实数与数轴上的点一一对应，所以数量常常用数轴上的一个点来表示，而且不同的点表示不同的数量。

表示无的数0；

表示单位的数1。

（2）向量的概念

既有大小，又有方向的量叫作向量（矢量）。

向量的表示：

代数符号表示：用小写英文字母表示：a，b，c，（手写为$\vec{a}$，$\vec{c}$…表示）。

几何表示：

受"带有方向的线段"表示位移的启发，我们可以用带箭头的线段来表示向量，它的长短表示向量的大小，箭头的指向表示向量的方向。

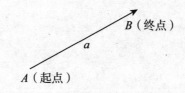

图 5—14

有些线段包含三个要素：起点、方向、长度。知道了有向线段的起点、方向和长度，它们的终点就唯一确定了。

向量可以用有向线段$\overrightarrow{AB}$来表示。我们把这个向量记作向量$\overrightarrow{AB}$，有向线段的长度$|\overrightarrow{AB}|$表示向量的大小，有些线段的反向表示向量的方向。用有向线段表示向量，使向量有了直观形象。

向量$\overrightarrow{AB}$的大小称为向量$\overrightarrow{AB}$的长度（或模），记作$|\overrightarrow{AB}|$。

零向量：长度为 0 的向量叫作零向量。（方向如何？）

单位向量：长度等于 1 个单位长度的向量，叫作单位向量。（方向如何？有多少个？）

（3）向量与数量的区别：

向量中的零向量和单位向量与数量中的 0 和 1 是有区别的。

3. 理解概念

问题 3：如何用数学的思维去思考它们？即两个实数可以比较大小，那么两个向量能不能比较大小？两个数可以相等，两个向量相等要满足什么条件？

设计意图：两个向量不能比较大小是比较难理解的，这里让学生讨论理解比较大小的标准，也为后面两复数不能比较大小做准备。

师生活动：小组讨论，由学生口头展示：

两个向量不能比较大小，因为方向不一致。

相等向量：两个向量大小相等，方向相同。

问题 4：平行向量与共线向量的关系是什么？

设计意图：理解向量可以平行移动，通过操作建立向量的移动感觉。

师生活动：教师在几何画板上（也可在 word 上），反复移动相等向量（移动后重合）、共线向量（移动后可以在一条直线上的向量），然后小组讨论，形成平行向量与共线向量的概念。

平行向量（共线向量）：

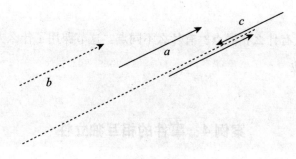

图 5－15

方向相同或相反的非零向量叫作平行向量。

我们规定：零向量与任意向量平行，即 $\vec{0} // \vec{a}$。

任一组平行向量都可以平移到同一条直线上，因此，平行向量也叫作共线向量。

4. 巩固概念

问题 5：（课本例 1）在图 5－16 中，分别用向量表示 A 地至 B，C 两地的位移。并根据图中的比例尺，求出 A 地至 B，C 两地的实际距离（精确到 1km）。

设计意图：体会向量的表示、向量的大小。

师生活动：学生自己操作，小组讨论对答案。

问题 6：（课本例 2）如图 5－17 所示，O 是正六边形 $ABCDEF$ 的中心。

（1）写出图中的共线向量；

（2）分别写出图中与向量 $\vec{OA}$，$\vec{OB}$，$\vec{OC}$ 相等的向量。

设计意图：体会共线向量，相等向量的大小。

师生活动：学生自己操作，小组讨论对答案。

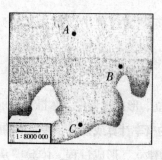

图 5－16

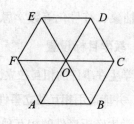

图 5－17

5. 小结

向量与数量有什么相同点？有什么不同点？这节课用了什么方法学习向量？

6. 布置作业

（略）

案例 4：事件的相互独立性

（一）教学任务分析

直观感觉上的相互独立事件，如何用概率刻画？也就是如何用数量关系刻画？本节课就是将直观感觉上两个无关的事件抽象出数量关系，并用数量关系加以定义，发展学生的数学抽象素养。

在概率论中，独立性也是极其重要的概念，它的主要作用是简化计算，本章利用独立性的概念主要是为了介绍二项分布的产生背景。

相互独立事件同时发生的概率与前面学习的等可能性事件、互斥事件有一个发生的概率，是三类典型的概率模型。将复杂问题分解为这三种基本形式，是处理概率问题的基本方法。因此，本节内容的学习，既是对前面所学知识的深化与拓展，又是提高学生解决现实问题能力的一种途径，更是加强学生应用意识的良好素材。

本节课要在上课时条件概率的基础上，引入事件相互独立性的概念，并以此应用相互独立事件同时发生的概率求得一些随机事件的概率。

教学重点：相互独立事件的意义和相互独立事件同时发生的概率公式。

教学难点：①对事件独立性的判定；②正确地将复杂的概率问题分解转化为几类基本的概率模型。

通过本节课的概念教学，在学生探究问题的过程中，渗透从特殊到一般、从具体到抽象、符号化等数学思想方法。

（二）教学目标设置

（1）学生在事件的相互独立性概念的建立、形成过程中，掌握事件的相互独立性的概念，并能运用相互独立事件同时发生的概率计算或证明一些简单的问题。

（2）学生经历事件的相互独立性概念的建立、形成过程，体验"从特殊到一般发现规律，一般到特殊指导实践"的思想方法，体验建立数学概念的一般过程，消除数学的神秘感，获得观察、归纳、类比、猜想及证明的理性思维探究能力。

（3）通过事件的相互独立性概念的建立、形成、运用、深化等过程，培养学生积极主动、勇于探索、不断创新的精神，感受合作探究的乐趣，感受数学内在的和谐、对称美及数学符号应用的简洁美。

（三）学生学情分析

授课对象是原镇属普通高中高二的学生，虽然基础较差，但经过我们高中老师一年半的引导、培养，各方面都得到了提高。

（1）认知分析：学生在高一修三学习了古典概型和几何概型，前面学习计数原理和条件概率等知识，已经了解了概率的意义，掌握了等可能事件以及互斥事件有一个发生的概率计算方法，这三者形成了学生思维的"最近发展区"。

（2）能力分析：学生已经具备了一定的归纳、猜想能力，符号认知能力，但在数学的应用意识与应用能力方面，由于感性认识不足尚需进一步培养。

（3）情感分析：多数学生对数学学习有一定的兴趣，能够积极参与研究，我们罗中学生在合作交流意识方面有很好的发展。本节课内容思维含量较大，对思维的抽象性有较高要求，学生学习起来有一定难度。在数学学习的过程中，往往大部分学生习惯于重视定理、公式的结论，而不重视其形成过程，这对本节课是一个挑战。

（四）教学基本流程

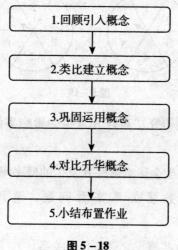

图 5-18

(五) 教学情境设计

1. 创设情境，设计问题

回顾：三张奖券中只有一张能中奖，分别有三名学生无放回地抽取，若用 A 表示"第一名学生没有抽到中奖奖券"，$P(A) = \frac{2}{3}$，用 B 表示"最后一名学生抽到中奖奖券"，$P(B) = \frac{1}{3}$，事件 A 发生会影响事件 B 发生的概率，$P(AB) = \frac{n(AB)}{n(\Omega)} = \frac{2}{6} = \frac{1}{3}$，所以 $P(B|A) = \frac{P(AB)}{P(A)} = \frac{1}{2} \neq P(B)$。

请同学们思考下面 3 题：

（1）（课本 P54）三张奖券中只有一张能中奖，现分别由三名同学有放回地抽取，事件 A 为"第一名同学没有抽到中奖奖券"，事件 B 为"最后一名同学抽到中奖奖券"，事件 A 发生会影响事件 B 发生的概率吗？

（2）分别抛掷两枚质地均匀的硬币，设"第 1 枚为正面"为事件 A，"第 2 枚为正面"为事件 B，事件 A 发生会影响事件 B 发生的概率吗？

（3）如图 5–19 所示，在两个圆盘中，转动指针落在本圆盘每个数所在区域的机会均等，事件 A 为"第一个圆盘指针落在本圆盘奇数所在区域"，事件 B 为"第二个圆盘指针落在本圆盘奇数所在区域"，事件 A 发生会影响事件 B 发生的概率吗？

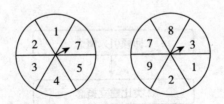

图 5–19

上面 3 个问题，都是研究"事件 A 发生会影响事件 B 发生的概率"，那就请同学们思考：

问题 1：①事件 A 发生会影响事件 B 发生的概率吗？你的理由是什么？

②为了从概率的数量关系来看问题，请计算 $P(A)$，$P(B)$，$P(AB)$，$P(B|A)$；

③观察②中计算的这些概率之间有什么关系？

设计意图：任何概念都是先有其模型，再抽象形成概念的，学生的学习也是从"最近发展区"开始的，基于此，从上节课学习过的不放回抽奖到有放回抽奖，两次投掷硬币的试验，两次不相关的两个圆盘中转动指针的试验，这些都是让学生形成概念模型。

师生活动：小组讨论，展示，教师点评。

① 不影响，（1）中是有放回抽取，第一名同学的抽取与第三名没有关系；同理（2）中第 1 枚与第 2 枚也无关；（3）两圆盘也无关。

② （1） $P(A) = \dfrac{2}{3}$，$P(B) = \dfrac{1}{3}$，$P(AB) = \dfrac{n(AB)}{n(\Omega)} = \dfrac{2}{9}$，$P(B \mid A)$

$= \dfrac{P(AB)}{P(A)} = \dfrac{1}{3}$；

（2） $P(A) = \dfrac{1}{2}$，$P(B) = \dfrac{1}{2}$，$P(AB) = \dfrac{n(AB)}{n(\Omega)} = \dfrac{1}{4}$，$P(B \mid A) =$

$\dfrac{P(AB)}{P(A)} = \dfrac{1}{2}$；

（3） $P(A) = \dfrac{2}{3}$，$P(B) = \dfrac{2}{3}$，$P(AB) = \dfrac{n(AB)}{n(\Omega)} = \dfrac{16}{36} = \dfrac{4}{9}$，$P(B \mid$

$A) = \dfrac{P(AB)}{P(A)} = \dfrac{2}{3}$；

③ $P(B) = P(B \mid A)$，$P(AB) = P(A) P(B)$。

2. 类比建立概念

问题 2：我们学习过函数的单调递增概念：

函数 $f(x)$ 在某个区间上图像上升（直观解析），$\forall x_1, x_2 \in$ 某个区间，当 $x_1 < x_2$ 时，都有 $f(x_1) < f(x_2)$（数量特征），$f(x)$ 在这个区间上是增函数（称呼）。

定义：如果 $\forall x_1, x_2 \in$ 某个区间，当 $x_1 < x_2$ 时，都有 $f(x_1) < f(x_2)$，那么就称 $f(x)$ 在这个区间上是增函数。

类比增函数概念的建立，也请同学们给互相没有概率影响的两个事件 A，B 建立下一个数学概念：

① 直观解析是什么？数量特征是什么？如何取名称呼？

② 再根据数量关系下一个定义。

设计意图：任何学习过程都是学生自己在建构过程中完成的，考虑学生的思维能力和认知结构，通过类比让学生体会数学概念的建立过程，也降低了学生的难度，具有可操作性。

师生活动：小组讨论，展示，教师点评：

直观解析：如果事件 A 的发生不会影响事件 B 的发生的概率，或者事件 B 的发生不会影响事件 A 发生的概率。

数量特征：$P(B) = P(B \mid A)$（当 $P(A) = 0$ 时，$P(B \mid A)$ 没有意义）；$P(AB) = P(A) P(B)$。

取名称呼：事件 A 与 B 相互独立。

（也有学生称事件 A 与 B 相斥，很好，为后面要区别相斥提出了要求。）

定义：设 A，B 为两个事件，若 $P(AB) = P(A) P(B)$，则称事件 A 与事件 B 相互独立。

3. 巩固运用概念

问题3：掷骰子试验，设 A = "得奇数点"，B = "所得点数小于5"，试判断事件 A 与 B 是否相互独立。

设计意图：让学生能利用概念来判断思考，而不仅凭直观感觉，培养学生用数学的思维思考问题、解决问题。

师生活动：小组讨论，展示，教师点评：

解：由题意得 $\Omega = \{1, 2, 3, 4, 5, 6\}$，$A = \{1, 3, 5\}$，$B = \{1, 2, 3, 4\}$，$AB = \{1, 3\}$，$P(A) = \dfrac{1}{2}$，$P(B) = \dfrac{2}{3}$，$P(AB) = \dfrac{1}{3}$。

则 $P(AB) = P(A) P(B)$。

故事件 A 与 B 相互独立。

问题4：（课本例题）某商场推出二次开奖活动，凡购买一定价值的商品可以获得一件奖券，奖券上有一个兑奖号码，可以分别参加两次抽奖方式相同的兑奖活动，如果两次兑奖活动中，每个兑奖号码被抽到的概率都是 0.05，求两次抽奖中以下事件的概率：

（1）都抽到某一指定号码；

（2）恰有一次抽到某一指定号码；

（3）至少有一次抽到某指定号码。

设计意图：让学生的体会如何利用事件的独立性计算事件的概率。

师生活动：小组讨论，展示，教师点评：

解：设"第一次抽到某一指定号码"为事件 A，"第二次抽到某一指定号码"为事件 B，则"两次抽到某一指定号码"为事件 AB。

（1）由于两次抽奖结果互不影响，因此事件 A 与 B 相互独立，于是由独立性可得，两次抽奖都抽到某一指定号码的概率为

$$P(AB) = P(A)P(B) = 0.05 \times 0.05 = 0.0025。$$

（2）"两次抽奖恰有一次抽到某一指定号码"可以用 $(A\bar{B}) \cup (\bar{A}B)$ 表示。由于事件 $(A\bar{B})$ 与 $(\bar{A}B)$ 互斥，根据概率的加法公式和相互独立事件的定义可得，所求事件的概率为

$$P(A\bar{B}) + P(\bar{A}B) = P(A)P(\bar{B}) + P(\bar{A})P(B)$$
$$= 0.05 \times (1 - 0.05) + (1 - 0.05) \times 0.05 = 0.095$$

（3）"两次抽奖至少有一次抽到某一指定号码"可以用 $(A\bar{B}) \cup (\bar{A}B) \cup (AB)$ 表示。由于事件 AB，$(A\bar{B})$ 与 $(\bar{A}B)$ 互斥，根据概率的加法公式和相互独立事件的定义可得，所求事件的概率为 $P(A\bar{B}) + P(\bar{A}B) + P(AB)$ $= 0.0025 + 0.095 = 0.0975。$

追问1：二次开奖抽到某一指定号码至少一次的概率是一次开奖抽到某一指定号码的概率的两倍吗？为什么？

解：P（两次抽奖至少有一次抽到某一指定号码）$= 0.0975 \neq 2P$（一次抽到某一指定号码）$= 2 \times 0.05 = 0.1$。

4. 对比升华概念

问题5：如果事件 A 与事件 B 相互独立，那么 A 与 $\bar{B}$ 相互独立吗？能证明吗？

设计意图：让学生进一步体会两事件的独立性。

师生活动：小组讨论，展示，教师点评：

事件 A 发生不影响事件 B 发生与否，也就不影响事件 $\bar{B}$ 的发生，所以相互独立。

证明：$P(A\bar{B}) = P(A) - P(AB) = P(A) - P(A)P(B)$
$= P(A)(1 - P(B)) = P(A)P(\bar{B})$

问题6：比较条件概率的定义与相互独立的定义事件 A 与 B 的地位有区

别吗?

设计意图:让学生进一步体会两事件的独立性。

师生活动:小组讨论,展示,教师点评:

解:在事件 A 与 B 相互独立的定义中,A 与 B 的地位是对称的;在条件概率 $P(B|A)$ 的定义中,事件 A 与 B 的地位是不对称的,这里要求 $P(A)>0$。

问题7:相互独立事件与互斥事件的区别。

(1) 你能举出互斥事件的例子吗?

(2) 你能说出相互独立事件与互斥事件有哪些方面的区别吗?

设计意图:让学生理解相互独立事件与互斥事件的区别,进一步体会两事件的独立性。

师生活动:小组讨论,展示,教师点评:

解:(1) 三名同学无放回地抽取只有一张能中奖的三张奖券中,若用 A 表示"第一名同学抽到中奖奖券",用 B 表示"最后一名同学抽到中奖奖券",则 A 与 B 互斥。

(2) ①直观解析:事件 A 与事件 B 相互独立,是从概率的角度来下的定义,强调一个事件的发生与否对另一个事件发生的概率大小有没有影响;而事件 A 与事件 B 互斥是从事件运算的角度来下的定义,强调的是两个事件不能在任一随机试验中同时发生。

②定义:

设 A,B 为两个事件,若 $P(AB)=P(A)P(B)$,则称事件 A 与事件 B 相互独立。

若 $AB=\varnothing$,则 A 与 B 互斥。

③试验:独立强调在两个试验中一个事件的发生对另一个事件发生的概率大小影响;互斥强调在同一试验中两个事件能否同时出现。

④用途:互相独立可求 $P(AB)=P(A)P(B)$;互斥可求 $P(A\cup B)=P(A)+P(B)$ $((P(AB)=0))$。

5. 小结,布置作业

小结:(1) 我们学习了两个事件相互独立的概念,如何定义?(2) 有何应用?(3) 如何区别互斥?

布置作业：（略）

（六）教学设计说明

数学教育帮助学生掌握现代生活和进一步学习所必需的数学知识、技能、思想和方法；提升学生的数学素养，引导学生会用数学眼光观察世界，会用数学思维思考世界，会用数学语言表达世界；促进学生思维能力、实践能力和创新意识的发展，探寻事物变化规律，增强社会责任感；在学生形成正确人生观、价值观、世界观等方面发挥独特作用。重视数学对象的获得过程，让学生经历归纳、概括事物本质的过程，而不是死板地套用公式。学生的学习活动不应只限于对概念、结论和技能的记忆、模仿和接受，独立思考、自主探究、动手实践、合作交流、阅读自学等都是学习数学的重要方式。因此，课堂教学中应该是"用教材"，而不是"教教材"，教师要敢于放手，营造宽松的教学氛围，关注学生的主体参与、师生互动、生生互动，要努力把表现的机会让给学生，让学生在直接体验中构建自己的知识体系。

参考文献

[1] 李益锋."数"山有路"趣"为径——相互独立事件同时发生的概率教学案例［J］.数学通报，2007（11）.

[2] 金天寿.对事件独立性的再认识［J］.数学通报，2012（3）.

[3] 吴德满."事件的相互独立性"课堂引入案例对比［J］.中国数学教育，2011（9）.

案例5：离散型随机变量（第1课时）

（一）教学任务分析

随机变量在概率统计研究中起着极其重要的作用，它通过实数空间来刻画随机现象，从而使得更多的数学工具有了用武之地。随机变量是连接随机现象和实数空间的一座桥梁，它使得我们可以在实数空间上研究随机现象。离散型随机变量是最简单的随机变量，本节通过离散型随机变量展示用实数空间刻画随机现象的方法。

本节课的教学任务是引导学生通过实例初步了解随机变量的作用，用它表达随机事件，初步学会恰当地定义随机变量以描述所感兴趣的实际问题。

（二）教学重点与难点

重点：随机变量、离散型随机变量的概念，以及在实际问题中如何恰当地定义随机变量。

难点：对引入随机变量目的的认识，了解什么样的随机变量便于研究。

（三）教学基本流程

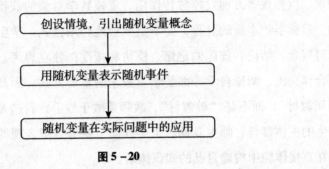

图 5－20

（四）教学情境设计

问题 1.1：阅读第 44 页第一个"思考"，你能得出答案吗？

思考：掷一枚骰子，出现的点数可以用数字 1，2，3，4，5，6 表示，那么掷一枚硬币的结果，是否也可以用数字表示呢？

补充：一位篮球运动员 3 次投罚球的得分结果可以用数字表示吗？

设计意图：设置问题情境，引出如何用数字表示随机试验结果问题。为归纳出随机变量概念做准备。

师生活动：

掷一枚硬币，可能出现正面向上和反面向上两种结果，虽然这个随机试验的结果不是数字，但我们可以用数字 1 和 0 分别表示正面向上、反面向上。

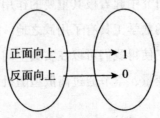

图 5－21

还可以用其他数字来表示这两个试验的结果吗?

所以,掷一枚硬币的试验结果可以用数字表示,但是表达方式不唯一。

问题1.2:任何随机试验的所有结果都可以用数字表示吗?

设计意图:引导学生由前面的例子归纳出随机变量的概念。

师生活动:

教师注意引导学生归纳到肯定的答案上,然后归纳出这种表示的变质是建立一个从试验结果到实数的对应关系,进而描述性地引出随机变量的概念。

在掷骰子和掷硬币的随机试验中,我们确定了一个对应关系,使得每一个试验结果都用一个确定的数字表示。在这个对应关系下,数字随着试验结果的变化而变化。像这种随着试验结果的变化而变化的变量称为随机变量(random variable)。随机变量常用字母 X, Y, ξ, η, …表示。

问题2.1:对于掷骰子试验,可以定义不同的随机变量来表示这个试验的结果吗?

设计意图:使学生了解对于同一个随机试验,其结果可以用不同的随机变量来表示。

师生活动:

当学生得到正确答案后,教师提出问题:"其他的随机试验结果也可以用不同的随机变量来表示吗?"

问题2.2:在掷骰子试验中,如果我们仅关心掷出的点数是否为偶数,应该如何定义随机变量?

设计意图:使学生了解应用随机变量解决实际问题时应注意的问题。

师生活动:

必要时,教师可提示学生这里仅关心"掷出的点数是否为偶数",引导学生构造尽可能简单的随机变量,如果学生有困难,教师可给出结论,即用随机变量

$$Y = \begin{cases} 0, & \text{掷出奇数点} \\ 1, & \text{掷出偶数点} \end{cases}$$

来研究问题"掷出的点数是否为偶数"。与掷出的点数 X 项比较,随机变量 Y 的值域更小,构造更简单。

　　教师总结出一般的结论：在实际应用中应该选择有实际意义、尽可能简单的随机变量来表示随机试验的结果。

　　问题2.3：在掷骰子试验中，前面定义的随机变量 Y 为能够表示"掷出 1 点"的试验结果吗？随机变量 X 能表示这个事件吗？

　　设计意图： 使学生了解，对于特定的随机变量，它并不一定能够刻画所有的试验结果。

　　师生活动：

　　教师总结出一般的结论：对于特定的随机变量，它并不一定能够刻画所有的试验结果。

　　问题3.1：阅读第 44 页第二个"思考"，你能得出答案吗？

　　思考：随机变量和函数有类似的地方吗？

　　设计意图： 通过与函数类比，使学生辨析和理解随机变量的概念。

　　师生活动：

　　必要时，教师可以提醒学生回忆函数的概念和随机变量作比较，得出答案。

　　随机变量和函数都是一种映射，随机变量把随机试验的结果映射为函数，函数把实数映射为实数。在这两种映射之间，试验结果的范围相当于函数的定义域，随机变量的取值范围相当于函数的值域。

　　例如，在含有 10 件次品的 100 件产品中，任意抽取 4 件，可能含有的次品件数 X 将随着抽取结果的变化而变化，是一个随机变量，其取值范围是 $\{0,1,2,3,4\}$。

　　利用随机变量可以表示一些事件，例如，$\{X=0\}$ 表示"抽取 0 件次品"，$\{X=4\}$ 表示"抽取 4 件次品"，你能说出 $\{X<3\}$ 在这里表示什么事件吗？"抽取 3 件以上次品"又如何用 X 表示呢？

　　所有取值可以一一列出的随机变量，称为离散型随机变量（discrete random variable）。

　　离散型随机变量的例子很多，例如某人射击一次可能命中的环数 X 是一个离散型随机变量，它的所有可能取值为 0，1，2，…，10；某网页在 24 小时内被浏览的次数 Y 也是一个离散型随机变量。它所有可能取值为 0，1，2，…。

问题 3.2：你能举出一些离散型随机变量的例子吗？

设计意图：使学生了解离散型随机变量与现实生活的密切关系。

师生活动：

补充例题：24 小时内到达某公共汽车站的人数；在本年级任意抽取 10 名学生中戴眼镜的人数。

问题 4.1：阅读第 45 页"思考"你能得出答案吗？

思考：电灯泡的寿命 X 是离散型随机变量吗？

设计意图：使学生了解除了离散型随机变量外，还有其他类型的随机变量。

师生活动：

电灯泡的寿命 X 的可能取值是任何一个非负实数，而所有非负实数不能一一列出，所以 X 不是离散型随机变量。

问题 4.2：如果规定寿命在 1500h 以上的电灯泡为一等品；寿命在 1000h 到 1500h 之间的为二等品；寿命为 1000h 以下的为不合格品。那么我们关心电灯泡是否为合格品，应该如何定义随机变量？

可以定义如下的随机变量：

$$Y = \begin{cases} 0, & \text{寿命} < 1000h \\ 1, & \text{寿命} \geqslant 1000h \end{cases}$$

与电灯泡的寿命 X 相比较，随机变量 Y 的构造更简单，它只取了两个不同的值 0 和 1，是一个离散型随机变量，研究起来更加容易。

问题 4.3：在上面的问题中，所定义的随机变量的规律是什么？

设计意图：引导学生体会根据实际问题定义随机变量的一般原则。

师生活动：

教师归纳答案：所定义随机变量值应该有实际意义，所定义随机变量取值应该和关注的试验结果个数形成一对一的关系。

在研究随机现象时，需要根据所关心的问题恰当地定义随机变量。

练习：

下列随机试验的结果能否用随机变量表示？若能，请写出随机变量的取值，并说明这些值所表示的随机试验的结果。

（1）抛掷两枚骰子，所得点数之和；

（2）某足球队在五次点球中射进的球数；

（3）任意抽取一瓶某种标有 2500mL 的饮料，其实际量与规定量之差。

参考文献

李定平. 让数学思维自然生长——几何概型的教学思考 [J]. 中国数学教育，2020（12）.

第 六 章

基本技能及训练

在陪伴小孩学习游泳的过程中，我看到，学习自由泳的时候，教练为了规范小孩自由泳的动作，手划水时落水指向是左11点、右1点，教练反复说"左11点、右1点"，身体腰部要用力平衡，不要扭动，腿部打水的时候是大腿用力，每天完成多少组多少距离的练习后，还要进行专门的手拿打水板的打水练习。所以我在想，为了突出某一个基本动作（腿部打水）而进行专门练习的体育训练方式我们在数学教学中是否也可以呢？

一、基本技能

数学核心素养系统是以双基（基本知识和基本技能）和四基（外加基本数学思想和基本数学活动经验）的二级结构为内核，以数学六大核心素养为外层的三级结构系统。图6-1为数学核心素养系统和现实世界系统。

图6-1

已故著名数学教育家对"四基"作了如下概括：

"四基"并非孤立地存在着，而是互相链接，形成你中有我、我中有你的交错局面。"四基"的基本形式是一个三维的模块。学生头脑里的数学大厦，是在一个基础模块之上建立起来的。

这里，给出四基数学教学模块的示意图。

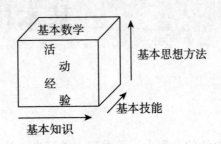

图 6 – 2

第一维度，基本数学知识的积累过程；

第二维度，基本数学技能的演练过程；

第三维度，基本数学思想方法的形成过程。

这样一来，"四基"中前"三基"就已经形成了一个三维的"数学基础模块"，那么第四个"基本"——基本数学活动经验应该放在哪里呢？基本数学活动经验本身并不构成一个单独的维度，而是充填在三维模块中间的黏合剂。事实上，数学教学是数学活动的教学。学生通过无处不在的基本数学活动获得的经验，与数学基本知识、基本能力、基本思想方法交织在一起，渗透在整体数学学习过程中。

在一堂数学教学课中，知识的获得、技能的训练、数学方法的提炼、互相交叉渗透，没有单纯的知识，也没有脱离知识的技能。至于数学方法，建筑在知识和技能之上，但也会具有独立的价值，而学生在学习过程中获得的数学活动经验，则以上述"三基"为载体。

上述"四基"中的第二维度的"基本技能"都是与基本知识一起，好像没有分开单独研究的，对于我所在的中上水平的学校中，"基本技能"在考试中扮演重要的角色，"一想都会，一做都不对"，学生有大致思维，一做下去到处出错，按现在分步给分，学生所得分数寥寥无几，所以要提高学生的考试成绩，强化基本技能的训练是必不可少的，我在这方面做过不少尝试。

为了参考学习这方面的做法，了解高中数学究竟有哪些数学基本技能，在知网搜"高中数学基本技能"时，很少有这方面研究的文章。在百度百科中只有"数学技能（mathematical skill）是指通过学习而形成的合法则的数学活动方式。属于动作经验。它所要解决的是完成活动所要求的动作会不会与熟练不熟练的问题。一般可分为操作性技能（如使用运算工具的技能、测量技能、作图技能等）和心智性技能（如审题技能、解析技能、运算技能、检验技能等）。对数学活动的执行起监控作用，是数学活动中不可缺少的内在调节机制之一，是数学能力基本结构的一个组成成分，是问题解决的必要条件。"

弗赖登塔尔指出，数学知识有两类：程序性的算法知识和思辨性知识。程序性又可以分为语言表示（如符号表示、书写格式）程序、操作性的变换程序（如解方程的同解变换）和运算规则（如负负得正）等部分。所以，可以这样认为"操作性的变换程序和运算规则的运用"就是"基本技能"。

在高中数学中，把下面这些当作基本技能，例如解一元二次不等式、一元二次不等式中的含参讨论、求函数值域（最值）、求参数范围、讨论函数的单调性、讨论函数的大致图形性质等。基本技能，也就像体育里面的基本动作，例如篮球里面上篮的基本动作、三级跳远当中的第一跳、第二跳、第三跳的力度分配这些基本动作。第一规范标准，第二要熟练，只有这些规范标准的基本动作熟练的时候才能发挥自如、才能作出改变、才能够发挥出自己的高水平。所以高中数学里面的这些基本技能如何使学生规范标准熟练，这是我们教学中很值得思考的问题，这些基本技能也时刻影响着中等学生的成绩，在现行的考试情况下，对于中等学生来讲，抓好这些基本技能的标准化、熟练化是提高成绩的不二法宝。

二、强化基本技能的训练活动

那么如何训练基本技能，第一是通过规范化的书写规范学生的思维，形成程序化的思维步骤，让学生在这个程序步骤上有思维（如何做）；第二是适当的操练，在练习过程中掌握基础知识，进一步理解形成思想方法。基本技能不是老师口头里讲出来的，而是学生反复练出来的。

参考文献

［1］张晋宇．数学核心素养系统的演化、结构和功能［J］．基础教育，
2017（12）．

［2］张奠宙．"四基"数学模块教学的构建［J］．数学教育学报，2011
（10）．

［3］弗赖登塔尔．作为教育任务的数学［M］．上海：上海教育出版
社，1999．

三、案例

案例1：解一元二次不等式

解一元二次不等式肯定算作基本技能，我们学生受解一元二次方程的负迁
移影响，没有形成用数形结合思想来求解，必须规范熟练这种求解方式，讲多
没用，关键是练习，为此，把规范的思维格式交给学生，在模仿中顺应同化学
生思维。

解下列不等式：

例：（1）$2x^2 - 3x - 2 > 0$

解：① （由 Δ 求零点）$\because \Delta = （-3）^2 - 4 \times 2 \times$

（-2）$= 25 > 0$，

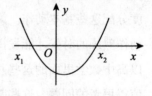

$\therefore$ 相应函数有两个零点：$x_1 = -\dfrac{1}{2}$ 或 $x_2 = 2$。

图6－3

② （画图）开口向上，画相应函数图像如图 6－3 所示。

③ （定解）解为相应函数图像在 x 轴上方的横坐标 $\{x \mid x < -\dfrac{1}{2}$ 或 $x > 2\}$。

（2）$（5 - x）（x + 4） < 0$

解：① （求零点）不求 Δ 直接观察：$x_1 = -4$ 或 x_2

$= 5$。

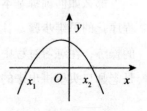

② （画图）开口向下，画相应函数图像如图 6－4
所示。

③ （定解）解为相应函数图像在 x 轴下方的横坐

图6－4

标 $\{x \mid x < -4$ 或 $x > 5\}$。

练习：解下列不等式：(按下题格式求解书写)

(1) $4x^2 - 4x > 15$ (2) $(3x+2)(2x-1) \leq 0$

(3) $14 - 4x^2 \geq x$ (4) $-3x^2 + 5x - 4 > 0$

(5) $-x^2 - 2x + 8 \geq 0$ (6) $x^2 > 2x - 3$

(7) $x^2 > 2x - 1$ (8) $3x^2 + 5 \leq 3x$

(9) $4x^2 - 20x > 25$ (10) $x(9-x) > 0$

(11) $x(x+2) < x(3-x) + 1$ (12) $x(1-x) > x(2x-3) + 1$

案例2：图解方程与不等式

显然数形结合解方程与不等式是一项基本技能，容易被忽视，理解者太简单，建立者没感觉，我在香港罗定邦中学交流时，看到香港高中课本有较大篇幅介绍，也就特此训练。

方程 $f(x) = 0$ 的解 $\Leftrightarrow$ 函数 $y = f(x)$ 的图像与 x 轴的交点的横坐标 $\Leftrightarrow$ 函数 $y = f(x)$ 的零点。

不等式 $f(x) > 0$ 的解 $\Leftrightarrow$ 函数 $y = f(x)$ 的图像在 x 轴上方图像的横坐标。

不等式 $f(x) < 0$ 的解 $\Leftrightarrow$ 函数 $y = f(x)$ 的图像在 x 轴下方图像的横坐标。

根据函数图像，写出相应方程与不等式的解集：

(1)

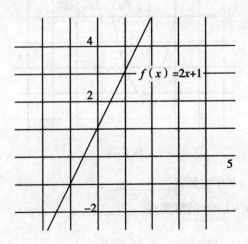

图 6-5

方程 $2x+1=0$ 的解是＿＿＿＿＿。

不等式 $2x+1>0$ 的解集是＿＿＿＿＿。

（2）

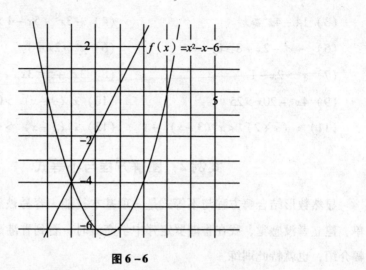

图 6-6

方程 $x^2-x-6=0$ 的解是＿＿＿＿＿。

不等式 $x^2-x-6>0$ 的解集是＿＿＿＿＿。

（3）

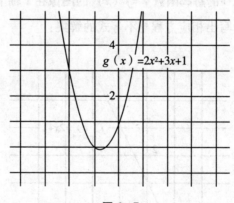

图 6-7

方程 $2x^2+3x+1=0$ 的解是＿＿＿＿＿。

不等式 $2x^2+3x+1<0$ 的解集是＿＿＿＿＿。

（4）

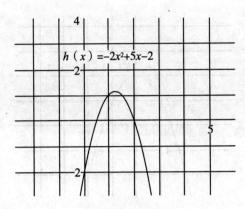

图 6 - 8

方程 $-2x^2 + 5x - 2 = 0$ 的解是_____。

不等式 $-2x^2 + 5x - 2 < 0$ 的解集是_____。

（5）

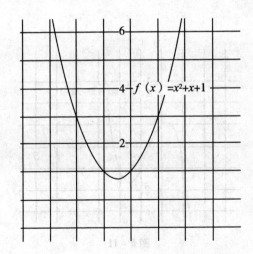

图 6 - 9

方程 $x^2 + x + 1 = 0$ 的解是_____。

不等式 $x^2 + x + 1 > 0$ 的解集是_____。

（6）

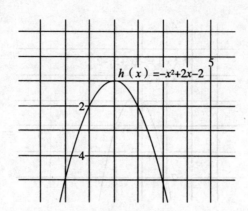

图 6 – 10

方程 $-x^2+2x-2=0$ 的解是_____。

不等式 $-x^2+2x-2>0$ 的解集是_____。

根据函数图像，写出相应方程或不等式的近似解：

（7）

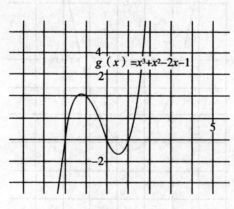

图 6 – 11

不等式 $x^3+x^2-2x-1>0$ 的解集是_____。

（8）

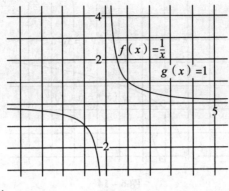

图 6-12

不等式 $\dfrac{1}{x} < 1$ 的解集是_____。

（9）

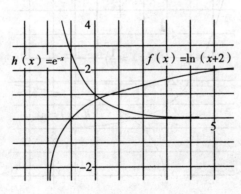

图 6-13

方程 $\ln(x+2) = e^{-x}$ 的近似解是_____。

不等式 $\ln(x+2) > e^{-x}$ 的解集是_____。

（10）

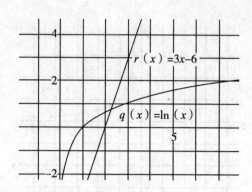

图 6 – 14

方程 $\ln x = 3x - 6$ 的近似解是 _____ 。

不等式 $\ln x > 3x - 6$ 的解集是 _____ 。

（11）

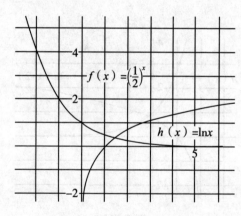

图 6 – 15

方程 $\ln x = \left(\dfrac{1}{2}\right)^{x}$ 的近似解是 _____ 。

不等式 $\ln x < \left(\dfrac{1}{2}\right)^{x}$ 的解集是 _____ 。

（12）

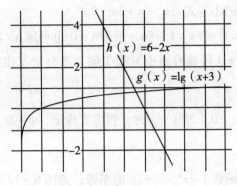

图 6 – 16

方程 $\lg(x+3)=6-2x$ 的近似解是_____。

不等式 $\lg(x+3)<6-2x$ 的解集是_____。

案例 3：含参一元二次不等式

1. 讨论两根的大小

例 1：解关于 x 的不等式：$x^2-(a+1)x+a>0$。

解：（求根）$\Delta=(a+1)^2-4a=a^2+2a+1-4a=a^2-2a+1=(a-1)^2\geqslant 0$，相应方程 $x^2-(a+1)x+a=0$ 有解，（用求根公式，也可十字相乘法）求得两根是 $x_1=1$ 或 $x_2=a$。

（画图）画相应函数 $y=x^2-(a+1)x+a$ 的图像（略）。

（定解）不等式的解为相应函数在 x 轴上方图像的横坐标是两根之外。（两根之外就是小于小根，大于大根，这两根 $x_1=1$、$x_2=a$ 谁大？都可能需要分类讨论。）

当 $x_2=a>x_1=1$ 时，即 $a>1$ 时，不等式的解集为 $\{x\mid x<1$ 或 $x>a\}$。

当 $x_2=a=x_1=1$ 时，即 $a=1$ 时，不等式的解集为 $\{x\mid x\in\mathbf{R}$ 且 $x\neq 1\}$。

当 $x_2=a<x_1=1$ 时，即 $a<1$ 时，不等式的解集为 $\{x\mid x<a$ 或 $x>1\}$。

练习 1：解关于 x 的不等式：

（1）$x(x+a-1)\geqslant 0$；

（2）$x^2-(3a+1)x+2a(a+1)\geqslant 0$；

（3）$x^2-ax-2a^2>0\ (a>0)$；

（4）$x^2-(m+m^2)x+m^3<0$。

2. 讨论是否有解

例2：解关于 x 的不等式：$x^2 - x + 2a > 0$。

解：（求根）$\Delta = 1^2 - 8a = 1 - 8a$，可能 $\Delta \geqslant 0$ 也可能 $\Delta < 0$，相应方程 $x^2 - x + 2a = 0$ 可能有解也可能无解，需分情况说明（讨论）。

图 6 - 17

（1）当 $\Delta = 1 - 8a < 0$，即 $a > \dfrac{1}{8}$ 时，相应方程 $x^2 - x + 2a = 0$ 无解。

（画图）画相应函数 $y = x^2 - x + 2a$ 的图像，如图 6 - 17 所示。

（定解）不等式的解集为 x 轴上方图像的横坐标是整个抛物线，不等式解集为 **R**。

（2）当 $\Delta = 1 - 8a = 0$，即 $a = \dfrac{1}{8}$ 时，相应方程 $x^2 - x + 2a = 0$ 有两等根，即 $x_1 = x_2 = \dfrac{1}{2}$。

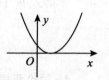

图 6 - 18

（画图）画相应函数 $y = x^2 - x + 2a$ 图像，顶点在 x 轴上，如图 6 - 18 所示。

（定解）不等式的解集为 x 轴上方图像的横坐标除顶点，不等式解集为 $\{x \mid x \in \mathbf{R}$ 且 $x \neq \dfrac{1}{2}\}$。

（3）当 $\Delta = 1 - 8a > 0$，即 $a < \dfrac{1}{8}$ 时，相应方程 $x^2 - x + 2a = 0$ 有两根 $x_1 = \dfrac{1 - \sqrt{1 - 8a}}{2} < x_2 = \dfrac{1 + \sqrt{1 - 8a}}{2}$。

（画图）画相应函数 $y = x^2 - x + 2a$ 的图像，如图 6 - 19 所示。

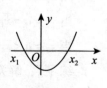

图 6 - 19

（定解）不等式的解为 x 轴上方图像的横坐标是两根之外，不等式解集为 $\{x \mid x < x_1$ 或 $x > x_2\}$。

综上所述：当 $a > \dfrac{1}{8}$ 时，不等式解集为 **R**。

当 $a = \dfrac{1}{8}$ 时，不等式解集为 $\{x \mid x \in \mathbf{R}$ 且 $x \neq \dfrac{1}{2}\}$。

当 $a < \dfrac{1}{8}$ 时，不等式的解集为 $\{ x \mid x < \dfrac{1 - \sqrt{1 - 8a}}{2}$ 或 $x > \dfrac{1 + \sqrt{1 - 8a}}{2} \}$。

练习 2：解关于 x 的不等式：

(1) $x^2 - x + a + 1 \geq 0$

(2) $x^2 - ax + 2a < 0$

(3) 讨论开口方向

例 3：解关于 x 的不等式：$ax^2 + (2a + 1) x + a + 1 \geq 0$。

二次项系数 a 要讨论，$\Delta = (2a + 1)^2 - 4a(a + 1) = 1 \geq 0$ 无须讨论。

解：(1) 当 $a = 0$ 时，不等式是一次不等式，化为 $x + 1 \geq 0$，此时不等式的解集是 $\{ x \mid x \geq -1 \}$。

(2) 当 $a > 0$ 时，$ax^2 + (2a + 1) x + a + 1 = [ax + (a + 1)] (x + 1) = 0$

（求根）求得两根是 $x_1 = -1$ 或 $x_2 = \dfrac{a + 1}{a} = 1 + \dfrac{1}{a}$。

（画图）开口向上，如图 6-20 所示。

（定解）不等式的解集为 x 轴上方图像的横坐标两根之外。

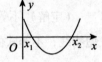

图 6-20

$\because x_1 = -1 < x_2 = \dfrac{a + 1}{a} = 1 + \dfrac{1}{a}$,

$\therefore$ 不等式的解集为 $\{ x \mid x \leq -1$ 或 $x \geq 1 + \dfrac{1}{a} \}$。

(3) 当 $a < 0$ 时，开口向下，不等式的解为两根之间，

① 当 $x_1 = -1 = x_2 = 1 + \dfrac{1}{a}$ 时，即 $a = -\dfrac{1}{2}$ 时，不等式的解为 $\{ x \mid x = -1 \}$。

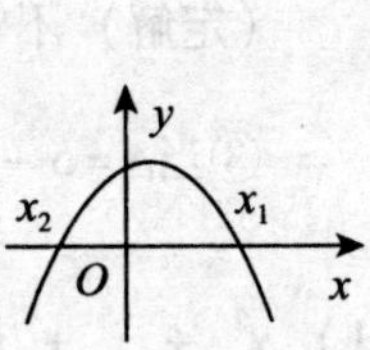

图 6-21

② 当 $x_1 > x_2$ 时，即 $-\dfrac{1}{2} < a < 0$ 时，不等式的解集为 $\{ x \mid 1 + \dfrac{1}{a} \leq x \leq -1 \}$。

③ 当 $x_1 < x_2$ 时，即 $a < -\dfrac{1}{2}$ 时，不等式的解集为 $\{ x \mid -1 \leq x \leq 1 + \dfrac{1}{a} \}$。

练习 3：解关于 x 的不等式：

(1) $ax^2 - 2 \geq 2x - ax$

（2）$ax^2 + (a+1)x + 1 \geqslant 0$

（3）讨论顺序：①开口方向；②有无根；③根大小

例 4：解关于 x 的不等式：$(a-1)x^2 + x + 1 \geqslant 0$。

二次项系数 $(a-1)$ 要讨论，$\Delta = 1^2 - 4(a-1) = 5 - 4a$ 需讨论。

解：（1）当 $a - 1 = 0$，即 $a = 1$ 时，不等式是一次不等式，化为 $x + 1 \geqslant 0$，此时不等式的解集是 $\{x \mid x \geqslant -1\}$。

（2）当 $a - 1 > 0$，即 $a > 1$ 时，

①当 $\Delta = 5 - 4a < 0$，即 $a > \dfrac{5}{4}$ 时，相应方程 $(a-1)x^2 + x + 1 = 0$ 无解。

（画图）画相应函数 $y = (a-1)x^2 + x + 1$ 图像（开口向上，与 x 轴无交点）如图 6-22 所示。

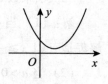

图 6-22

（定解）不等式的解为 x 轴上方图像的横坐标，是整个抛物线，不等式的解集为 **R**。

②当 $\Delta = 5 - 4a = 0$，即 $a = \dfrac{5}{4}$ 时，相应方程 $(a-1)x^2 + x + 1 = 0$ 有两等根 $x_1 = x_2 = -2$。

（画图）画相应函数 $y = (a-1)x^2 + x + 1$ 图像，顶点在 x 轴上，如图 6-23 所示。

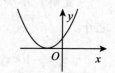

图 6-23

（定解）不等式的解为 x 轴上方图像的横坐标（包括顶点），不等式解集为 **R**。

③当 $\Delta = 5 - 4a > 0$，即 $1 < a < \dfrac{5}{4}$ 时，相应方程 $(a-$

$1)x^2 + x + 1 = 0$ 有两根 $x_1 = \dfrac{1 - \sqrt{5 - 4a}}{2(a-1)} < x_2$

$= \dfrac{1 + \sqrt{5 - 4a}}{2(a-1)}$。

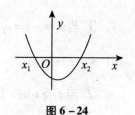

图 6-24

（画图）画相应函数 $y = (a-1)x^2 + x + 1$ 图像如图 6-24 所示。

（定解）不等式的解为 x 轴上方图像的横坐标为两根之外，

即为 $\{x \mid x < x_1 = \dfrac{1 - \sqrt{5 - 4a}}{2(a-1)}$ 或 $x > x_2 = \dfrac{1 + \sqrt{5 - 4a}}{2(a-1)}\}$。

（3）当 $a-1<0$，即 $a<1$ 时，相应函数 $y=(a-1)x^2+x+1$ 开口向下，

不等式的解为两根之间，$\because x_1=\dfrac{1-\sqrt{5-4a}}{2(a-1)}>x_2=\dfrac{1+\sqrt{5-4a}}{2(a-1)}$

$\therefore$ 不等式的解为 $\left\{x\ \middle|\ \dfrac{1+\sqrt{5-4a}}{2(a-1)}<x<\right.$

$\left.\dfrac{1-\sqrt{5-4a}}{2(a-1)}\right\}$。

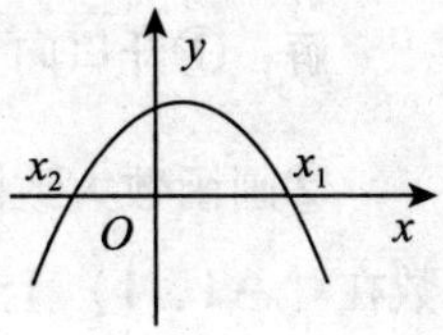

综上所述：当 $a\geqslant\dfrac{5}{4}$ 时，不等式的解集为 **R**。

图 6-25

当 $1<a<\dfrac{5}{4}$ 时，不等式的解集为 $\left\{x\ \middle|\ x<x_1=\right.$

$\dfrac{1-\sqrt{5-4a}}{2(a-1)}$，或 $\left.x>x_2=\dfrac{1+\sqrt{5-4a}}{2(a-1)}\right\}$。

当 $a=1$ 时，不等式的解集为 $\{x\mid x\geqslant-1\}$。

当 $a<1$ 时，不等式的解集为 $\left\{x\ \middle|\ \dfrac{1+\sqrt{5-4a}}{2(a-1)}<x<\dfrac{1-\sqrt{5-4a}}{2(a-1)}\right\}$。

练习 4：解关于 x 的不等式：

（1）$ax^2-x+1\geqslant0$ 　　（2）$ax^2+ax+1<0$

案例 4：函数在闭区间 $[a,b]$ 上的最大（小）值

求函数在某闭区间上的最值的操作过程当然是基本技能，不同于初中，它一定有最值，而且是通过图像在头脑里映像出来的。我们学生为什么会经常出错？习惯代端点算出来，没有用图思考，头脑里没有图像，进而没有拐点，容易出错，所以需要让学生规范起用图思考的思维程序，而这个思维程序不是老师一两句话就能解决的，需要一定量的反复练习，为此让学生对照例题模仿练习是最好的方式，然后小组讨论。

1. 二次函数在某闭区间上的最值

例 1：求函数 $f(x)=x^2-2x$（$x\in[2,4]$）的最值。

解：①开口向上，顶点 $x_0=-\dfrac{b}{2a}=1\notin[2,4]$

②画函数大致图像，如图 6-26 所示，观察得：对

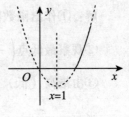

图 6-26

称轴在区间左边, 在 [2, 4] 上递增。

③$y_{\min} = f(2) = 0$, $y_{\min} = f(4) = 8$。

例 2: 求函数 $y = 2x^2 - 4x + 1$ ($-1 \leqslant x \leqslant 2$) 的最值。

解: ①开口向上, 顶点 $x_0 = -\dfrac{b}{2a} = 1 \in [-1, 2]$。

②画函数大致图像, 如图 6-27 所示, 观察得: 函

数在 $[-1, 1)$ 上递减, 在 $(1, 2]$ 上递增。

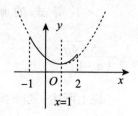

图 6-27

③$y_{\min} = f(1) = -1$, $y_{\max}$ 是离顶点最远,

$f(-1) = 7$。

练习:

(1) 求 $f(x) = 2x^2 - 2x + 1$ $x \in [-3, 1]$ 的最值。

(2) 求 $f(x) = 2x^2 - 4x + 1$ $x \in [2, 4]$ 的最值。

(3) 求 $f(x) = 2x^2 - 4x + 1$ $x \in [-2, 2]$ 的最值。

(4) 求 $f(x) = x^2 - x + 1$ $x \in [-1, 4]$ 的最值。

(5) 求 $y = -2x^2 - x + 5$ $x \in [-4, 0]$ 的最值。

(6) 求 $y = -0.5x^2 + x + 5x \in [0, 5]$ 的最值。

2. 三角函数在某闭区间上的最值

(1) 标准三角函数

例 3: 求 $y = \sin x$, $x \in \left[-\dfrac{\pi}{3}, \dfrac{2\pi}{3} \right]$ 的最值, 并求出相应 x 的值。

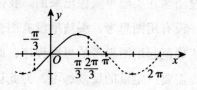

图 6-28

解: ①作出函数图像 (在标准图像上涂黑定义域部分), 如图 6-28 所示;

②观察最低点 $\left(-\dfrac{\pi}{3}, \sin\left(-\dfrac{\pi}{3} \right) \right)$, 最高点 $\left(\dfrac{\pi}{2}, \sin\left(\dfrac{\pi}{2} \right) \right)$;

③由最高 (低) 点得出函数的最大 (小) 值。

当 $x = -\dfrac{\pi}{3}$ 时, $y_{\min} = \sin\left(-\dfrac{\pi}{3} \right) = -\dfrac{\sqrt{3}}{2}$; 当 $x = \dfrac{\pi}{2}$ 时, $y_{\max} = \sin\left(\dfrac{\pi}{2} \right) = 1$, 值

域 $y \in \left[-\dfrac{\sqrt{3}}{2}, \ 1 \right]$。

练习：求下列函数的值域。

(1) $y = \sin x$, $x \in \left[\dfrac{\pi}{3}, \ \dfrac{4\pi}{3} \right]$;　　(2) $y = \sin x$, $x \in \left[-\dfrac{\pi}{6}, \ \dfrac{\pi}{3} \right]$;

(3) $y = \sin x$, $x \in \left[-\dfrac{2\pi}{3}, \ \dfrac{4\pi}{3} \right]$;　　(4) $y = \sin x$, $x \in \left[\dfrac{\pi}{4}, \ \dfrac{4\pi}{3} \right]$;

(5) $y = \cos x$, $x \in \left[\dfrac{\pi}{3}, \ \dfrac{4\pi}{3} \right]$;　　(6) $y = \cos x$, $x \in \left[-\dfrac{\pi}{6}, \ \dfrac{2\pi}{3} \right]$。

(2) 整体三角函数

例 4：求 $y = 2\sin\left(2x + \dfrac{\pi}{6}\right)$, $x \in \left[0, \ \dfrac{\pi}{2} \right]$ 的最值，并求出相应 x 的值。

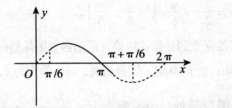

图 6 – 29

解：① 换元成标准函数：令 $2x + \dfrac{\pi}{6} = t$，由 $x \in \left[0, \ \dfrac{\pi}{2} \right]$，则函数换元为标准

函数 $y = 2\sin t$, $t = 2x + \dfrac{\pi}{6} \in \left[\dfrac{\pi}{6}, \ \pi + \dfrac{\pi}{6} \right]$。

② 由图像求标准函数的最值：由换元后的函数图像是标准正弦函数的部分

（如图 6 – 29 所示）可知：当 $t = \dfrac{\pi}{2}$ 时，图像最高，$\sin t$ 最大为 1，$\therefore y_{\max} =$

$2\sin \dfrac{\pi}{2} = 2$；

当 $t = \pi + \dfrac{\pi}{6}$，图像最低，$\sin t$ 最小为 $-\dfrac{1}{2}$，$y_{\min} = 2\sin\left(\pi + \dfrac{\pi}{6}\right) = 2 \times \left(-\dfrac{1}{2}\right)$

$= -1$。

③ 由 t 的值求 x 的值：

由 $t = 2x + \dfrac{\pi}{6} = \dfrac{\pi}{2} \Rightarrow 2x = \dfrac{\pi}{2} - \dfrac{\pi}{6} = \dfrac{\pi}{3} \Rightarrow x = \dfrac{\pi}{6}$；由 $t = 2x + \dfrac{\pi}{6} = \pi + \dfrac{\pi}{6} \Rightarrow 2x = 0$

$\Rightarrow x=0$。

④ 作结论：当 $x=\pi/6$ 时，$y_{\max}=2$；当 $x=0$ 时，$y_{\min}=-1$，值域 $y\in[-1,2]$。

例 5：求 $y=3\cos\left(\dfrac{1}{2}x-\dfrac{\pi}{6}\right)$，$x\in[0,2\pi]$ 的最值，并求出相应 x 的值。

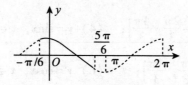

图 6-30

解：①换元成标准函数：令 $\dfrac{1}{2}x-\dfrac{\pi}{6}=t$，由 $x\in[0,2\pi]$，则函数换元为标准函数 $y=3\cos t$，$t=\dfrac{1}{2}x-\dfrac{\pi}{6}\in\left[-\dfrac{\pi}{6},\dfrac{5\pi}{6}\right]$。

② 由图像求标准函数的最值：由换元后的函数图像是标准余弦函数的部分（如图 6-30 所示）可知：当 $t=0$ 时，图像最高，$\cos t$ 最大为 1，$\therefore y_{\max}=3\cos 0=3$，

当 $t=\dfrac{5\pi}{6}$ 时，图像最低，$\cos t$ 最小为 $-\dfrac{\sqrt{3}}{2}$，$y_{\min}=3\cos\dfrac{5\pi}{6}=3\times\left(-\dfrac{\sqrt{3}}{2}\right)=$

$-\dfrac{3\sqrt{3}}{2}$。

③ 由 t 的值求 x 的值：由 $t=\dfrac{1}{2}x-\dfrac{\pi}{6}=0\Rightarrow\dfrac{1}{2}x=\dfrac{\pi}{6}\Rightarrow x=\dfrac{\pi}{3}$；由 $t=\dfrac{1}{2}x-\dfrac{\pi}{6}=$

$\dfrac{5\pi}{6}\Rightarrow\dfrac{1}{2}x=\pi\Rightarrow x=2\pi$。

④ 作结论：当 $x=\dfrac{\pi}{3}$ 时，$y_{\max}=3$；当 $x=2\pi$ 时，$y_{\min}=-\dfrac{3\sqrt{3}}{2}$，值域 y

$\in\left[-\dfrac{3\sqrt{3}}{2},3\right]$。

练习：

1. 求下列函数的最值，并求出相应 x 的值。

（1）$y=3\sin\left(2x+\dfrac{\pi}{4}\right)$，$x\in[0,\pi]$；

（2）$y=-3\sin\left(\dfrac{1}{2}x-\dfrac{\pi}{3}\right)$，$x\in[0,2\pi]$；

(3) $y = \sqrt{2}\sin\left(2x - \dfrac{\pi}{4}\right)$, $x \in \left[-\dfrac{\pi}{3}, \dfrac{\pi}{4}\right]$;

(4) $y = 2\cos\left(\dfrac{1}{2}x - \dfrac{\pi}{6}\right)$, $x \in [0, 2\pi]$;

(5) $y = \dfrac{1}{2}\sin\left(\dfrac{1}{2}x + \dfrac{\pi}{3}\right)$, $x \in [0, 2\pi]$;

(6) $y = -3\sin\left(2x + \dfrac{\pi}{4}\right)$, $x \in \left[0, \dfrac{\pi}{2}\right]$。

二次型三角函数

例6：求 $y = 2\sin^2 x + 2\cos x + 3$（$x \in [0, \pi]$）最大值、
最小值。

解：（此函数中有 sin$x$ 是二次，cos$x$ 是一次，不能将整
个函数化为整体三角函数，只能先化为同名函数）

$y = 2(1 - \cos^2 x) + 2\cos x + 3 = -2\cos^2 x + 2\cos x + 5$

① 此处有 cos$x$ 的二次和一次，所以换元为二次函数：

令 $t = \cos x$，$x \in [0, \pi]$ $\therefore t \in [-1, 1]$。

函数换元为 $y = -2t^2 + 2t + 5$ $t \in [-1, 1]$。

② 求此二次函数的最值：二次函数开口向下，顶点 $t_0 = -\dfrac{b}{2a} = \dfrac{1}{2} \in [-1, 1]$。

（画二次函数大致图像）函数在 $\left[-1, \dfrac{1}{2}\right]$ 上递增，在 $\left[\dfrac{1}{2}, 1\right]$ 上递减。

$\therefore y_{\max} = f\left(\dfrac{1}{2}\right) = \dfrac{1}{2} + 5 = 5.5$ $y_{\min}$ 是离对称轴最远点，$f(-1) = 1$。

③由 t 的值求 x 的值：

由 $t = \cos x = \dfrac{1}{2}$，$x = \dfrac{\pi}{3}$；由 $t = \cos x = -1$，$x = \pi$。

④作结论：当 $x = \dfrac{\pi}{3}$时，$y_{\max} = 5.5$；当 $x = \pi$ 时，$y_{\min} = 1$。

2. 求下列函数的最值：

(1) $y = \sin^2 x + 2\cos x + 3$;   (2) $y = -2\cos^2 x - \sin x + 1$。

3. 求函数 $y = \cos(\sin x)$ 的值域。

4. 求函数 $y = \sqrt{1 - 2\sin x}$的值域。

案例 5：探究函数的图像与性质

函数的图像是性质的直观体现，研究函数性质是研究函数的基本技能，很多综合题如函数不等式，函数存在性问题抽象出来其本质就是研究函数的图像问题。所以强化研究函数图像的基本技能也就很重要了，不过其基本技能也就是基本思维程序是否熟练的事，也就必须有一定的训练量。

例 1：试讨论函数 $y = x + \dfrac{1}{x}$ 的图像与性质。

特征：是由两个基本函数 $y = x$ 与反比例函数 $y = \dfrac{1}{x}$ 相加组成的新函数。

性质：（1）定义域：$\{x \mid x \in \mathbf{R} \ \text{且} \ x \neq 0\}$。

（2）奇偶性：$f(-x) = (-x) + \dfrac{1}{(-x)} = -(x + \dfrac{1}{x}) = -f(x)$，所以

$f(x) = x + \dfrac{1}{x}$ 是奇函数。

图像关于原点对称，只要知道一半就可以确定另一半。

下面只要讨论 $x > 0$ 的性质即可。

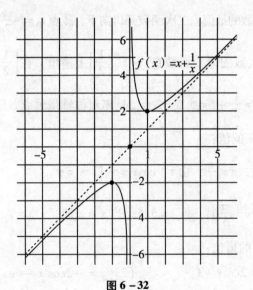

图 6 - 32

（3）关键点：①与坐标轴的交点：无。

②顶点：当 $x > 0$ 时，由基本不等式 $y = x + \dfrac{1}{x} \geq 2\sqrt{x \times \dfrac{1}{x}} = 2$，当且仅当 $x = \dfrac{1}{x}$，

即 $x = 1$ 时等号成立，所以当 $x > 0$ 时，函数 $y = x + \dfrac{1}{x}$ 有最小值 2，有顶点（1，2）。

（4）单调性：$x \in (0,1)$ 时，$y = x + \dfrac{1}{x}$ 单调递减，$x \in (1,+\infty)$ 时，

$y = x + \dfrac{1}{x}$ 单调递增。

（5）渐近线：因为 $y = x + \dfrac{1}{x} \geq x$，所以函数 $y = x + \dfrac{1}{x}$ 的图像总在 $y = x$ 上

方，有渐近线 $y = x$ 和 y 轴。

图像：如图 6 - 32 所示。

练习 1：

（1）试讨论函数 $y = \dfrac{1}{2}x + \dfrac{3}{x}$ 的图像与性质。

（2）试讨论函数 $y = x + \dfrac{3}{x}$ 的图像与性质。

（3）试讨论函数 $y = 2x + \dfrac{3}{x} + 1$ 的图像与性质。

（4）试讨论函数 $y = -2x - \dfrac{3}{x}$ 的图像与性质。

例 2：试讨论函数 $y = x - \dfrac{1}{x}$ 的图像与性质。

特征：是由两个基本函数 $y = x$ 与反比例函数 $y = \dfrac{1}{x}$ 相减组成的正反比差函数。

性质：（1）定义域：$\{x \mid x \in \mathbf{R} \text{ 且 } x \neq 0\}$。

（2）奇偶性：$f(-x) = (-x) - \dfrac{1}{(-x)} = -\left(x - \dfrac{1}{x}\right) = -f(x)$，所以 f

$(x) = x - \dfrac{1}{x}$ 是奇函数。

图像关于原点对称，只要知道一半就可以确定另一半。

下面只要讨论 $x > 0$ 的性质即可。

（3）关键点：①与坐标轴的交点：（-1，0）和（1，0）与 y 轴没有交点。

②顶点：当 $x>0$ 时，$y=x-\dfrac{1}{x}$ 不能由基本不等式求最值，没有顶点。

（4）单调性：列表探索：

x	0.5	1	2
y	-1.5	0	1

猜想：$x\in(0,\ +\infty)$ 时，$y=x-\dfrac{1}{x}$ 单调递增。

感觉探索：$y=x$ 在区间（0，$+\infty$）上递增，$y=\dfrac{1}{x}$ 在区间（0，$+\infty$）上递减，所以正反比差函数 $y=x-\dfrac{1}{x}$ 在区间（0，$+\infty$）上递增。

证明：① 设 x_1，$x_2\in$（0，$+\infty$），且 $x_1<x_2$；

② $f(x_2)-f(x_1)=\left(x_2-\dfrac{1}{x_2}\right)-\left(x_1-\dfrac{1}{x_1}\right)=(x_2-x_1)\left(1+\dfrac{1}{x_1x_2}\right)$；

③ $\because x_1<x_2$，$\therefore (x_2-x_1)>0$。又 $\because x_1$，$x_2\in$（0，$+\infty$），$\therefore \left(1+\dfrac{1}{x_1x_2}\right)>0$，得 $f(x_2)-f(x_1)>0$，所以 $f(x_2)>f(x_1)$；

④ 故 $f(x)=x-\dfrac{1}{x}$ 在区间（0，$+\infty$）上是增函数。

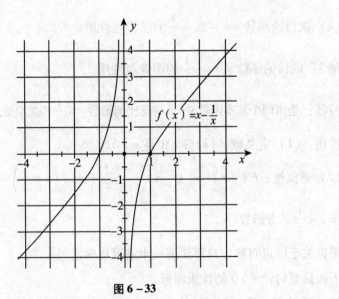

图 6-33

（5）渐近线：因为 $x \neq 0$，有渐近线是 y 轴。

图像：如图 6-33 所示。

练习 2：

（1）试讨论函数 $y = \dfrac{1}{x} - x$ 的图像与性质。

（2）试讨论函数 $y = \dfrac{2}{x} - \dfrac{x}{3}$ 的图像与性质。

（3）试讨论函数 $y = \dfrac{x}{3} - \dfrac{2}{x}$ 的图像与性质。

（4）试讨论函数 $y = \dfrac{x}{3} - \dfrac{2}{3x} + 1$ 的图像与性质。

案例 6：函数 $f(x) = A\sin(\omega x + \varphi)$ 的对称性问题

数学一个基本思想方法就是将复杂的问题划归为简单问题，其中"换元法"是重要的化归方法，函数 $f(x) = A\sin(\omega x + \varphi)$ 的对称性问题的基本思想就是换元为标准函数 $y = \sin x$ 的对称性问题。$y = \sin x$ 的对称轴是 $x = k\pi + \dfrac{\pi}{2}$ $\left[\pm 1 = \sin\left(k\pi + \dfrac{\pi}{2}\right) \right]$，对称中心是 $(k\pi, 0)$ $[0 = \sin(k\pi)]$。

例 1：$f(x) = \sin\left(2x + \dfrac{\pi}{3}\right)$ 向左平移 m $(m > 0)$ 个长度单位得到函数 $g(x)$ 的图像恰好关于原点成中心对称，求 m 的最小值。

解：$g(x) = \sin\left(2(x+m) + \dfrac{\pi}{3}\right) = \sin\left(2x + 2m + \dfrac{\pi}{3}\right)$ 关于原点中心对称，

$0 = \sin\left(2 \cdot 0 + 2m + \dfrac{\pi}{3}\right)$，所以 $\left(2 \cdot 0 + 2m + \dfrac{\pi}{3}\right) = k\pi$，$m = \dfrac{k\pi}{2} - \dfrac{\pi}{6}$，当 $k = 1$ 时，

$m = \dfrac{\pi}{2} - \dfrac{\pi}{6} = \dfrac{\pi}{3}$ 最小且大于 0，故所求 $m = \dfrac{\pi}{3}$。

例 2：已知 $f(x) = \sqrt{3}\sin(\omega x + \varphi)$ $\left(\omega > 0, -\dfrac{\pi}{2} < \varphi < \dfrac{\pi}{2}\right)$ 的图像关于直线 $x = \dfrac{\pi}{3}$ 对称，且图像相邻两个最高点的距离为 π，求 ω 和 φ 的值。

解：相邻两最高点的距离为 π，则周期 $T = \pi$，$\omega = 2$。由图像关于直线 $x =$

$\frac{\pi}{3}$ 对称，$\sqrt{3}\sin\left(2\cdot\frac{\pi}{3}+\varphi\right)=\pm\sqrt{3}$，则 $\left(2\cdot\frac{\pi}{3}+\varphi\right)=k\pi+\frac{\pi}{2}$，$\varphi=k\pi-\frac{\pi}{6}$，当 k

$=0$ 时，$\varphi=-\frac{\pi}{6}\in\left(-\frac{\pi}{2},\frac{\pi}{2}\right)$ 为所求。

练习：

（1）已知函数 $f(x)=\sin\left(\omega x+\frac{\pi}{4}\right)$（$\omega>0$）的最小正周期为 π，将 $y=$ $f(x)$ 的图像向左平移 $|\varphi|$ 个单位长度，所得图像关于 y 轴对称，则 φ 的值是_____。

（2）将函数 $y=\sin\left(2x+\frac{\pi}{3}\right)$ 的图像沿 x 轴方向平移 a 后所得的图像关于点 $\left(-\frac{\pi}{12},0\right)$ 中心对称，则使 $|a|$ 最小的值为_____。

（3）函数 $y=\sin\left(2x+\frac{\pi}{3}\right)$ 图像的对称轴方程是_____，对称轴中心是_____。

（4）将函数 $y=\sin(x-\theta)$ 的图像 F 向右平移 $\frac{\pi}{3}$ 个单位得到图像 F'，若 F' 的一条对称轴是直线 $x=\frac{\pi}{4}$，则 θ 的取值范围是_____。

（5）将函数 $y=\sin\left(2x-\frac{\pi}{6}\right)$ 的图像向左平移 φ 后得到一个奇函数的图像，则 φ 的最小正值是_____。

案例 7：分离参数法求参数范围

1. 方程有解求参数范围

例 1：当 a 为何值时，关于 x 的一元二次方程 $x^2-2ax+a=0$ 在 $(-1,1)$ 内有解？

解：①分离参数：转化为方程 $a=\frac{x^2}{2x-1}$，$x\in(-1,1)$ 有解，参数 $a\in f(x)=\frac{x^2}{2x-1}$，$x\in(-1,1)$ 的值域时方程有解。

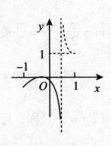

图 6-34

②求值域：令 $f(x) = \dfrac{x^2}{2x-1}$，$x \in (-1, 1)$，由 $f'(x) =$

$\dfrac{(x^2)'(2x-1) - x^2(2x-1)'}{(2x-1)^2} = \dfrac{2x^2-2x}{(2x-1)^2} = 0 \Rightarrow x_1 = 0, \ x_2 = 1$

列表

x	-1	$(-1, 0)$	0	$\left(0, \dfrac{1}{2}\right)$	$\dfrac{1}{2}$	$\left(\dfrac{1}{2}, 1\right)$	1
$f'(x)$		$+$	0	$-$	不存在	$-$	
$f(x)$	$-\dfrac{1}{3}$	↗	0	↘	不存在	↘	1

∴ $\{a \mid a \leqslant 0 \text{ 或 } a > 1\}$ 为所求。

例2：已知 a 是实数，函数 $f(x) = 2ax^2 + 2x - 3 - a$，如果函数 $y = f(x)$ 在区间 $[-1, 1]$ 上有零点，求实数 a 的取值范围。

解：函数 $f(x) = 2ax^2 + 2x - 3 - a$ 在区间 $[-1, 1]$ 上有零点。

等价于方程 $2ax^2 + 2x - 3 - a = 0$ 在区间 $[-1, 1]$ 上有解。

①分离参数：等价方程 $a = \dfrac{3-2x}{2x^2-1}$，$x \in [-1, 1]$ 上有解。

参数 $a \in f(x) = \dfrac{3-2x}{2x^2-1}$，$x \in [-1, 1]$ 的值域时方程有解。

②求值域：由 $f'(x) = \dfrac{(3-2x)'(2x^2-1) - (3-2x)(2x^2-1)'}{(2x^2-1)^2} =$

$\dfrac{4x^2-12x+2}{(2x^2-1)^2} = 0$，∴ $x_1 = \dfrac{3+\sqrt{7}}{2}$，$x_2 = \dfrac{3-\sqrt{7}}{2}$。

列表

x	$[-1, x_2)$	x_2	$\left(x_2, \dfrac{\sqrt{2}}{2}\right)$	$\dfrac{\sqrt{2}}{2}$	$\left(\dfrac{\sqrt{2}}{2}, 1\right]$
$f'(x)$	$+$	0	$-$	不存在	$-$
$f(x)$	↗	$\dfrac{-3-\sqrt{7}}{2}$	↘	不存在	↘

$\therefore \left\{ a \mid a \leqslant \dfrac{-3-\sqrt{7}}{2} \text{或} a \geqslant 1 \right\}$ 为所求。

练习：

（1）方程 $2x^2 + 2ax + 1 = 0$ 在（1，$+\infty$）有解，求实数 a 的取值范围。

（2）当 m 为何值时，关于 x 的方程 $x^2 - mx + 1 - m = 0$ 在区间 ［-1，1］ 内有解？

（3）当 m 为何值时，关于 x 的方程 $x^2 + 2(m-1)x + 3m - 11 = 0$ 在区间（0，$+\infty$）内有解？

（4）方程 $2x^2 + 2ax + 1 = 0$ 在区间（$-a$，$+\infty$）内有解，求实数 a 的取值范围。

2. 不等式成立求参数范围

例3：已知不等式 $3x^2 - 2ax - 1 \leqslant 0$ 在区间（0，1）内成立，求 a 的取值范围。

解：不等式 $3x^2 - 2ax - 1 \leqslant 0$ 在区间（0，1）内成立。

①分离参数 a：移项得 $3x^2 - 1 \leqslant 2ax$，$\because x \in (0，1)$，$\therefore a \geqslant \dfrac{3x^2 - 1}{2x} = \dfrac{3}{2}x -$

$\dfrac{1}{2x}$，$x \in (0，1)$ 恒成立。

②求最值：上面不等式中，已知 x 的取值范围求 a 的取值范围且恒成立，只要 $a \geqslant \left(\dfrac{3}{2}x - \dfrac{1}{2x}\right)_{\max}$ 即可。

令 $f(x) = \dfrac{3}{2}x - \dfrac{1}{2x}$，$f'(x) = \dfrac{3}{2} + \dfrac{1}{2x^2} > 0$，$\therefore f(x)$ 在区间（0，1）上递增，故 $a \geqslant f_{\max}(x) = f(1) = \dfrac{3}{2} \times 1 - \dfrac{1}{2 \times 1} = 1$。

例4：不等式 $2x^2 + a \geqslant 0$ 在区间（2，$+\infty$）上成立，求 a 的取值范围。

解：不等式 $2x^2 + a \geqslant 0$ 在区间（2，$+\infty$）上成立，

①分离参数 a：移项得 $a \geqslant -2x^2$，$x \in (2，+\infty)$ 恒成立。

②求最值：在上面不等式中，已知 x 的取值范围求 a 的取值范围且恒成立，只要 $a \geqslant (-2x^2)_{\max}$ 即可。

令 $f(x) = -2x^2$，$f(x)$ 在 $x \in (2，+\infty)$ 上递减，$a \geqslant f_{\max}(x) = f(2) = -8$ 为所求。

例5：已知 $x \in \left(\dfrac{1}{2}, 2\right)$，不等式 $2x^2 - ax + 1 \geq 0$ 恒成立，求 a 的取值范围。

解：$x \in \left(\dfrac{1}{2}, 2\right)$，不等式 $2x^2 - ax + 1 \geq 0$ 恒成立，

① 分离参数 a：移项得 $2x^2 + 1 \geq ax$，$\because x \in \left(\dfrac{1}{2}, 2\right)$，$\therefore a \leq \dfrac{2x^2 + 1}{x} = 2x + \dfrac{1}{x}$，$x \in \left(\dfrac{1}{2}, 2\right)$ 恒成立。

② 求最值：在上面不等式中，已知 x 的取值范围求 a 的取值范围且恒成立，只要 $a \leq \left(2x + \dfrac{1}{x}\right)_{\min}$ 即可。

令 $f(x) = 2x + \dfrac{1}{x}$，$f'(x) = 2 - \dfrac{1}{x^2} = \dfrac{2x^2 - 1}{x^2} = 0$，$x_1 = -\dfrac{\sqrt{2}}{2}$（舍去），$x_2 = \dfrac{\sqrt{2}}{2}$。

列表

x	$\left(\dfrac{1}{2}, x_2\right)$	x_2	$(x_2, 2)$
$f'(x)$	$-$	0	$+$
$f(x)$	↘	极小	↗

$\therefore f(x_2) = 2 \times \dfrac{\sqrt{2}}{2} + \dfrac{2}{\sqrt{2}} = 2\sqrt{2}$ 是极小值，也是最小值，故 $a \leq f_{\min}(x) = f(x_2) = 2\sqrt{2}$ 为所求。

（也可用基本不等式求最值）

练习：

（1）已知不等式 $x^2 - 2ax - 1 \leq 0$ 在区间 $[0, 3]$ 内成立，求 a 的取值范围。

（2）已知不等式 $3x^2 + 2ax + 1 \leq 0$ 在区间 $\left(-\dfrac{2}{3}, -\dfrac{1}{3}\right)$ 内成立，求 a 的取值范围。

（3）已知 $x \in \left(\dfrac{1}{2}, 2\right)$，不等式 $2x^2 - ax + 1 \leq 0$ 恒成立，求 a 的取值范围。

（4）已知不等式 $x^2 - 2ax - a \geqslant 0$ 在区间 $[1，3]$ 内成立，求 a 的取值范围。

（5）已知 $a > 1$，不等式 $ax^2 + 2bx + 1 \geqslant 0$ 在区间 $(0，1]$ 上恒成立，试用 a 表示出 b 的取值范围。

（6）不等式 $3ax（x+1）-1 \leqslant 0$ 在区间 $(-1，1)$ 上成立，试求出 a 的取值范围。

（7）不等式 $x^2 + (a+1) x + a \geqslant 0$ 在区间 $(-\infty，-2)$ 上成立，试求出 a 的取值范围。

第 七 章

指向深度的单元学习

　　我学习近世代数时，突然想到，我们的数学学习是从数的运算（算术）上升到字母、代数式的运算（代数），到矩阵、行列式的运算（高等代数），再到群、环、域的运算（近世代数），就是这样一步走向抽象的，这样我就从整体上理解了代数。傅种孙先生的"知其然，知其所以然，何由以知其所以然"想必就是如此吧。

　　章建跃博士在"核心素养立意的教材改革"中用图7-1表达了对知识的整体把握的关系，让我受益匪浅。

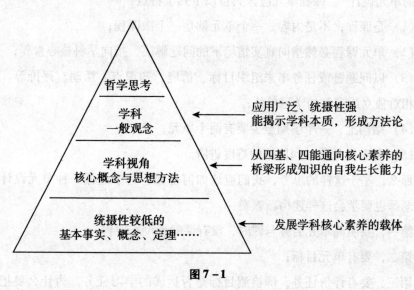

图7-1

一、单元学习

《普通高中数学课程标准（2017年版）》在教学建议中强调："教师要整体把握教学内容，把握数学知识的本质，理解数学知识产生与发展过程中所蕴含的数学思想，在此基础上，探索通过什么样的途径能够引发学生思考，让学生在掌握知识技能的同时，感悟知识的本质，实现教育价值。"无疑实施单元教学确实能很好地落实这个建议，即提倡整体学习观，在整体视角下确定教学目标、把握课程内容、创设情境、设计问题，使学生经历前后一致、逻辑连贯的完整学习。

美国学者加里·鲍里奇依据"系统论原理：整体大于部分之和"并认为，"通过计划好的许多课时的共同作用，知识、技能和理解得以逐渐发展，产生出越来越复杂的结果"。这说明，对学科的知识、技能、思想的整体把握并进行教学，会产生"$1+1+1>3$"的效果。

国内的众多单元教学论中，让最有感触、最具体要求的是华东师范大学课程与教学研究所所长崔允漷教授基于"素养是真实情境中的问题解决能力，必备品格是坚持做正确的事，价值观念是坚持把事情做正确"提出了"实施素养本位的单元设计"。课程单元应该具备以下几个特点：

（1）是课程，不是内容，一个单元就是一个微课程；

（2）单元课程必然指向真实情境下的问题解决，指向学科核心素养；

（3）以问题链或任务串来组织目标、情境、知识点、活动、评价等，成为一个相对独立或完整的学习单位；

（4）结构上，一个学期至少要有两个单元；

（5）要有任务串、问题链的难度进阶。

那么，基于这样的思考，我们应该如何备课？基于这样一种单元设计方案我们老师也要学会这样建构新教案：

第一，要明确单元名称与课时，没有课时就没有课程；

第二，要有单元目标；

第三，要有评价任务，即检测目标是否达成的学习任务。为什么要把评价任务写在目标之后，因为评价必须跟随目标，此外，它对于目标起到一种矫正作用，避免目标出现"假大空"的情况。最后，评价任务可以嵌入之后的教学过程，以达到教学评一致。

第四，设计作业与检测。

第五，学后反思，教师一定要设计好反思的支架和路径，让学生学会反思，悟出"道"理来。

崔允漷教授特别指出，我们为什么要基于真实情境？真实情境有两个意义：其一，真实情境可以将知识学习与真实生活连接起来，打通知识（符号）世界与生活世界，便于学生感受到知识学习的意义与价值；其二，将真实情境贯穿于知识学习的全过程，将知识条件化、情境化、结构化、生活化，便于学生深度理解。

《普通高中数学课程标准（2017 年版）》的课程结构将高中数学课程内容分为四大主题：函数、几何与代数、概率与统计、数学建模活动和数学探究活动，又在每个主题下安排若干单元。现在的教材很好地体现了数学内容的层次性和逻辑性。

如"平面向量的应用"这一单元有三节：6.4.1　平面几何中的向量方法；6.4.2　向量在物理中的应用举例；6.4.3　余弦定理、正弦定理。这三节应用的基本用法就是：

用向量方法解决平面几何问题的"三步曲"：

（1）建立平面几何与向量的联系。用向量表示问题中涉及的几何元素，将平面几何问题转换为向量问题；

（2）通过向量运算，研究几何元素之间的关系，如距离、夹角等问题；

（3）把运算结果"翻译"成几何关系。

我把这"三步曲"解释成在三节可以通用的"①翻译已知所求，②确定运算方向，③译回所求"。

在 6.4.1　平面几何中的向量方法中，

例 1：如图 7-2，在平行四边形 ABCD 中，你能发现对角线 AC 与 BD 的长度与两邻边 AB 和 AD 和长度之间的关系吗？

（翻译已知所求）

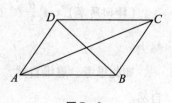

图 7-2

已知 $\overrightarrow{AB} = \overrightarrow{DC}$，$\overrightarrow{AC} = \overrightarrow{AB} + \overrightarrow{AD}$，$\overrightarrow{BD} = \overrightarrow{AD} - \overrightarrow{AB}$，

求 $|\overrightarrow{AC}|$，$|\overrightarrow{BD}|$，$|\overrightarrow{AB}|$，$|\overrightarrow{AD}|$ 之间的关系。

（确定运算方向）模长的平方等于向量的平方，

$\overrightarrow{AC}^2 = (\overrightarrow{AB} + \overrightarrow{AD})^2 = \overrightarrow{AB}^2 + 2\overrightarrow{AB} \cdot \overrightarrow{AD} + \overrightarrow{AD}^2$。

$\overrightarrow{BD}^2 = (\overrightarrow{AD} - \overrightarrow{AB})^2 = \overrightarrow{AB}^2 - 2\overrightarrow{AB} \cdot \overrightarrow{AD} + \overrightarrow{AD}^2$。

$\overrightarrow{AC}^2 + \overrightarrow{BD}^2 = 2(\overrightarrow{AB}^2 + \overrightarrow{AD}^2)$

（译回所求）$|AC|^2 + |DB|^2 = 2(|AB|^2 + |AD|)^2$。

在 6.4.2　向量在物理中的应用举例中，

例2：在日常生活中，你是否有这样的经验：两个人共提一个旅行包，夹角越大越费力；在单杠上做引体向上运动，两臂的夹角越小越省力。你能从数学的角度解释这种现象吗？

（翻译已知所求的物理量成向量）

如图7-3，已知：拉力 $\overrightarrow{F_1}$，拉力 $\overrightarrow{F_2}$，$|\overrightarrow{F_1}| = |\overrightarrow{F_2}|$，重力 $\overrightarrow{G}$，$\overrightarrow{F_1} + \overrightarrow{F_2} + \overrightarrow{G} = \overrightarrow{0}$，夹角 $<\overrightarrow{F_1}, \overrightarrow{F_2}> = \theta$，

求解：θ 越小，$|\overrightarrow{F_1}| = |\overrightarrow{F_2}|$ 越小。

（确定运算方向：要出现 $|\overrightarrow{F_1}|$ 与 θ 的关系式，平方后向量的数量积既有大小又有夹角）

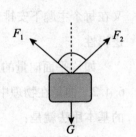

图7-3

由 $\overrightarrow{F_1} + \overrightarrow{F_2} + \overrightarrow{G} = \overrightarrow{0}$，$\overrightarrow{F_1} + \overrightarrow{F_2} = -\overrightarrow{G}$，$(\overrightarrow{F_1} + \overrightarrow{F_2})^2 = \overrightarrow{F_1}^2 + 2\overrightarrow{F_1} \cdot \overrightarrow{F_2} + \overrightarrow{F_2}^2 = (-\overrightarrow{G})^2$，

得 $|\overrightarrow{F_1}|^2 + 2|\overrightarrow{F_1}| \cdot |\overrightarrow{F_2}|\cos\theta + |\overrightarrow{F_2}|^2 = |\overrightarrow{G}|^2$，

所以 $|\overrightarrow{F_1}| = \dfrac{|\overrightarrow{G}|}{\cos\dfrac{\theta}{2}}$，

（译回所求）$\cos\dfrac{\theta}{2}$ 在 $(0, \pi)$ 上单调递减，θ 越小，$\cos\dfrac{\theta}{2}$ 越大，$|\overrightarrow{F_1}|$ 越小。

如此思考，思维自然，单元练习，主题反复呈现，学生反复使用，习惯成自然。

单元一般分为四类：一是模块单元（以教材章节为主要内容的单元）；二

是主题类单元（以知识内容为线索的单元）；三是方法类单元（以数学思想方法类为主线的单元）；四是素养类单元（以学科素养为主线的单元）。数学的整体性、系统性和逻辑性决定了对数学中具有内在联系的零散知识作单元化整合（凝聚），并以系统、整体的观念进行数学教学设计是应然态度和较好方法。

二、单元学习的问题设计

学生数学核心素养形成的标志是形成了系统化的知识结构和全息化的认知结构。数学单元教学设计的着眼点和落脚点是培养学生的数学核心素养。数学单元教学设计最为重要的是设计好一个合适的"初始问题"。"初始问题"是激发数学学习动机的关键要素，是数学教学和数学探究的心脏。"初始问题"最理想的情况是富含思维价值且是真实情境中的问题。研究者认为，高中数学单元教学设计还应体现"数学探究与发现"的教学理念，其第一步是基于数学知识系统和学生认知逻辑而确定教学的"主题"，第二步是瞄准数学核心目标而选择或编拟数学真实情境的问题，第三步是由数学真实情境问题设计问题驱动式的探究与发现活动，第四步是设计学生的练习与迁移，第五步是设计教师的追问和安排学生的反思。这五步可简化为"主题—问题—探究与发现—练习与迁移—追问与反思"。这五步既可用于整个单元教学设计中，又可用于一个单元的每个课时教学中。

三、单元学习的问题设计案例

案例1：以形观数，以算证形——函数基本的性质单元教学设计

函数的基本性质作为一个单元，要掌握的基本知识与基本技能是什么？在其学习的数学活动过程中获得什么基本经验？得到什么数学思想方法？发展哪些数学核心素养？

单元内容：函数的单调性与函数最大（小）值、函数的奇偶性。

单元知识结构框图：

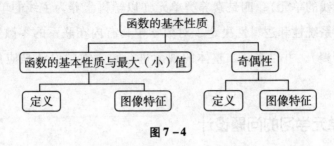

图 7 – 4

本单元教学内容安排三课时：第 1 课时——函数的单调性；第 2 课时——函数的最大（小）值；第 3 课时——函数的奇偶性。

第 1 课时——函数的单调性

（一）内容和内容解析

（1）内容

函数的单调性。

（2）内容解析

函数的单调性是函数的基本性质之一，它刻画了函数的增减变化规律。因为在现实世界的运动变化中，增减趋势是最主要的变化规律之一，而引进函数单调性的概念为刻画这种变化规律提供了方法。另外，方程、不等式等问题的求解，也可利用函数的单调性。因此，函数单调性在数学内外都有重要的应用。

函数的单调性是函数的"局部"性质，即它通常是在函数定义域的某个子集上具有的性质，而函数的奇偶性、周期性、最大值、最小值是函数在整个定义域上的性质，属于函数的整体性质，另外，通过研究函数的单调性就容易得到函数的最大（小）值。

从初中到高中，函数的单调性概念的形成，经历了从定性到定量的过程，体现了数学概念逐渐抽象化、严格化的过程，对于数学一般概念的学习具有借鉴意义。初中阶段用"y 随 x 增大而增大（减小）"来刻画函数图像从左到右的上升（下降），经历了从自然语言表述图形特征的过程；高中阶段，通过引入数学符号并采用"$\forall x_1$，$x_2 \in D$"的方式，进一步将 y 随 x 增大而增大（减小）转化为精确的定量关系，即用不等式刻画"增大""减小"，从而使定性刻画的上升定量刻画，实现了变化规律的精确化表达。这样一种从图形直观到定性刻画再到定量刻画的研究过程，以及通过引入数学符号，借助代数语言刻画变化规律的方法，体现了数学抽象的一般过程，对于培养学生的数学抽象能力具有重要的意义。

基于以上分析，确定本节课的教学重点：函数单调性的符号语言刻画。

（二）目标和目标解析

（1）目标

① 借助函数图像，会用符号语言表达函数的单调性、最大（小）值，理解它们的作用和实际意义；

② 会用定义证明简单函数的单调性；

③ 会根据问题的实际意义，求函数的最大（小）值；

④ 在抽象函数单调性的过程中感悟数学概念的抽象过程以及符号表示的作用。

（2）目标解析

达成上述目标的标志：

① 知道用符号语言刻画函数单调性时，"任意""都有"等关键词的含义；能够从函数图像或通过代数推理，得出函数的单调递增、单调递减区间；知道函数的单调性反映了现实世界中事物在量的增加或减少上的变化趋势；

② 会用函数单调性的定义，按一定的步骤证明函数的单调性；

③ 会用函数最大值、最小值的定义，按一定的步骤求函数的最大（小）值；

④ 经历从图像直观到自然语言描述再到符合语言刻画的过程，感悟通过引入"$\forall x_1, x_2 \in D$"的符号表示，把一个含有"无限"的问题转化为一种"有限"方式表示的方法，感受数学语言的作用。

（三）教学问题诊断分析

学生在初中阶段已经学习了一次函数、正比例函数、反比例函数和二次函数，对于每一类函数都研究了函数值随自变量的增大而变化的规律，能够理解"函数图像从左到右上升或下降"这一性质，可以用"y 随 x 增大而增大（减小）"这样的自然语言来描述。高中阶段要通过引入"$\forall x_1, x_2 \in D$，当 $x_1 < x_2$ 时，$f(x_1) < f(x_2)$（$f(x_1) > f(x_2)$）"的符号表达方式，对函数的单调性实现定量刻画，这样的语言是学生第一次接触，对他们而言是一个很大的难点。

教学中，要利用一次函数、二次函数等，借助一定的教学媒体，如用信息技术展示函数值随自变量变化而变化的情况，用表格形式加强自变量从小到大是函数值的大小变化趋势等，数形结合地提出问题，给学生设置一条从定性到定量、从粗糙到精确的归纳过程，引导学生逐步抽象出函数奇偶性的定义，再通过辨析、练习帮助学生理解定义。

根据以上分析，确定本节课的教学难点：符号语言的引入，对"任意""都有"等涉及无限取值的语言的理解和使用。

（四）教学支持条件分析

为使学生更好地理解函数的性质，降低符号语言的难度，利用 GGB、几何画板等信息技术手段，采用动态方式展示函数图像，并体会函数值随自变量的变化过程中出现的规律性（单调性、对称性）、不变形（最值），理解自变量取值的任意性。

（五）学习过程设计

1. 创设情境、引入问题

引导语：我们知道函数是描述事物变化规律的数学模型，这样我们可以通过研究模型的特征获得事物变化规律的认识，比如通过研究函数值随自变量变化而变化的规律。可以得到函数所刻画的现实问题的变化规律。

什么是函数的性质呢？总体而言，函数性质就是"变化中的规律性，变化中的不变性"，因此，我们研究函数性质，就是要学会在运动变化中发现规律问题。

问题 1：函数图像是最直观反映函数变化规律的，请看下面的函数图像，你能看出函数有哪些变化规律？哪些图像特征是反映函数变化规律的？

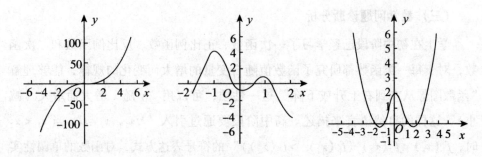

图 7－5

设计意图：引导学生观察图像上升（下降）关系。

师生活动：学生小组讨论，口头展示：

第一个图像是上升的，第二个图像上升然后下降又上升……第三个……

第一个图像关于原点中心对称，第二个图像有拐点，第三个图像关于 y 轴对称。

师：图像上升（下降）、拐点、对称性都是反映函数图像特征的，我们这一节课只研究图像上升（下降）这一特征（性质）——函数的单调性（点出课题）。

问题2：我们初中学过一次函数、二次函数和反比例函数，我们是如何用自变量、因变量的数量变化关系描述函数图像变化的？

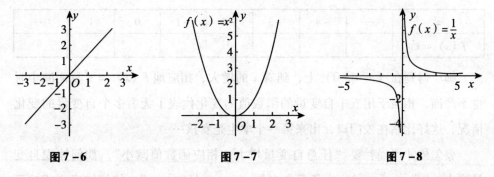

图7-6   图7-7   图7-8

（1）具体地，如二次函数 $f(x) = x^2$，图像如何变化？初中如何用自变量、因变量的数量变化关系描述函数图像变化？

（2）如何称呼？

设计意图：引导学生回顾初中从图像上升（下降）关系观察出自变量与函数的变化关系。

师生活动：学生小组讨论，口头展示：

（1）函数 $f(x) = x^2$ 的图像在 y 轴左侧是下降的，在 y 轴右侧是上升的。

在区间 $(-\infty, 0)$ 上，随着 x 的增大，相应地 $f(x)$ 反而减小，在区间 $(0, +\infty)$ 上，随着 x 的增大，相应地，$f(x)$ 也随着增大。

函数图像上升，称函数 $f(x)$ 是增函数；函数图像下降，称函数 $f(x)$ 是减函数。

函数 $f(x) = x^2$ 在区间 $(-\infty, 0)$ 上是减函数；函数 $f(x) = x^2$ 在区间

（0，+∞）上是增函数。

问题3：（1）用函数的图像"上升"或"下降"描述函数的变化不严谨，如函数 $f(x)=\dfrac{1}{x}$ 在（9，+∞）上图像无限接近 x 轴，非常平缓，几乎看不出下降，怎么说函数 $f(x)=\dfrac{1}{x}$ 在（0，+∞）上是减函数？

（2）"任意自变量增大，相应函数值减小"是描述化，没有数量化，如何数量化？

设计意图： 从形抽象出数量关系。

师生活动： 学生小组讨论，口头展示：

通过列表

x	…	-4	-3	-2	-1	0	1	…
$f(x)=x^2$								

师：得到在（-∞，0）上，随着 x 的增大，相应地 $f(x)=x^2$ 反而减小时也不严谨，相当于用五个自变量的函数值的变化代表了无穷多个自变量的变化情况，这好比站在校门口，出来第一个学生是女孩……

要怎样才严谨？要"任意自变量增大，相应函数值减小"，如何体现自变量增大？"设（-∞，0）上任意自变量 x_1，x_2，且 $x_1 < x_2$"，如何体现"相应函数值减小"，"$f(x_1) > f(x_2)$"，如何比较？"$f(x_1) - f(x_2) > 0$"……

高中描述函数 $f(x)$ 变化特征：

对于函数 $f(x)=x$，$f(x)=x^2$，

（任意自变量增大）设任意 x_1，$x_2 \in (-∞，+∞)$ 且 $x_1 < x_2$，设任意 x_1，$x_2 \in (-∞，0)$ 且 $x_1 < x_2$，

（相应函数值减小）$f(x_1) - f(x_2) = x_1 - x_2 < 0$，$f(x_1) - f(x_2) = x_1^2 - x_2^2 = (x_1 - x_2)(x_1 + x_2) < 0$。

2. 掌握观念，形成定义

问题4：对一个数学概念进行定义要从数量关系角度进行，你给出增函数的准确定义了吗？

设计意图： 理解数学定义的要求。

师生活动：学生小组讨论，口头展示：

一般地，设函数 $f(x)$ 的定义域为 I：

（1）如果对于属于定义域 I 内某个区间上的任意两个自变量的值 x_1，x_2，当 $x_1 < x_2$ 时，都有 $f(x_1) < f(x_2)$，那么就说 $f(x)$ 在这个区间上是增函数。

（2）如果对于属于定义域 I 内某个区间上的任意两个自变量的值 x_1，x_2，当 $x_1 < x_2$ 时，都有 $f(x_1) > f(x_2)$，那么就说 $f(x)$ 在这个区间上是减函数。

3. 强化增函数、减函数的定义的应用

一句话：图像观察，计算证明。

设计意图： 使学生掌握通过图像找到增减性，用定义证明增减性以及书写的规范性要求。

师生活动：引导学生先画图确定增减性，小组上黑板展示，其他同学抄课本，最后老师说明书写步骤。

问题5：（课本例1）根据定义，研究函数 $f(x) = kx + b$（$k \neq 0$）的单调性。

解：（①设）定义域 $x \in \mathbf{R}$，$\forall x_1$，$x_2 \in \mathbf{R}$，且 $x_1 < x_2$，则

（②算）$f(x_1) - f(x_2) = (kx_1 + b) - (kx_2 + b) = k(x_1 - x_2)$。

（③判）由 $x_1 < x_2$，得 $x_1 - x_2 < 0$，所以

当 $k > 0$ 时，$f(x_1) - f(x_2) = k(x_1 - x_2) < 0$，$f(x_1) < f(x_2)$。

（④作结论）这时 $f(x) = kx + b$ 在 $\mathbf{R}$ 上是增函数。

当 $k < 0$ 时，$f(x_1) - f(x_2) = k(x_1 - x_2) > 0$，$f(x_1) > f(x_2)$，这时 $f(x) = kx + b$ 在 $\mathbf{R}$ 上是减函数。

问题6：（课本例2）物理学中的玻意耳定律 $p = \dfrac{k}{V}$（k 为正常数）告诉我们，对于一定量的气体，当其体积 V 减小时，压强 p 将增大。试对此用函数的单调性证明。

证明：（①设）定义域 $v \in (0, +\infty)$，$\forall V_1$，$V_2 \in (0, +\infty)$，且 $V_1 < V_2$，

（②算）$p_1 - p_2 = \dfrac{k}{V_1} - \dfrac{k}{V_2} = k \dfrac{V_2 - V_1}{V_1 V_2}$。

（③判）由 V_1，$V_2 \in (0, +\infty)$，得 $V_1 V_2 > 0$，

由 $V_1 < V_2$，得 $V_2 - V_1 > 0$，

又 $k>0$，于是 $p_1-p_2>0$，$p_1>p_2$。

（④作结论）函数 $p=\dfrac{k}{V}$ 在（0，$+\infty$）上是减函数，即体积 V 减小时，压强 p 将增大。

问题7：（课本例3）根据定义证明函数 $y=x+\dfrac{1}{x}$ 在区间（1，$+\infty$）上单调递增。

证明：（①设）$\forall x_1$，$x_2\in$（1，$+\infty$），且 $x_1<x_2$，则有

（②算）$y_1-y_2=\left(x_1+\dfrac{1}{x_1}\right)-\left(x_2+\dfrac{1}{x_2}\right)=(x_1-x_2)+\left(\dfrac{1}{x_1}-\dfrac{1}{x_2}\right)=(x_1-x_2)$

$\left(1-\dfrac{1}{x_1 x_2}\right)=\dfrac{x_1-x_2}{x_1 x_2}(x_1 x_2-1)$。

（③判）由 x_1，$x_2\in$（1，$+\infty$），得 $x_1 x_2>1$，$x_1 x_2-1>0$，

由 $x_1<x_2$，得 $x_1-x_2<0$，

于是，$y_1-y_2<0$，$y_1<y_2$。

（④作结论）所以函数 $y=x+\dfrac{1}{x}$ 在区间（1，$+\infty$）上单调递增。

4. 课堂小结

证明函数单调性的步骤是①设、②算、③判、④作结论。

5. 布置作业

请学生做好以下作业：

（1）根据定义证明函数 $f(x)=3x+2$ 是增函数。

（2）证明反比例函数 $f(x)=-\dfrac{2}{x}$ 在区间（$-\infty$，0）上单调递增。

（3）画出反比例函数 $f(x)=\dfrac{k}{x}$ 的图像。

① 这个函数的定义域 I 是什么？

② 它在定义域 I 上的单调性是怎样的？证明你的结论。

（六）教学反思

本节课有两点课后感：一是抽象数量关系；二是让学生边抄边规范格式。

第 2 课时——函数的最大（小）值

（一）内容和内容解析

1. 内容

函数的最大（小）值。

2. 内容解析

函数的最大（小）值是函数的基本性质之一，它刻画了函数的整体变化规律。因为在现实世界的运动变化中，极端情形是最主要的变化规律之一，而引进函数的最大（小）值的概念为刻画这种变化规律提供了方法。另外，方程、不等式等问题的求解，也可利用函数的最大（小）值。因此，函数的最大（小）值在数学内外都有重要的应用。

函数的最大（小）值是函数的"整体"性质，即它是在函数定义域上具有的性质，与函数的奇偶性、周期性一样，是函数在整个定义域上的性质，属于函数的整体性质。

从初中到高中，函数的最大（小）值概念的形成，经历了从具体到抽象的过程，体现了数学概念逐渐抽象化、严格化的过程，对于数学一般概念的学习具有借鉴意义。初中阶段只明确会求二次函数的最大（小）值，高中阶段，通过引入数学符号并采用"一般地，设函数 $y = f(x)$ 的定义域为 I，如果存在常数 M 满足：

（1）对于任意的 $x \in I$，都有 $f(x) \leqslant M$；

（2）存在 $x_0 \in I$，使得 $f(x_0) = M$。

那么，我们称 M 是函数 $y = f(x)$ 的最大值"，从而使直观刻画的上升定量刻画，实现了变化规律的精确化表达。这样一种从图形直观到定量刻画的研究过程，以及通过引入数学符号，借助代数语言刻画变化规律的方法，体现了数学抽象的一般过程，对于培养学生的数学抽象能力具有重要的意义。

基于以上分析，确定本节课的教学重点：函数最大（小）值的符号语言刻画。

（二）目标和目标解析

（1）目标

① 借助函数图像，会用符号语言表达函数的最大（小）值，理解它们的作

用和实际意义；

② 会用函数的图像求函数的最大（小）值；

③ 会根据问题的实际意义求函数的最大（小）值；

④ 在根据图像求函数最大（小）值的过程中发展直观想象素养，学会用数学的图形语言表达世界。

（2）目标解析

达成上述目标的标志：

① 知道用符号语言刻画函数最大（小）值时，"任意""都有"等关键词的含义；能够从函数图像或通过代数推理，求出函数的最大（小）值；知道函数的最大（小）值反映了现实世界中事物在量的增加或减小上的极端情形；

② 会用函数最大值、最小值的定义，按一定的步骤求函数的最大（小）值；

③经历从图像直观观察函数最大（小）值到自然语言描述再到符合语言刻画的过程，感悟数学的图形语言表达世界的简洁。

（三）教学问题诊断分析

学生在初中阶段已经学习了二次函数的最大（小）值，高中阶段要通过引入"对于任意的 $x \in I$，都有 $f(x) \leq M$；且存在 $x_0 \in I$，使得 $f(x_0) = M$"的符号表达方式，对所有函数都可以考虑其极端情形，特别是定义域的改变，其最值也改变，这是学生第一次接触，对他们而言是一个很大的难点。

教学中，要利用一次函数、二次函数等，借助一定的教学媒体，如用信息技术展示函数值随自变量变化而变化的情况，逐步抽象出函数最大（小）值的定义，再通过辨析、练习帮助学生理解定义。

根据以上分析，确定本节课的教学难点：由图形求函数的最大（小）值。

（四）教学支持条件分析

为使学生更好地由图形美引发学生对数量关系的探求，利用几何画板采用动态方式展示函数图像的最高（低）点，并体会定义域改变对函数最大（小）值的影响。

（五）学习过程设计

1. 函数最值的引入

问题1：上节课我们研究了函数图像上升（下降）问题，这节课再来研究一个函数图像最高（低）点问题：

（1）哪些函数图像有最高（低）点？

（2）怎样从函数角度称呼图像的最高（低）点？

（3）最高（低）点的数量特征如何表示？

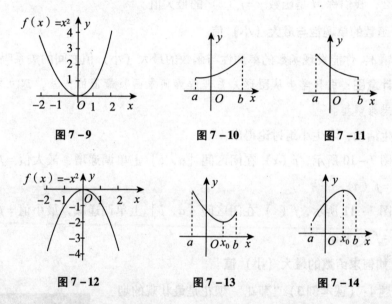

图 7 – 9　　　　　　图 7 – 10　　　　　　图 7 – 11

图 7 – 12　　　　　　图 7 – 13　　　　　　图 7 – 14

设计意图： 引导学生从图形角度理解最值，学会用图思考。

师生活动： 学生小组讨论得出：

（1）除了图 7 – 9，其他函数图像都有最高点；除了图 7 – 12 外，其他函数图像都有最低点。

（2）最高（低）点的纵坐标称为函数的最大（小）值。

（3）①点（0，0）是 $f(x)=x^2$ 的图像上的点（$f(0)=0$）；②点（0，0）是 $f(x)=x^2$ 的图像上的最低点（$f(x) \geqslant f(0)$）。

以我们班同学为自变量，同学的身高为函数的最大值是陈俊杰同学的身高。这里有两层含义：①是我们班同学陈俊杰的身高；②其他同学身高≤陈俊杰同学的身高。

2. 函数的最大（小）值概念的符号语言

问题2：如何从数量关系定义函数的最大值这一数学概念？

设计意图：引导学生从图形关系抽象出数量关系，学会从形到数。

师生活动：学生小组讨论得出：

一般地，设函数 $y = f(x)$ 的定义域为 I，如果存在常数 M 满足：

（1）对于任意的 $x \in I$，都有 $f(x) \leq M$；

（2）存在 $x_0 \in I$，使得 $f(x_0) = M$。

那么，我们称 M 是函数 $y = f(x)$ 的最大值。

3. 函数的单调性与最大（小）值

问题3：你能发现函数的单调性与函数的最大（小）值之间的关系吗？

设计意图：引导学生从图形关系理解如何求函数最值的方法，建立求函数最值的思维模型。

师生活动：学生小组讨论得出：

如图 7－10 所示，$f(x)$ 在闭区间 $[a, b]$ 上单调递增，最大值 $= f(b)$，最小值 $= f(a)$；

如图 7－11 所示，$f(x)$ 在闭区间 $[a, b]$ 上单调递减，最小值 $= f(b)$，最大值 $= f(a)$。

4. 如何求函数的最大（小）值

问题4：（课本例3）"菊花"烟花是最壮观的烟花之一，制造时一般是期望在它达到最高点是爆裂，如果烟花距地面的高度 h（单位：m）与时间 t（单位：s）之间的关系为 $h(t) = -4.9t^2 + 14.7t + 18$，那么烟花冲出后什么时候是它爆裂的最佳时刻？这时距地面的高度是多少（精确到1m）？

图 7－15

设计意图：（1）求二次函数的最大（小）值：要求函数的最值需知道函数图像的最高（低）点，而要知最高点需知道函数的单调区间，而二次函数一知开口方向和顶点就知道单调性区间。

（2）二次函数的单调性不必证明。

师生活动：

学生自己解答。

课堂练习：

已知函数 $f(x) = x^2 - 2x$，$g(x) = x^2 - 2x$（$x \in [2, 4]$）。（1）求 $f(x)$，$g(x)$ 的单调区间；（2）求 $f(x)$，$g(x)$ 的最小值。

解：（1）$y = x^2 - 2x$ 是开口向上的二次函数，对称轴 $x_0 = -\dfrac{b}{2a} = 1$，

$\therefore f(x)$ 的单调递减区间是 $(-\infty, 1)$，单调递增区间是 $(1, +\infty)$；$g(x)$ 在区间 $[2, 4]$ 上单调递增。

（2）$f(x)$ 有最小值 $f(1)$，$g(x)$ 有最小值 $g(2)$，最大值 $g(4)$。

问题 5：（课本例 4）已知函数 $f(x) = \dfrac{2}{x-1}$（$x \in [2, 6]$），求函数的最大值和最小值。

设计意图：（1）要求函数的最值需知道函数图像的最高（低）点，而要知道最高点需知道函数的单调区间；

（2）函数的单调性可用特殊数探求，但必须证明。

师生活动：学生自己解答，点评。

解（略）。

5. 小结

问题 6：请同学们小结本节课学习了什么数学概念？解决什么问题的方法？

设计意图：总结本节课内容，内化学生所学概念方法。

师生活动：学生自己小结，由小组展示。

一个函数最大（小）值概念；一个求函数最大（小）值的方法：画图寻找最高（低）点，计算其函数值。

6. 布置课外作业

① 根据下列函数的图像并写出函数的最值、值域。

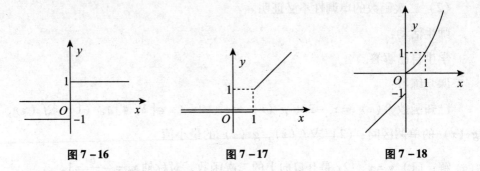

图 7-16　　　　　　　图 7-17　　　　　　　图 7-18

② 设函数 $f(x)$ 的定义域为 $[-6，11]$。如果 $f(x)$ 在区间 $[-6，-2]$ 上单调递减，在区间 $[-2，11]$ 上单调递增，画出 $f(x)$ 的一个大致的图像，从图像上可以发现 $f(-2)$ 是函数 $f(x)$ 的一个_____。

③ 整个上午（8：00~12：00）天气越来越暖，中午时分（12：00~13：00）一场暴风雨使天气骤然凉爽了许多，暴风雨过后，天气转暖，直到太阳落山（18：00）才又开始转凉。画出这一天 8：00~20：00 期间气温作为时间函数的一个可能的图像（示意图），并说出所画函数的单调性。

④ 已知函数 $f(x)=\dfrac{1}{x}$，求函数在区间 $[2，11]$ 上的最大值和最小值。

（六）教学思考

求函数的最值虽说有多种方法，但最基本的方法是用函数的单调性确定函数图像的最高点和最低点，也即数形结合求函数最值，包括后面学了导数以后，导数的本质就是研究函数的变化率，有了函数变化率后求函数最值更是由函数的单调性确定其最高值点。所以这节课就形成求函数最值的这种方法。

想想我们学生为什么求二次函数、三角函数在某闭区间的最值时，经常出错，原因就是没有形成以形观数、以数证形的思想。

第 3 课时——函数的奇偶性

（一）内容和内容解析

1. 内容

函数的奇偶性。

2. 内容解析

函数的奇偶性是函数的基本性质之一，它研究了函数图像的轴对称与中心对称的美学特征，用数学符号之美刻画函数的图形之美。

奇偶性是函数的"整体性质"，是某些函数的特殊性质，与单调性一样，奇偶性也是把图形的对称性（几何特征）转化为代数关系，并用严格的符号语言表示，沟通了形与数，实现了从定性到定量的转化。

奇偶性概念的形成，经历了从定性到定量的过程，体现了数学概念逐渐抽象化、严格化的过程，对于数学一般概念的学习具有借鉴意义。偶函数的图像是轴对称图形，而且对称轴是固定的——y 轴，抽象出符号语言"$\forall x \in I$，都有 $f(-x) = f(x)$"，奇函数同样。这样从使定性刻画上升到定量刻画，实现了变化规律的精确化表达。这样从图形直观到定性刻画再到定量刻画的研究过程，以及通过引入数学符号，借助代数语言定量刻画变化规律的方法，体现了数学抽象的一般过程，对于培养学生的数学抽象能力具有重要的意义。

基于以上分析，确定本节课的教学重点：函数奇偶性的符号语言刻画。

（二）目标和目标解析

1. 目标

（1）知识与技能

① 理解函数的奇偶性概念；

② 会用定义判断函数的奇偶性；

③ 由函数的奇偶性想象出函数图像的对称性。

（2）过程与方法

① 在经历抽象函数奇偶性的数量刻画过程中感悟数学符号的抽象过程及符号表示的作用。

② 在经历抽象函数奇偶性的概念形成过程中体会数学概念抽象形成过程，理解数量概念的充要性。

（3）情感态度价值观

① 在观察函数图像特征过程中欣赏数学的对称美；②在抽象函数奇偶性的概念形成过程中感受"追求简单化"这一数学"简洁美"的灵魂；③通过用数量关系刻画函数奇偶性的细节体会数学的严谨性；④通过函数奇偶性及图像感受数学的简洁、对称、概括、统一之美。

2. 目标解析

达成上述目标的标志：

（1）知道用符号语言刻画函数的奇偶性时，"任意""都有"等关键词的含义；能够从函数图像或通过代数推理得到函数的奇偶性；知道函数的奇偶性反映了函数的整体的不变性。

（2）会用函数奇偶性的定义，按一定步骤判断函数的奇偶性。

（3）经历从图像直观到自然语言描述再到符合语言刻画的过程，感悟通过引入"任意""都有"等关键词，把一个含有"无限"的问题转化为一种"有限"方式表示的方法，感受数学语言的作用。

（三）教学问题诊断分析

学生在初中阶段已经学习了一次函数、正比例函数、反比例函数和二次函数，对于每一对函数都研究了函数图像和性质，能感觉到函数图像对称性的美学特征。高中阶段就是要将函数图像关于 y 轴对称的美学特征用数学语言"$\forall x \in I$，都有 $f(-x) = f(x)$"表达、关于原点中心对称的美学特征用数学语言"$\forall x \in I$，都有 $f(-x) = -f(x)$"表达。对函数图像形象美定量刻画，这样的语言是学生第一次接触，对他们而言是一个很大的难点。

教学中，要利用一次函数、二次函数等，借助一定的教学媒体，如用信息技术展示点的对称性，用表格形式加强自变量的对称性与函数值的关系，给学生设置一条从定性到定量、从粗糙到精确的归纳过程，引导学生逐步抽象出函数奇偶性的定义，再通过辨析、练习帮助学生理解定义。

根据以上分析，确定本节课的教学难点：符号语言的引入，对"任意""都有"等涉及无限取值的语言的理解和使用。

（四）教学支持条件分析

为使学生更好地由图形美引发学生对数量关系的探求，利用几何画板采用动态方式展示函数图像的对称性，并体会自变量取值的任意性。

（五）教学过程设计

1. 创设情境

前面遵循图像特征—数量特征—命名这些步骤研究了函数的单调性、最值等性质。有些函数的图像很特别，也很漂亮，我们这节课按上面步骤再来研究一些函数的漂亮性质。

问题1：请同学们作下列两题组函数的图像（作函数图像的基本方法是列表、描点，然后用一条光滑的曲线连接）

（1）①$f(x) = x^2$；②$f(x) = |x|$；③$f(x) = x^0$。

表7－1

x	-3	-2	-1	0	1	2	3
$f(x) = x^2$							
$f(x) = |x|$							
$f(x) = x^0$							

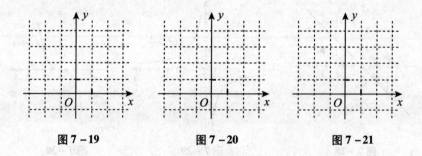

图7－19　　　　图7－20　　　　图7－21

（2）①$f(x) = x$；②$f(x) = x^{-1} = \dfrac{1}{x}$；③$f(x) = x^3$。

表7－2

x	-3	-2	-1	0	1	2	3
$f(x) = x$							
$f(x) = x^{-1} = \dfrac{1}{x}$							
$f(x) = x^3$							

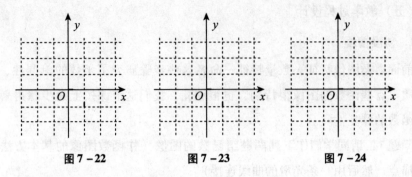

图 7-22　　　　　图 7-23　　　　　图 7-24

（让学生练习 10 分钟后教师公布答案）

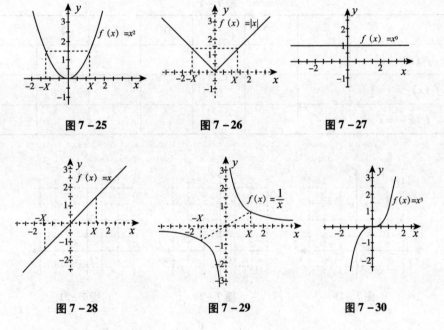

图 7-25　　　　　图 7-26　　　　　图 7-27

图 7-28　　　　　图 7-29　　　　　图 7-30

函数的定量刻画

问题 2：请同学们对上面所作的两组函数图像思考以下问题：

（1）这两个函数图像体现了什么数学美特征？

（2）相应的两组函数的自变量 x、函数值 y 在对应列表中是如何体现这些特征的？

师生活动：

师：同学们，我们作出了上面两组函数的图像，在作图的过程中感觉出这两组图像有什么漂亮特征？

生1：第1组的函数的图像都关于 y 轴对称，第2组的函数的图像都关于原点对称。

师：数学是研究数量关系与空间形式的科学，函数图像有漂亮的图形特征，函数符号则一定有漂亮的数量特征，下面我们就抽象第1组图像关于 y 轴对称的函数的数量特征。

请同学们体会刚才作图列表时，自变量 x、函数值 y 有什么规律？

生2：自变量 x 取一对相反数时，相应的两个函数值相同。

生3：自变量 x 的特征：定义域内有3，就有 -3，……，有 x，就有 $-x$；函数值 y 的特征：$f(-3)=9=f(3)$；$f(-2)=4=f(2)$；$f(-1)=1=f(1)$，…，$y=f(-x)=(-x)^2=x^2=f(x)$。

师：上面自变量 x 的取值是任意的，如何用语言体现这种任意性？

生4：对定义域内的任意一个 x，$-x$ 也在定义域内，都有自变量取一对相反数时，相应的两个函数值相同。

即：对定义域内的任意一个 x，$-x$ 也在定义域内，都有 $f(-x)=(-x)^2=x^2=f(x)$ 成立。

师：好！用"任意""都有"就体现了任意性。

师：函数 $f(x)=|x|$ 是否有同样的数量特征？

生5：……

师：图像左右对称⇔定义域左右对称⇔自变量 x 的正负取值一样⇔对定义域内的任意一个 x，$-x$ 也在定义域内。

上面刻画函数图像关于 y 轴对称的数量特征语言能否简洁一点、漂亮一点？

生6："$-x$ 也在定义域内"这句话可以不要，因为 $f(-x)$ 就含有这层意思了，任意可以（用符号"∀"），整句话可以概括为：$\forall x \in$ 定义域 I，都有 $f(-x)=f(x)$。

师：对！

2. 偶函数定义的建立

问题3：如何对这类函数进行定义？（如何对这类函数取名？）

师生活动：

（师：前面已学定义就是充要条件，要给一个概念进行定义就是要找到这个

概念成立的充要条件)

师：由于图形是形象感性的，数量关系是精确的，所以数学的概念总是用数量的准确关系来定义，对数学概念形成定义有两点：①如何取名？②对这个概念的内涵和外延进行界定，那么先取名，如何称呼？

生7：我们把具有类特征的函数叫作偶函数（借函数次数）。

生8：如果$\forall x \in$定义域I，都有$f(-x)=f(x)$，那么称$f(x)$为偶函数。

师：偶函数的外延：如果$\forall x \in$定义域I，都有$f(-x)=f(x)$，那么$f(x)$是偶函数；内涵：如果$f(x)$是偶函数，那么$\forall x \in$定义域I，都有$f(-x)=f(x)$。

3. 奇函数定义的建立

问题4：仿照偶函数的概念形成过程，对第2组图像关于原点对称的函数建立概念，注意区别是什么？

师生活动：

在前面的基础上由师生一起得到：

(1) 函数$f(x)=x$与$f(x)=\dfrac{1}{x}$的图像都关于原点对称。

(2) 对于函数$f(x)=\dfrac{1}{x}$，自变量x特征：定义域内有3，就有-3，……有x，就有$-x$；函数值y特征：$f(-3)=-f(3)$；$f(-2)=-f(2)$；$f(-1)=-f(1)$，…，$y=f(-x)=\dfrac{1}{(-x)}=-\dfrac{1}{x}=f(x)$。

函数$f(x)=x$也具有同样的数量特征。

概括为：对于函数的定义域内任意一个x，都有$f(-x)=-f(x)$成立。

(3) 如何对这类函数进行定义？（如何对这类函数取名？）

借助x的次数是奇数的"奇"字，可定义为：

如果对于函数的定义域内任意一个x，都有$f(-x)=-f(x)$，那么函数$f(x)$就叫作奇函数。

4. 给出一个函数，如何判断其奇偶性

问题5：例1：根据列举格式判断下列函数的奇偶性：

(1) $f(x)=x^4$；　　　　　　　(2) $f(x)=x^5$；

(3) $f(x)=x+\dfrac{1}{x}$；　　　　　(4) $f(x)=\dfrac{1}{x^2}$。

师生活动:

教师启发:①用图像特征还是用数量特征判断函数的奇偶性?当然是用定义,图像难画不准确。

②用定义判断函数奇偶性的步骤:(1)自变量特征:x在定义域内,$-x$也要在定义域内,即求函数定义域判断是否对称;(2)函数值特征:$f(-x)$与$f(x)$的关系。

解答范例:(1)∵定义域为$(-\infty, +\infty)$,

$f(-x) = (-x)^4 = x^4 = f(x)$,

∴$f(x)$为偶函数。

学生练习:(略)

5. 概念的升华

问题6:思考

(1)判断函数$f(x) = x^3 + x$的奇偶性。

(2)如图7-31所示是函数$f(x) = x^3 + x$图像的一部分,你能根据$f(x)$的奇偶性画出它在y轴左边的图像吗?

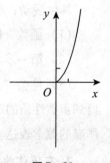

(3)判断函数$f(x) = \begin{cases} x(1-x) & (x<0) \\ x(1+x) & (x>0) \end{cases}$的奇偶性。

(4)已知函数$f(x)$是定义域为**R**的奇函数,当$x>0$时,$f(x) = x(2+x)$,求函数$f(x)$的解析式。

图7-31

(1)∵$f(x) = x^3 + x$,

∴$f(-x) = -x^3 - x = -(x^3 + x) = -f(x)$,

则函数$f(x)$为奇函数。

(2)∵函数$f(x)$为奇函数,

∴图像关于原点对称,

则对应的图像为图7-32所示:

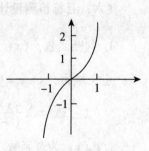

(3)根据图像来判断:

定义域关于原点对称,并且

当$x>0$时,$-x<0$,$f(-x) = (-x)[1-(-x)]$

图7-32

$= -x(1+x) = -f(x)$,

当$x<0$时,$-x>0$,$f(-x) = (-x)[1+(-x)] = -x(1-x) = -f(x)$,

所以$f(x)$为奇函数。

（4）解：当 $x=0$ 时，$f(x)$ 是奇函数，$f(-0)=-f(0)$，所以 $f(0)=0$；

当 $x<0$ 时，$-x>0$，$f(x)=-f(-x)=-[(-x)(2+(-x))]=x(2-x)$。

所以 $f(x)=\begin{cases} x(2+x) & x>0 \\ 0 & x=0 \\ x(2-x) & x<0 \end{cases}$。

6. 课堂小结

问题7：回答下列问题：

（1）什么叫函数的奇偶性？你能举出一具体的例子吗？

（2）判断函数奇偶性的方法步骤是什么？

（3）结合本节课的学习过程，你对函数性质的研究内容和方法有什么体会？

师生活动：

（1）函数奇偶性的定义；

（2）第一步求定义域；第二步求 $f(-x)$ 与 $f(x)$ 的关系；

（3）体会"从定性到定量"的研究思路，即通过图像直观及自然语言刻画得到函数性质的定性刻画，再用符号语言进行定量刻画，从而使函数性质得到严谨的数学表达。

7. 布置作业

教科书第 85 页练习第 1、2、3 题，习题 3.2 第 5、11 题。

（六）目标检测设计

1. 判断函数 $f(x)=\dfrac{x^2+1}{x}$ 的奇偶性。

定义域为 $\{x\mid x\neq 0\}$。

$\because f(-x)=\dfrac{(-x)^2+1}{(-x)}=-\dfrac{x^2+1}{x}=-f(x)$，

$\therefore f(x)$ 为奇函数。

2. 函数 $f(x)=\begin{cases} x+2 & x<-1 \\ 0 & |x|\leq 1 \\ -x+2 & x>1 \end{cases}$ 是（　　　）

（A）奇函数　　　　　　　　（B）偶函数

（C）既奇且偶函数　　　　　（D）非奇非偶函数

3. 已知函数 $f(x)$ 是定义域为 **R** 的奇函数，当 $x \in (-\infty, 0)$ 时，$f(x) = x^2 + x - 2$。（1）求函数 $f(x)$ 的解析式；（2）画出 $f(x)$ 的图像。

（七）教学反思

这次有幸参加罗定邦中学赴盐源教育交流帮扶工作，这是我的荣幸，也是我教育工作的一次非常有意义的经历。旅途辛劳让我感受到了祖国的广袤。在盐源县中学看到他们的数学老师兢兢业业地工作，在狭窄的办公室每天批改 130 本以上的数学作业。也看到他们的学生单纯可爱，渴望学习的眼神，脸上还挂着高原红，课堂上回答问题整齐响亮的声音。当我的课上完以后，2020 届考出清华学生的数学老师兼班主任的但伯主任对我课的点评：①教师如何高观点下理解函数奇偶性概念（为什么命名奇偶函数主任说还没有想到过）；②如何让学生经历函数奇偶性概念的发生发展过程而不是灌输给学生；③如何启发学生数学思维而不是数学记忆；④如何突出重点（我只讲了两个 PPT）而不流水作业；⑤如何重视教材而不是只讲资料题，让我找到教学研究的知音，所以座谈完后我们仍然相交甚欢，一路陪送我到酒店。作为一位老师，深感中央决策的英明，唯有努力工作，不忘初心。

案例 2：整体观下的三角函数的概念的单元教学设计

（一）单元内容或内容解析

（1）单元内容

三角函数的概念，三角函数的基本性质；三角函数值的符号、公式一、同角三角函数的基本关系。

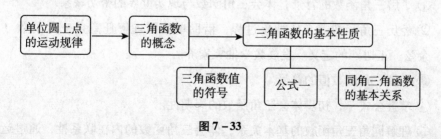

图 7-33

本单元分 3 课时，第 1 课时，三角函数的概念；第 2 课时，三角函数的基本性质；第 3 课时，同角三角函数的基本关系。

（2）内容解析

三角函数是一类最典型的周期函数，是解决实际问题的重要工具，是学习数学、物理或天文学等其他学科的重要基础。

传统上，人们习惯把三角函数看成是锐角三角函数的推广，利用象限角终边上的点的坐标比定义三角函数。锐角三角函数的研究对象是三角形，是三角形中边与角的定量关系（三角比）的反映；任意三角函数的现实背景是周期变化现象，是"周而复始"变化规律的数学刻画。如果以锐角三角函数为基础进行推广，那么三角函数的概念发生发展过程的完整性将受到破坏。因此，整体上，任意三角函数知识体系的建立，应与其他初等函数类似，强调以周期变化现象为背景，构建从抽象研究对象（即定义三角函数概念）到研究它的图像、性质再到实际应用的过程、与锐角三角函数的联系可以在给出任意三角函数定义后再进行考察。

一般地，概念的形成应按"事实—概念"的路径，即学生要经历"背景—研究对象—对应关系的本质—定义"的过程，本单元的学习中，学生在经历这个过程形成三角函数概念的同时，"顺便"可以得到值域、函数符号、公式以及同角三角函数的基本关系等性质。

根据以上分析，可以确定本单元的教学重点：正弦函数、余弦函数、正切函数的定义，公式一，同角三角函数的基本关系，其中正弦函数、余弦函数的定义是重中之重。

（二）单元目标或目标解析

（1）目标

① 了解三角函数的背景，体会三角函数与现实世界的密切联系。

② 经历三角函数概念的抽象过程，借助单位圆理解任意角三角函数（正弦、余弦、正切）的定义，发展数学抽象素养。

③ 掌握三角函数值的符号。

④ 掌握公式一，初步体会三角函数的周期性。

⑤ 理解同角三角函数的基本关系，体会三角函数的内在联系性，通过运用基本关系进行三角恒等变换，发展数学运算素养。

（2）目标解析

搭成上述目标的标志：

① 学生能了解线性函数、反比例函数、二次函数、幂函数、指数函数、对数函数的现实背景，知道三角函数是刻画现实世界中周而复始变化规律的数学工具，能体会到匀速圆周运动在周而复始变化现象中的代表性。

② 学生在经历"周期现象—圆周运动—单位上点的旋转运动"的抽象活动中，明确研究的问题（单位圆 $\odot O$ 上的点 P 以 A 为起点做旋转运动，建立一个函数模型，刻画点 P 的位置变化情况），使研究对象简单化、本质化；学生能分析单位圆上点的旋转中涉及的量及相互关系，获得对应关系并抽象出三角函数的概念；能根据定义求给定角的三角函数值。

③ 学生能根据定义得出三角函数在各象限的符号规律。

④ 学生能根据定义，结合终边相同的角的表示，得出公式一，并能据此描述三角函数周而复始的变化规律，求某些角（特殊角）的三角函数值。

⑤ 学生能利用定义以及单位圆上的点横、纵坐标之间的关系，发现并得出"同角三角函数的基本关系"，并能用于三角恒等变换。

（三）单元教学问题诊断分析

三角函数概念的学习，其认知基础是函数的一般观念以及对幂函数、指数函数和对数函数的研究经验，另外，还有圆的有关知识。这些认知准备对于分析"周而复始"变化现象中涉及的量及其关系，认识其中的对应关系并给出定义等都能起到思路引领作用，然而，前面学习的基本初等函数，涉及的量（常量与变量较少），解析式都有明确的运算含义，在三角函数中，影响单位圆上点的坐标变化的因素较多，对应关系不以"代数运算"为媒介，是" α 与 x，y 直接对应"，无须计算。虽然 α，x，y 都是实数，但实际上是"几何元素的对应关系"，所以三角函数中的对应关系与学生的已有经验距离较大，由此产生第一个学习难点：理解三角函数的对应关系，包括影响单位圆上点的坐标变化的因素分析，以及对三角函数的定义方式的理解。

为了破除学生在对应关系认识上的定式，帮助他们搞清三角函数的"三要素"，应该根据一般函数概念引导下的下位学习特点，先让学生明确"给定一个角，如何得到对应的函数值"的操作过程，然后再下定义，这样不仅使三角函数定义的引入更自然，而且由三角函数对应关系的独特性，可以使学生再一次认识函数的本质，具体地，可以先让学生完成"给定一个特殊角，求它的终边与单位圆交点的坐标"的任务，例如，当 $\alpha = \dfrac{\pi}{6}$ 时，让学生找出相应的点 P，并体会到点 P 的坐标的唯一确定性：再借助信息技术，让学生观察任意给定一个角 $\alpha \in \mathbf{R}$，它的终边与单位圆的交点坐标是否唯一，从而为理解三角函数的对应关系奠定基础，利用信息技术，可以很容易地建立单位圆上点的横坐标、纵坐标、角、弧之间的联系。并可以在角的变化过程中进行观察，发现其中的规律性，所以信息技术可以帮助学生更好地理解三角函数的本质。

对于三角函数的定义，可通过以下几点帮助学生理解。

第一，α 是一个任意角，同时也是一个实数和弧度数，所以"设 α 是一个任意角"的意义实际上是"对于 $\mathbf{R}$ 中的任意一个数 α"。

第二，"它终边与单位圆相交于点 $P\,(x,\,y)$"实际上给出了两个对应关系，即

(1) 实数 α（弧度）对应点 P 的纵坐标 y；

(2) 实数 α（弧度）对应点 P 的横坐标 x。

其中 $y,\,x \in [-1,\,1]$，因为对于 $\mathbf{R}$ 中的任意一个数 α，它的终边唯一确定，所以交点 $P\,(x,\,y)$ 也唯一确定，也就是纵坐标 y、横坐标 x 都由 α 唯一确定，所以对应关系 (1) (2) 分别确定了一个函数，也就是理解三角函数定义的关键。

第三，引进符号 $\sin\alpha$，$\cos\alpha$ 分别表示"实数 α（弧度）对应点 P 的纵坐标 y""实数 α（弧度）对应点 P 的横坐标 x"，于是对于任意一个数 α，按对应关系 (1)，在实数集合 $B = \{z \mid -1 \leq z \leq 1\}$ 中都有唯一确定的数 $\sin\alpha$ 对应；按对应关系 (2)，在实数集合 B 中都有唯一确定的数 $\cos\alpha$ 对应；所以，$\sin\alpha$，$\cos\alpha$ 都是一个由 α 所唯一确定的实数。

这里，对符号 $\sin\alpha$，$\cos\alpha$ 和 $\tan\alpha$ 的认识是第二个难点。可以通过类比引进符合 $\log_a b$ 表示 $a^x = b$ 中的 x，说明引进这些符号的意义。

本单元的第三个学习难点是对三角函数内在联系的认识。出现这个难点的主要原因在于三角函数联系方式的特殊性，学生在已有的基本初等函数学习中没有这种经验，以及学生从联系的观点看问题的经验不足，对"如何发现函数的性质"的认识不充分而导致的发现和提出性质的能力不强。为此，教学中应在思想方法上加强引导，例如可以通过问题"对于给定的角 α，点 $P\,(\cos\alpha,$

sinα) 是 α 终边与单位圆的交点，而 tanα 则是点 P 的纵坐标与横坐标的比，因此这三个三角函数一定有内在联系。你能从定义出发，研究它们有怎样的联系"引导学生探究同角三角函数的基本关系。

（四）单元教学支持条件分析

为了加强学生对单位圆上点的坐标随角（圆心角）的变化而变化的直观感受，需要利用几何画板建立任意角、角的终边与单位圆的交点、角的旋转量、交点坐标等之间的关联，教学中可以动态地改变角 α 的终边 OP（P 为终边与单位圆的交点）的位置，引导学生观察 OP 位置变化所引起点 P 做变化的规律，感受三角函数的本质，同时感受终边相同的角具有相同的三角函数值，以及各三角函数在各象限符号的变化情况。

（五）课时教学过程设计

第 1 课时

1. 创设情境，明确背景

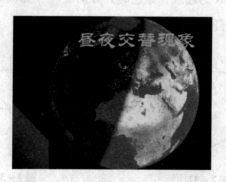

图 7 – 34

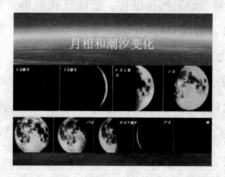

图 7 – 35

图 7 - 36

由于地球绕太阳旋转出现了昼夜交替现象，月亮绕地球旋转出现了潮汐现象，我们游乐场的摩天轮，这些都是一点绕定点旋转的问题。本章开头也说我们本章就是研究：

⊙O 上的点 P 以 A 为起点，做逆时针方向旋转，如何刻画点 P 的位置变化呢？（教师打开已做好的几何画板，让学生观看动画 1）

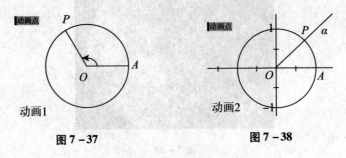

图 7 - 37 　　　　　　　　　　　　　　图 7 - 38

为了刻画 P 点位置和研究的标准化，把圆放在直角坐标系中，圆心 O 为坐标原点，A 为 $(1, 0)$，射线 OA 从 x 轴的非负半轴开始，绕点 O 按逆时针方向旋转角 α，终止位置为 OP。（让学生观看动画 2）

问题 1：⊙O 上的点 P 以 A 为起点，做逆时针方向旋转，旋转变换引起 P 的位置变化，变化问题可用函数模型来表示，请同学们回顾一下函数概念，旋转变化模型中，自变量是什么？函数（因变量）是什么？对应关系是什么？

设计意图：考虑学生的接受能力，直接告知研究方式，复习函数概念，为从一般到特殊理解三角函数模型做准备。

师生活动：在学生回顾复习的基础上教师给出：

设 A，B 是非空的数集，如果按照某个确定的对应关系 f，使对于集合 A 中的任意一个数 x，在集合 B 中都有唯一确定的数 y 和它对应，那么就称 $f: A \rightarrow B$ 为从集合 A 到集合 B 的一个函数。

生 1：自变量是角 α，函数是坐标，由于坐标有横、纵之分，所以有两个函数，对应关系就是角对应的坐标。

2. 具体分析，形成经验

问题 2：满足每一个自变量角 α 都有唯一的 P 点对应吗？如何对应？具体地说就是当 $\alpha = \dfrac{\pi}{6}$、$\alpha = \dfrac{\pi}{4}$、$\alpha = \dfrac{\pi}{2}$、$\alpha = \dfrac{2\pi}{3}$ 时，P 点的坐标是什么？

设计意图：建立每一个角有唯一的坐标的感觉，理解特殊角的坐标求法。

师生活动：一定要让学生有时间做，由小组推举一人展示：

教师追问：（1）斜边为 1 的含 30° 直角三角形的邻边，对边分别是多少？

（2）如何在单位圆上作出 $\alpha = \dfrac{\pi}{6}$ 时表示 P 点坐标的图形，并算出 P 点的坐标？

过 P 作 PM 垂直 x 轴于 M 点，则 PM 就是纵坐标 y，OM 就是横坐标 x。

（3）如何在单位圆上作出 $\alpha = \dfrac{2\pi}{3}$ 时表示 P 点坐标的图形？并算出 P 点的坐标？

（4）如何在单位圆上作出任意角 α 与单位圆交点 P 点坐标的图形，P 点唯一吗？

3. 抽象概括，建立模型

问题 3：请同学们观察角 α 逆时针方向旋转，P 点坐标变化的动画 3，你能用函数的语言刻画这种对应关系吗？

设计意图：以函数的对应关系为指向，从特殊到一般，使学生确认相应的对应关系满足函数的定义，角的终边与单位圆交点的横、纵坐标都是角 α 的函数，为给出三角函数作好准备。

师生活动：让学生有讨论，共同得出：

对于 **R** 中的任意一个角 α，它的终边 OP 与单位圆交点 P（x，y），无论横

227

坐标 x 还是纵坐标 y，都是唯一确定的。这里有两个对应关系：

f：实数 α（弧度）→点 P 的纵坐标 y，即 $\mathbf{R} \to [-1, 1]$；

g：实数 α（弧度）→点 P 的横坐标 x，即 $\mathbf{R} \to [-1, 1]$，

都是从集合 $\mathbf{R}$ 到集合 $[-1, 1]$ 的函数。

4. 追根溯源，建立概念

问题 4：上面两个函数中的自变量 α 不是经过运算对应 P 点坐标的，所以这两个函数没有运算解析式的，需要用专门的符号表示，你能给这两个函数用什么专门符号表示吗？用符号表示的方法有两种：一是借用原来的某些符号，但要与原来含义一致；二是新造一数学符号（如对数符号）。

图 7-39

设计意图： 从符号角度理解三角函数，同时为引入与锐角三角函数关系做准备。

师生活动：

生 2：$f\left(\dfrac{\pi}{6}\right) = \dfrac{1}{2}$，$g\left(\dfrac{\pi}{6}\right) = \dfrac{\sqrt{3}}{2}$，我想到了

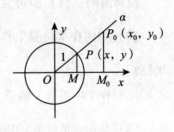

图 7-40

$f\left(\dfrac{\pi}{6}\right) = \sin\dfrac{\pi}{6} = \dfrac{1}{2}$，$g\left(\dfrac{\pi}{6}\right) = \cos\dfrac{\pi}{6} = \dfrac{\sqrt{3}}{2}$，这两

个函数能否借用正弦、余弦符号呢？即 $y = \sin\alpha$，

$x = \cos\alpha$？

教师追问：初中我们学的是锐角三角函数，

知道它们是以锐角为自变量，以比值为函数值函数，当 $\alpha \in \left(0, \dfrac{\pi}{2}\right)$ 时，$\sin\alpha = y$，$\cos\alpha = x$ 是否与初中定义一致？

生 3：一致，当 $\alpha \in \left(0, \dfrac{\pi}{2}\right)$ 时，设角 α 终边上任意一点 $P(x_0, y_0)$，斜 r

$= \sqrt{x_0^2 + y_0^2}$，$\sin\alpha = \dfrac{\text{对}}{\text{斜}} = \dfrac{y_0}{r} = \dfrac{y}{1} = y$，$\cos\alpha = \dfrac{\text{邻}}{\text{斜}} = \dfrac{x_0}{r} = \dfrac{x}{1} = x$，所以是一致的。

教师用 PPT 给出三角函数的定义：

设 α 为任意角，$\alpha \in \mathbf{R}$，它的 α 终边与单位圆相交于点 $P(x, y)$，

（1）把点 P 的纵坐标 y 叫作角 α 的正弦函数，记作 $\sin\alpha$，即 $y = \sin\alpha$；

（2）把点 P 的横坐标 x 叫作角 α 的余弦函数，记作 $\cos\alpha$，即 $x = \cos\alpha$；

（3）把点 P 的纵坐标与横坐标的比值 $\dfrac{y}{x}$ 叫作角 α 的正切，记作 $\tan\alpha$，即 $\dfrac{y}{x}$ $= \tan\alpha$（$x \neq 0$）。

教师追问：正切值是否可以看作角 α 的函数？正切的定义域如何？

生 3：可以看作函数，满足每一个角 α 对唯一一个正切值，由 $x \neq 0$，α 的终边不能在 y 轴上，所以 $\alpha \neq \dfrac{\pi}{2} + k\pi$（$k \in \mathbf{Z}$）。

教师用 PPT 给出：

按函数约定俗成自变量用 x、函数用 y 表示：

正弦函数 $y = \sin x$；

余弦函数 $y = \cos x$；

正切函数 $y = \tan x$，$\alpha \neq \dfrac{\pi}{2} + k\pi$（$k \in \mathbf{Z}$），

统称为三角函数。

5. 应用练习，巩固概念

问题 5：例 1：求 $\dfrac{5\pi}{3}$ 的正弦、余弦和正切值。

设计意图： 通过概念的简单应用，明确用定义求三角函数值的基本步骤，进一步理解定义的内涵。

师生活动： 先学生练习，然后小组讨论，最后总结求三角函数值的思维方向：求角终边与单位圆交点坐标；步骤：画终边，找交点坐标，注意象限和利用斜边为 1 的 30° 直角三角形的直角边长。

再练习：（1）求 π，$\dfrac{3\rho}{2}$ 的三个三角函数值；（2）求使 $\cos\alpha = 1$ 的角。

设计意图： 检验学生对定义的理解。

6. 变式练习，深化理解

问题 6：例 2：（1）如图 7 - 40 所示，已知角 α 的终边经过点 P（-8，-6），求它的三角函数值；

（2）设 α 是一个任意角，它的终边上任意一点 P（不与原点重合）的坐标

为 (x, y)，P 与原点的距离为 $r = |OP| = \sqrt{x^2 + y^2}$，求证：$\sin\alpha = \dfrac{y}{r}$，$\cos\alpha = \dfrac{x}{r}$，$\tan\alpha = \dfrac{y}{x}$。

设计意图：利用三角形相似求交点坐标，从而引入三角函数的另一定义，加深学生对三角函数的理解。

师生活动：

难点：求过 P 的射线 OP 与单位圆的交点坐标？有什么简便方法？

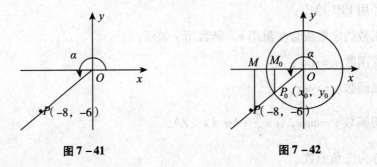

图 7 - 41   图 7 - 42

7. 目标检测，提升素养

特殊角的三角函数

（1）写出下列终边与单位圆的交点坐标。

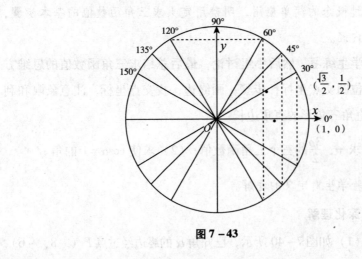

图 7 - 43

（2）写出下列终边所对应角的正弦值。

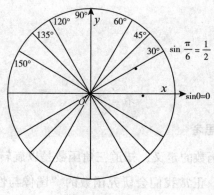

图 7 – 44

（3）写出下列终边所对应角的余弦值。

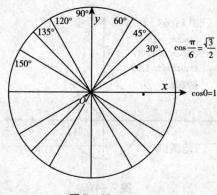

图 7 – 45

（4）写出下列终边所对应角的正切值。

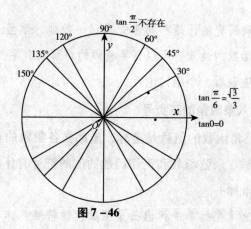

图 7 – 46

8. 小结

（略）

9. 布置作业

（略）

第 2 课时

1. 在情境中引入思考

前面学习了三角函数的定义，知道三角函数是以旋转角为自变量，单位圆上的点的坐标为函数，正常我们会研究函数的"图像与性质"，由于是旋转形成的函数，旋转很有特别之处，所以这节课继续研究旋转，请同学们再看看它们的旋转（教师打开做好的旋转课件让学生观看）。

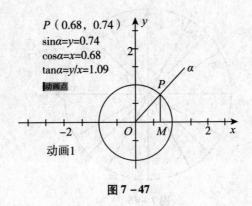

图 7 - 47

单位圆上的点在绕原点旋转的过程中，你有什么感觉？三角函数值的变化有什么规律？

设计意图：明确研究的问题和思考方向，一般地，学生不习惯于借助单位圆的性质研究三角函数的性质，所以需要教师的讲解或引导。

师生活动：学生观看，小组讨论。

2. 在情境中引入象限角的正负号

问题 1：由于三角函数的值就是坐标，坐标在各象限的正负不同，你能找到象限角与正弦函数、余弦函数和正切函数的值的符号有什么规律吗？如何用集合语言表示这种规律？

设计意图：在直角坐标系中标出三角函数值的符号规律不难，可由学生独立完成，用集合语言表示，可以复习象限角、终边相同的角的集合表示等。

师生活动：由学生独立完成。用集合语言表示的结果是：

当 $\alpha \in \{\beta \mid 2k\pi < \beta < 2k\pi + \pi, k \in \mathbf{Z}\}$ 时，$\sin\alpha > 0$；当 $\alpha \in \{\beta \mid 2k\pi + \pi < \beta < 2k\pi + 2\pi, k \in \mathbf{Z}\}$ 时，$\sin\alpha < 0$；当 $\alpha \in \{\beta \mid \beta = k\pi, k \in \mathbf{Z}\}$ 时，$\sin\alpha = 0$。

同理可以表示余弦、正切。

各三角函数在各象限的正、负号。

（1）$\sin\alpha = y$ （2）$\cos\alpha = x$ （3）$\tan\alpha = y/x$

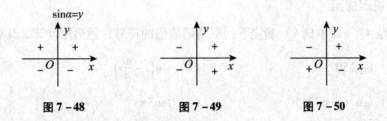

图 7 - 48　　　　图 7 - 49　　　　图 7 - 50

归纳：一全二正弦，三切四余弦。

问题 2：（课本例 1）求证：θ 为第三象限角的充要条件是 $\begin{cases} \sin\theta < 0 \\ \tan\theta > 0 \end{cases}$。

设计意图：通过联系相关知识，培养学生的推理论证能力。

师生活动：先引导学生明确问题的条件或结论，再由学生独立完成证明。

3. 在情境中引出诱导公式一

问题 3：单位圆上的点在绕原点旋转过程中，旋转就有周而复始（重复），就有对称，你能对旋转中的周而复始用"数学眼光"作一个数学表达吗？

设计意图：引导学生通过建立相关知识的联系，发现公式以及其所体现的三角函数周期性取值的规律，这是"单位圆上的绕圆周旋转整数周仍回到原来位置"的特征的反映，特别是将周而复始换成"单位圆上的绕圆周旋转整数周仍回到原来位置"，进而如何符号式子表示得到了公式一。在此过程中，可以培养学生用联系的观点看问题，以及发展直观想象等素养。

师生活动：学生在问题引导下自主探究，发现公式一。

角周而复始：$\alpha \to \alpha + 2k\pi$

坐标周而复始：$P(x, y) \to P'(x', y')$，$P(x, y) = P'(x', y')$

三角函数周而复始：$\sin\alpha \to \sin(\alpha + 2k\pi)$　　　$\cos\alpha \to \cos(\alpha + 2k\pi)$

$\tan\alpha \to \tan\ (\alpha+2k\pi)$。

即：

终边相同的角的同一三角函数的值相等。

公式一

$\sin\ (\alpha+2k\pi)\ =\sin\alpha \qquad \cos\ (\alpha+2k\pi)\ =\cos\alpha \qquad \tan\ (\alpha+2k\pi)\ =\tan\alpha$。

追问：你认为公式一有什么作用？

可以把求任意角的三角函数值周而复始地转化成 $0\sim2\pi$ 角的三角函数值。

4. 巩固应用

问题4：（课本例4）确定下列三角函数值的符号，然后用计算工具验证：

（1）$\cos250°$ 　　　　　　　（2）$\sin\left(-\dfrac{\pi}{4}\right)$

（3）$\tan\ (-672°)$ 　　　　　（4）$\tan3\pi$

设计意图： 利用公式一，可以把求任意角的三角函数值转化为求 $0\sim2\pi$ 角的三角函数值。同时，由公式一可以发现，只要讨论清楚三角函数在区间 $[0,$ $2\pi]$ 上的性质，那么三角函数在整个定义域内的性质就清楚了，在此过程中，可以培养学生用联系的观点看问题，以及发展直观想象等素养。

师生活动：学生在问题引导下自主探究，小组交流，也有学生上黑板展示。

（略）

问题5：（课本例5）求以下三角函数值：

（1）$\sin1480°10'$；

（2）$\cos\dfrac{9\pi}{4}$；

（3）$\tan\left(-\dfrac{11\pi}{6}\right)$。

设计意图： 再次利用公式一，把求任意角的三角函数值转化为求 $0\sim2\pi$ 角的三角函数值这一三角方法。

师生活动：学生在问题引导下自主探究，小组交流，也有学生上黑板展示。

（略）

5. 小结

（略）

6. 布置作业

（略）

第 3 课时：同角三角函数的基本关系

问题 1：公式一 sin $(k \cdot 2\pi + \alpha)$ = sinα；cos $(k \cdot 2\pi + \alpha)$ = cosα；tan $(k \cdot 2\pi + \alpha)$ = tanα。表明终边相同的角的同一三角函数值相等，那么，终边相同的角的三个三角函数值之间是否也有某种关系呢？

请同学们在单位圆中观察它们之间有什么关系？

设计意图：在复习公式一（周而复始）的基础上，由问题点出本节课的主题——同角三角函数的关系，同时让学生感受到函数的性质可由图形观察出来，培养学生的直观想象素养。

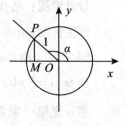

图 7 – 51

师生活动：让学生思考 3 分钟，选 4 位同学上黑板直接展示思考结果。

师：哪位同学展示一下你的思考？

生 1：同角三角函数的基本关系及证明。

如图 7 – 50 所示，sinα = y = MP，cosα = x = OM，以正弦线 MP、余弦线 OM 和半径 OP 三者之间构成直角三角形，而且 OP = 1，由勾股定理有 $MP^2 + OM^2 = 1$，因此 $x^2 + y^2 = 1$，即 $\sin^2\alpha + \cos^2\alpha = 1$。

显然，当 α 的终边与坐标轴重合时，这个公式也成立。

根据三角函数的定义，当 $\alpha \neq k\pi + \dfrac{\pi}{2}$（$k \in \mathbf{Z}$）时，有 $\dfrac{\sin\alpha}{\cos\alpha} = \tan\alpha$。

生 2：这就是说，同一个角 α 的正弦、余弦的平方和等于 1，商等于角 α 的正切。

教师追问：能否用初中定义验证？

应用一：已知角的一个三角函数值，求另外两个三角函数值。

问题 2：例 1：已知 sinα = $-\dfrac{3}{5}$，求 cosα，tanα 的值。

设计意图：通过同角关系的应用价值让学生体会、掌握同角关系，同时进一步理解三角函数。

师生活动：

思考1：由 $\sin\alpha = -\dfrac{3}{5}$ 能确定 α 吗？能确定 α 的终边位置吗？（教师在几何画板上演示 $\sin\alpha = -0.6$ 的 α 终边位置，α 终边在第三、四象限）

思考2：如何准确表述？（分类讨论）

思考3：书写格式如何排列？

问题3：补例。已知 $\tan\alpha = 3$，求 $\sin\alpha \cos\alpha$ 的值。

设计意图：已知正切值求另外两个函数值方法多，强调最基本的方法。

师生活动：

解法1：（由 $\tan\alpha = 3$，求得 $\sin\alpha = ?$ $\cos\alpha = ?$ 然后代入所求式子）

由 $\tan\alpha = 3 > 0$，α 是第一、三象限角，

当 α 是第一象限角时，$\tan\alpha = 3 = y/x$，$\therefore y = 3$，$x = 1$，$r = \sqrt{10}$，$\sin\alpha = \dfrac{3}{\sqrt{10}}$，$\cos\alpha = \dfrac{1}{\sqrt{10}}$，$\therefore \sin\alpha \cos\alpha = \dfrac{3}{10}$。

当 α 是第三象限角时，$\tan\alpha = 3 = y/x$，$\therefore y = -3$，$x = -1$，$r = \sqrt{10}$，$\sin\alpha = -\dfrac{3}{\sqrt{10}}$，$\cos\alpha = -\dfrac{1}{\sqrt{10}}$，$\therefore \sin\alpha \cos\alpha = \dfrac{3}{10}$，故所求 $\sin\alpha \cos\alpha = \dfrac{3}{10}$。

解法2：由 $\tan\alpha = \dfrac{\sin\alpha}{\cos\alpha} = 3$ 得 $\sin\alpha = 3\cos\alpha$，代入 $\sin^2\alpha + \cos^2\alpha = 1$ 得 $(3\cos\alpha)^2 + \cos^2\alpha = 1$，$\therefore \cos^2\alpha = \dfrac{1}{10}$。

$\therefore \sin\alpha \cos\alpha = \tan\alpha \cos^2\alpha = \dfrac{3}{10}$。

解法3：（将所求式子转化为只含 $\tan\alpha$ 的式子）$\sin\alpha \cos\alpha = \dfrac{\sin\alpha\cos\alpha}{1} = \dfrac{\sin\alpha\cos\alpha}{\sin^2\alpha + \cos^2\alpha} = \dfrac{\tan\alpha}{\tan^2\alpha + 1} = \dfrac{3}{10}$。

同类课本练习

1. （课本习题 5.2 第 15 题）已知 $\tan\alpha = 3$，计算：$\dfrac{\sin\alpha + \cos\alpha}{\sin\alpha - \cos\alpha}$。

2. （课本复习参考题第 5 题）已知 $\tan\alpha = -\dfrac{1}{3}$，计算：

（1）$\dfrac{\sin\alpha+2\cos\alpha}{5\cos\alpha-\sin\alpha}$；（2）$\dfrac{1}{2\sin\alpha\cos\alpha+\cos^2\alpha}$；（3）$\sin\alpha\cos\alpha$；（4）$(\sin\alpha+\cos\alpha)^2$。

应用二：化简三角式。

问题4：化简 $\left(1+\dfrac{1}{\tan^2\alpha}\right)\sin^2\alpha$。

设计意图：体会化切为弦可以化简三角式，同时进一步理解同角三角函数的关系。

师生活动：学生自主解答，教师巡堂点拨。

应用三：证明三角恒等式。

问题5：例2：求证：$\dfrac{\cos x}{1-\sin x}=\dfrac{1+\sin x}{\cos x}$。

设计意图：体会证三角恒等式的基本思维方向，从恒等式的复杂一边化为简单一边，目标是朝角与函数名称方向转化。

师生活动：教师分析思维方向，学生自主解答，教师巡堂点拨。

小结

问题6：同角三角函数的关系是什么？已知角的一个三角函数值求另外两个三角函数值有几种类型？证明三角恒等式的思维方向如何？

布置作业：课本第184页练习。

案例3：旋转——函数 $y=A\sin(\omega x+\varphi)$

本节内容——函数 $y=A\sin(\omega x+\varphi)$ 是人民教育出版社《普通高中课程标准教科书数学4必修》（简称《必修4》与《普通高中教科书数学必修第一册》（简称《第一册》）变化最大的一节内容，具体体现在如下两个方面：

1. 函数解析式 $y=A\sin(\omega x+\varphi)$ 的建立不同。《必修4》只是点出"在物理简谐运动中，单摆对平衡的位移 y 与时间 x 的关系、交流电的电流 y 与时间 x 的关系等都是形如 $y=A\sin(\omega x+\varphi)$ 的函数"，这样点出学生能理解吗？有感觉吗？学生只能是"嗯"。

而《第一册》中增加了从水利灌溉工具——筒车的引入，抽象出匀速圆周运动模型，建立起模型函数 $y=A\sin(\omega x+\varphi)$，经历此过程，使学生能够将函数具体化，即学生能够看到匀速圆周运动想到圆周上的质点的高度用 $y = A\sin(\omega x + \varphi)$ 描述，碰到函数 $y = A\sin(\omega x + \varphi)$ 就想到是描述匀速圆周运动圆周上的质点的高度，建立起函数 $y = A\sin(\omega x + \varphi)$ 模型的表征，易于理解。也便于发展学生的核心素养——数学抽象、数学建模，渗透了数学源于生活的本质，也很好地体现了课改理念，使学生能够用数学的眼光观察世界，用数学的语言 $(y = A\sin(\omega x + \varphi))$ 描述世界（匀速圆周运动）。

基本模型对学生的学习确实重要，1965 年诺贝尔物理学奖得主理查德·费曼在《给孩子的第一堂科学课应该教什么》一文中说了这么一件事：

我父亲告诉我的另一件事情——所有的圆，不管它尺寸多大，其周长与直径的比率都是一样的。后来我上了小学，学会了怎么求小数，怎么计算，我计算出的结果是 3.125，并且想，我又知道了圆的周长与直径之比 π 的另一种写法。老师把它纠正为 3.1416。有一天，在一本书上，我发现了一个振荡电路频率的计算公式：$2\pi\sqrt{LC}$。其中 L 是电感，C 是电路的电容。这儿有个 π，但是圆在哪儿呢？你们在笑，但是我当时是很认真地在思考这个问题。在我印象里，π 是和圆相关的一个东西，现在电路里也出来了个 π，那么圆在哪儿？是用什么符号表示的呢？你们这些在笑的人，知道这个 π 怎么来的吗？我身不由己地爱上了这个东西，不由自主地去寻找它、思考它。然后，我意识到，线圈是圆的，一定跟这个有关系。大概半年后，我看到另一本书，书上有圆形线圈产生的电感，还有方形的线圈，它也能产生电感，而这些公式中也有 π。我又开始思考，我认识到 π 不是从圆形线圈里来的，它们之间没有什么关系。现在我能更好地理解 π 了，但在我心中，仍然不太清楚那个圆在哪儿，那个 π 又是从哪儿来的……

可见，很多思考就是从基本模型开始的。

2. 函数图像变换的处理方式不同。《必修 4》是观察：（1）$y = \sin\left(x + \dfrac{\pi}{3}\right)$ 和 $y = \sin x$ 的图像上任意纵坐标相同的两点的横坐标之间关系说明 φ 对 $y = \sin(x + \varphi)$ 的图像的影响；（2）$y = \sin\left(2x + \dfrac{\pi}{3}\right)$ 的图像与 $y = \sin\left(x + \dfrac{\pi}{3}\right)$ 的图像上任意纵坐标相同的两点的横坐标之间的关系说明 ω $(\omega > 0)$ 对 $y = \sin(\omega x + \varphi)$ 的图像的影响；（3）观察 $y = 3\sin\left(2x + \dfrac{\pi}{3}\right)$ 的图像与 $y = \sin\left(2x + \dfrac{\pi}{3}\right)$ 的图

像上横坐标相同点的纵坐标之间的关系说明 A（$A > 0$）对 $y = A\sin(\omega x + \varphi)$ 的图像的影响。

而《第一册》是在旋转实验中，探索从起始点 φ、以角速度 ω、在半径为 A 的圆上运动，经过时间 x s 后到达 P 点，则点 P 的纵坐标受 φ，ω，A 的影响，然后再用《必修4》的方法说明 φ，ω，A 对任意点坐标的影响。并且由于时间有起始点，所以《第一册》也就出现了第 239 页练习第 4 题：函数 $y = \sin\left(x + \dfrac{\pi}{12}\right)$，$x \in [0, +\infty)$ 的图像与正弦曲线有什么关系？第 240 页习题 5.6 第 3 题：说明下列函数可由正弦函数的图像经过怎样的变换得到（注意定义域）？

（1）$y = 8\sin\left(\dfrac{x}{4} - \dfrac{\pi}{8}x\right)$，$x \in [0, +\infty)$

（2）$y = \dfrac{1}{3}\sin\left(3x + \dfrac{\pi}{7}\right)$，$x \in [0, +\infty)$

而原来的定义域是 $x \in \mathbf{R}$。

教材变化对教学的影响：

作为一个普通老师，学习教材及教师用书是提高教学质量的举措之一，教师用书的变化也非常有趣，能帮助我们理解教学。

1. 教学重难点变化了

《必修4》教师用书中的重点：用参数思想讨论函数 $y = A\sin(\omega x + \varphi)$ 的图像变换过程；难点：图像变换与函数解析式变换的内在联系的认识。

《第一册》教师用书中的重点：用函数模型 $y = A\sin(\omega x + \varphi)$ 来刻画匀速圆周运动；参数 φ，ω，A 对函数 $y = A\sin(\omega x + \varphi)$ 图像的影响；以及函数 $y = A\sin(\omega x + \varphi)$ 的图像变换过程。难点：数学建模的过程与方法，函数 $y = A\sin(\omega x + \varphi)$ 的图像变换与解析式变换的内在关系。

2. 教学任务变化了

《必修4》教师用书中的教学任务：

（1）能借助计算机画出函数 $y = A\sin(\omega x + \varphi)$ 的图像，并观察参数 φ，ω，A 对函数图像变化的影响，同时结合具体函数图像的变化，领会由简单到复杂、特殊到一般的化归思想。

（2）结合具体实例，了解 $y = A\sin(\omega x + \varphi)$ 的实际意义。

《第一册》教师用书中的单元教学目标：

（1）了解函数 $y = A\sin(wx + \varphi)$ 的现实背景、经历匀速圆周运动的数学建模过程，进一步体会三角函数与现实世界的密切联系，发展数学建模素养。

（2）掌握参数 φ，ω，A 对函数 $y = A\sin(\omega x + \varphi)$ 图像的影响，理解参数 φ，ω，A 在圆周运动中的实际意义，发展数学抽象、逻辑推理与直观想象的素养。

（3）理解从正弦曲线到函数 $y = A\sin(\omega x + \varphi)$ 图像的变换过程，能用"五点（作图）法"画出函数 $y = A\sin(\omega x + \varphi)$ 的图像。

（4）会运用函数 $y = A\sin(\omega x + \varphi)$ 的图像与性质解决简单的数学问题和实际问题。

可以看出，时代的发展要求我们注重发展学生的核心素养，而核心素养的发展一定是学生在经历知识发生发展过程、进行知识的自主建构过程。而不是"让学生形式化地记住'左加右减，上加下减'等口诀，再进行大量解题训练，而对这个函数的实际意义却不关注"。

基于以上分析，本人认为本单元教学分三节课进行。

第 1 课时——匀速圆周运动的数学模型

（一）课时教学目标

（1）通过筒车理解圆周运动模型，为我国灿烂文明而自豪；

（2）让学生在自主建立圆周运动函数模型的过程中，理解建模的步骤：寻找模型函数、确定参数，验证成立，发展数学建模素养。

（3）能用圆周运动的表征函数解决一些实际问题。

（二）课时教学重难点

重点：抽象出圆周运动模型，建立模型函数。

难点：理解用三角函数刻画圆周运动上点的位置，并能解决一些简单问题。

（三）教学过程

1. 创设情境，提出问题

观看筒车进行水利灌溉的视频 https：//v. qq. com/x/page/x05309d75wv. html.

讯飞幻境—流水筒车的结构和原理
▶ 腾讯　上传时间：3年前　时长：01：51

图 7 – 52

问题 1：筒车是我国古代发明的一种水利灌溉工具，因其既经济又环保，至今还在农业生产中得到使用（如图 7 – 53 所示），明朝科学家徐光启在《农政全书》中用图画描绘了筒车的工作原理（如图 7 – 54 所示）。

图 7 – 53　　　　　　　　　　　　图 7 – 54

假定在水流稳定的情况下，筒车上每一个盛水桶都做匀速圆周运动。你能用一个合适的函数模型来刻画盛水桶（视为质点）距离水面的相对高度与时间的关系吗？

设计意图：点出课题，培养学生的历史自豪感。

2. 抽象情境，寻找函数

问题 2：运动模型中的自变量、因变量是什么？有什么特征？我们学过的什么函数模型适合刻画它的运动规律？

设计意图：引领学生回顾建立函数模型的一般方法，理解用正弦模型函数表达运动规律。

师生活动：小组讨论：

①筒车上盛水桶的运动具有重复（周期）性；②筒车上盛水桶的运动是圆周运动；③三角函数是研究圆周运动上点的位置的函数。

所以，可以考虑用三角函数模型刻画它的运动规律。

3. 关联变量，建立函数

问题3：与盛水桶运动相关的量有哪些？它们之间有怎样的关系？

设计意图：理解转动位置角用 $(\omega t + \varphi)$ 表示，高度用正弦表示，发展数学建模素养。

师生活动：小组讨论形成如下结论：

如图 7 - 55 所示，将筒车抽象为一个几何图形，经过 t s 后，盛水桶 M 从点 P_0 运动到点 P，由筒车的工作原理可知，这个盛水桶距离水面的高度 H，由以下量决定：筒车转轮中心到地面的距离 h、筒车的半径 r、筒车转动的角速度 ω、盛水桶的初始位置 P_0 以及所经过的时间 t。

下面分析这些量的相互关系，进而建立盛水桶 M 运动的数学模型。

如图 7 - 54 所示，以 O 为原点，以与水平面平行的直线为 x 轴，建立直角坐标系，设 $t = 0$ 时盛水桶 M 位于点 P_0，以 Ox 为始边，OP_0 为终边的角为 φ，经过 t s 后运动到点 P (x, y)，于是以 Ox 为始边，OP 为终边的角为 $\omega t + \varphi$，并且有

$$y = r\sin(\omega t + \varphi) \qquad ①$$

所以盛水桶距离水面的高度 H 与时间 t 的关系就是

$$H = r\sin(\omega t + \varphi) + h \qquad ②$$

函数②就是要建立的数学模型，只要将它的性质研究清楚，就能把握盛水桶的运动规律，由于 h 是常数，我们可以只研究函数①的性质。

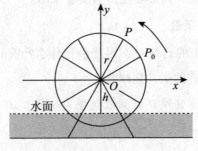

图 7 - 55

4. 巩固模型，实际应用

问题4：（课本例2）摩天轮是一种大型转轮状的机械建筑设施，游客坐在摩天轮的座舱里慢慢地往上转，可以从高处俯瞰四周景色。如图 7 – 55 所示，某摩天轮最高点距离地面高度为 120m，转盘直径为 110m，设置有 48 个座舱，开启后按逆时针方向匀速旋转，游客在座舱转到距离地面最近的位置进舱，转一周大约需要 30min。

（1）游客甲坐上摩天轮的座舱，开始转动 $t$min 后距离地面的高度为 Hm，求在转动一周的过程中，H 关于 t 的函数解析式；

（2）求游客甲在开始转动 5min 后距离地面的高度；

（3）若甲、乙两人分别坐在两个相邻的座舱里，在运行一周的过程中，求两人距离地面的高度差 h（单位：m）关于 t 的函数解析式，并求高度差的最大值（精确到 0.1）。

图 7 – 56

设计意图： 巩固对转动模型用函数 $y = A\sin(\omega t + \varphi)$ 表示的应用。

师生活动： 请同学们观看我们顺德摩天轮的视频：

航拍佛山顺德夜景漂亮的摩天轮太美了
来源：好看视频 发布时间：2019–11–19

图 7 – 57

追问 1：游客甲坐上摩天轮的座舱，开始转动 $t$min 后距离地面的高度为 Hm，求在转动一周的过程中，数学模型是什么？函数模型是什么？

追问 2：想象相邻的座舱里两人距离地面的高度差何时最大？

5. 课堂小结

（略）

6. 布置作业

（略）

第 2 课时——函数 $y = A\sin\ (\omega x + \varphi)$ 的图像

（一）课时教学目标

（1）通过筒车理解圆周运动模型，为我国灿烂文明而自豪；

（2）让学生在自主建立圆周运动函数模型的过程中，理解建模的步骤：寻找模型函数、确定参数，验证成立。发展数学建模素养。

（3）能用圆周运动的表征函数解决一些实际问题。

掌握参数 φ，ω，A 对函数 $y = A\sin\ (\omega x + \varphi)$ 图像的影响，理解参数 φ，ω，A 在圆周运动中的实际意义，发展数学抽象、逻辑推理与直观想象的素养。

（二）课时教学重难点

重点：抽象出圆周运动模型，建立模型函数。

难点：理解用三角函数刻画圆周运动上点的位置，并能解决一些简单问题。

《第一册》教师用书中的重点：用函数模型 $y = A\sin\ (\omega x + \varphi)$ 来刻画匀速圆周运动；参数 φ，ω，A 对函数 $y = A\sin\ (\omega x + \varphi)$ 图像的影响；以及函数 $y = A\sin\ (\omega x + \varphi)$ 的图像变换过程。难点：数学建模的过程与方法，函数 $y = A\sin\ (\omega x + \varphi)$ 的图像变换与解析式变换的内在关系。

（三）教学过程

1. 创设情境

上课时我们学习了转动模型函数 $y = A\sin\ (\omega x + \varphi)$，与前面所有函数一样，最能体现函数性质的是其图像，该函数图像如何？确定函数的三个参数：转动半径 A、角速度 ω、起始位置角 φ 对图像有何影响？

我们这节课就研究这一问题。

问题 1：从解析式看，函数 $y = \sin x$ 就是 $y = A\sin(\omega x + \varphi)$ 在 $A = 1$，$\omega = 1$，$\varphi = 0$ 时的特殊情形。

（1）能否借助我们熟悉的函数 $y = \sin x$ 的图像与性质研究参数 A，ω，φ 对函数 $y = A\sin(\omega x + \varphi)$ 的影响？

（2）函数 $y = A\sin(\omega x + \varphi)$ 含有三个参数，如何研究每个参数对函数图像的影响？

设计意图： 理解函数 $y = \sin x$ 与 $y = A\sin(\omega x + \varphi)$ 的关系，确定三个参数 A，ω，φ 之间的相互独立性以及研究顺序。

师生活动：小组讨论：

函数 $y = \sin x$ 是 $y = A\sin(\omega x + \varphi)$ 的特例，从特殊到一般，是我们研究问题的一般方法，肯定可以借助，并且只能借助。

三个参数 A，ω，φ 之间没有制约关系，是相互独立的，没有先后之分，不过从转动过程看还是先从起点开始。

先研究 φ，即 $y = \sin(x + \varphi)$，再研究 ω，即 $y = \sin(\omega x + \varphi)$，最后研究 A，即 $y = A\sin(\omega x + \varphi)$。

要研究某参数的影响，这个参数变化，另外两个参数固定，看函数图像如何变化，即可知道此参数对函数的影响。

2. 探索 φ 对 $y = \sin(x + \varphi)$ 图像的影响

问题 2：研究起始位置角 φ 取不同值对 $y = A\sin(\omega x + \varphi)$ 图像的影响，固定另外两个参数，不妨设转动半径 $A = 1$，角速度 $\omega = 1$。

当动点 M 以 Q_0 为始起点（此时 $\varphi = 0$），经过 xs 后运动到点 P，转动的角度是 x，那么点 P 的纵坐标 y 就等于 $\sin x$，以 $P(x, y)$ 为坐标描点，可得正弦函数 $y = \sin x$ 的图像。

当动点 M 以 Q_1 为起始点$\left(\text{此时起始角为 } \varphi，\text{如 } \varphi = \dfrac{\pi}{6}\right)$，经过 xs 后运动到点 P，转动了的角度是 x，点 P 的角度是 $x + \varphi$，那么点 P 的纵坐标 y 就等于 $\sin\left(x + \dfrac{\pi}{6}\right)$，以 $P(x, y)$ 为坐标描点，可得函数 $y = \sin\left(x + \dfrac{\pi}{6}\right)$ 的图像。

（1）请同学们在平板电脑上，利用 GGB 软件作出它们的图像，并观察它们图像之间有什么关系？

（2）函数图像是由点组成的，你能从图像上点之间的关系解释两函数图像之间的关系吗？

设计意图：关系、规律等只有学生自己在操作中去感知、理解才能建立起自己的认知。所以利用我校是信息特色化学校人手一平板电脑，让学生自己去建构起始位置角 φ 对图像的影响。

师生活动：每个同学自己操作，然后小组讨论：

操作：①以旋转角 $\angle POQ_0 = x$ 为横坐标、P 点的纵坐标为纵坐标，绘制点 F，当 P 逆时针旋转一周时，得到点 F 的轨迹为 $y = \sin x$ 的图像；

②以旋转角 $\angle POQ_1 = x$ 为横坐标、P 点的纵坐标为纵坐标，绘制点 G，当 P 逆时针旋转一周时，得点 G 的轨迹是 $y = \sin\left(x + \dfrac{\pi}{6}\right)$ 的图像。

观察：$y = \sin x$ 的图像向左平移 $\dfrac{\pi}{6}$ 个单位得 $y = \sin\left(x + \dfrac{\pi}{6}\right)$ 的图像。

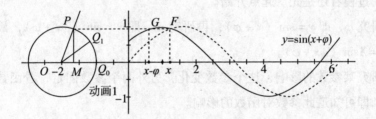

图 7 - 58

说明：在单位圆上，设两个动点分别以 Q_0，Q_1 为起点同时开始运动，如果以 Q_0 为起点的动点到达圆周上点 P 的时间为 xs，那么以 Q_1 为起点的动点到达圆周上点 P 的时间为 $\left(x - \dfrac{\pi}{6}\right)$s，这个规律反映在图像上就是：如果 $F(x, y)$ 是函数 $y = \sin x$ 图像上一点，那么 $G\left(x - \dfrac{\pi}{6}, y\right)$ 就是函数 $y = \sin\left(x + \dfrac{\pi}{6}\right)$ 图像上的点，这说明，把正弦函数 $y = \sin x$ 的图像上所有点向左平移 $\dfrac{\pi}{6}$ 个长度单位，就得到函数 $y = \sin\left(x + \dfrac{\pi}{6}\right)$ 的图像。

一般地，当动点 P 的起始点位置 Q 所对应的角为 φ 时，对应的函数是 $y = \sin(x + \varphi)$，可以看作是正弦曲线上所有的点向左（当 $\varphi > 0$ 时）或向右（当 φ

<0）平行移动 $|\varphi|$ 个长度单位而得到的。

3. 探索 ω（$\omega > 0$）对 $y = \sin(\omega x + \varphi)$ 图像的影响

问题3：研究角速度 ω 取不同值对 $y = A\sin(\omega x + \varphi)$ 图像的影响，固定另

外两个参数，为了研究方便，取圆的半径 $A = 1$，$\varphi = \dfrac{\pi}{6}$，当动点以 Q_1

$\left(\varphi = \dfrac{\pi}{6}\right)$为起始点，经过 x s 后，当 $\omega = 1$ 时运动到点 P，当 $\omega = 2$ 时运动到点 M，

点 M 的纵坐标 $y = \sin\left(2x + \dfrac{\pi}{6}\right)$：

（1）请同学们作出函数 $y = \sin\left(2x + \dfrac{\pi}{6}\right)$的图像，并观察与 $y = \sin\left(x + \dfrac{\pi}{6}\right)$的

图像之间有什么关系？

（2）如何从函数图像上的每一点关系去理解？

设计意图： 让学生想与做同时进行，让他们自己去建构角速度 w 对图像的

影响。

师生活动： 每个同学自己操作，然后小组讨论：

操作： 度量旋转角 $\angle POQ_1 = x$，计算 ωx，将 Q_1 点绕圆心 O 旋转 ωx 得 M 点，

以旋转角 $\angle POQ_1 = x$ 为横坐标、M 点的纵坐标为纵坐标，绘制点 E，当 P 逆时

针旋转一周时，得点 E 的轨迹是 $y = \sin\left(2x + \dfrac{\pi}{6}\right)$的图像。

观察： 当 $\omega = 1$ 时点 P 运动一周，$\omega = 2$ 时点 M 就运动了两周，即将 $y =$

$\sin\left(x + \dfrac{\pi}{6}\right)$图像上每一点的横坐标缩短为 $\dfrac{1}{2}$，纵坐标不变，得 $y = \sin\left(2x + \dfrac{\pi}{6}\right)$的

图像。

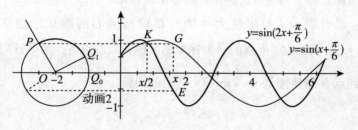

图 7-59

说明：在单位圆上，设以 Q_1 为起点的动点，当 $\omega = 1$ 时到达点 P 的时间为 x_1s，当 $\omega = 2$ 时到达点 P 的时间为 x_2s，因为 $\omega = 2$ 时动点的转动速度是 $\omega = 1$ 的 2 倍，所以 $x_2 = \dfrac{1}{2} x_1$，这样，$G\left(x, y\right)$ 是函数 $y = \sin\left(x + \dfrac{\pi}{6}\right)$ 图像上的一点，那么 $K\left(\dfrac{1}{2}x, y\right)$ 是函数 $y = \sin\left(2x + \dfrac{\pi}{6}\right)$ 图像上的相应点，这说明，把 $y = \sin\left(x + \dfrac{\pi}{6}\right)$ 的图像上所有点的横坐标缩短到原来的 $\dfrac{1}{2}$（纵坐标不变），就得到函数 $y = \sin\left(2x + \dfrac{\pi}{6}\right)$ 的图像。$y = \sin\left(2x + \dfrac{\pi}{6}\right)$ 的周期为 π 是 $y = \sin\left(x + \dfrac{\pi}{6}\right)$ 的周期的 $\dfrac{1}{2}$。

一般地，函数 $y = \sin\left(\omega x + \varphi\right)$ 的周期是 $\dfrac{2\pi}{\omega}$，可以看作是把 $y = \sin\left(x + \varphi\right)$ 的图像上所有的点的横坐标缩短（当 $\omega > 1$ 时）或伸长（当 $0 < \omega < 1$ 时）到原来的 $\dfrac{1}{\omega}$ 倍（纵坐标不变），就得到 $y = \sin\left(\omega x + \varphi\right)$ 的图像。

4. 探索 A（$A > 0$）对 $y = A\sin\left(\omega x + \varphi\right)$ 图像的影响

问题 4：为了探索半径 A 对函数图像的影响，不妨令 $\omega = 2$，$\varphi = \dfrac{\pi}{6}$，当 $A = 1$ 时，得到函数 $y = \sin\left(2x + \dfrac{\pi}{6}\right)$ 的图像，当 $A = 2$ 时，如何作出函数 $y = 2\sin\left(2x + \dfrac{\pi}{6}\right)$ 的图像？与 $A = 1$ 时的函数 $y = \sin\left(2x + \dfrac{\pi}{6}\right)$ 的图像有什么关系？

设计意图：让学生在操作过程中理解 A 的作用，建构起半径 A 对图像的影响。

师生活动：每个同学自己操作，然后小组讨论：

操作：设射线 OM 与半径为 A 的与单位圆同心的圆交于点 T，以旋转角 $\angle POQ_1 = x$ 为横坐标、T 点的纵坐标为纵坐标，绘制点 N，当 P 逆时针方向旋转时，得到点 N 的轨迹是 $y = 2\sin\left(2x + \dfrac{\pi}{6}\right)$ 的图像。

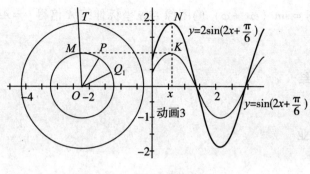

图 7 – 60

观察：当 x 相同时，函数 $y = 2\sin\left(2x + \dfrac{\pi}{6}\right)$ 的图像上每点的纵坐标是 $y = \sin$

$\left(2x + \dfrac{\pi}{6}\right)$ 上点的 2 倍。

说明：设射线 OQ_1 与以 O 为圆心、2 为半径的圆交于 T，如果单位圆上设以 Q_1 为起点的动点，以 $\omega = 2$ 的转速经过 xs 到达圆周上点 M，那么点 M 的纵坐标是 $\sin\left(2x + \dfrac{\pi}{6}\right)$；相应地，点 T 在以 O_1 为圆心、2 为半径的圆运动到 T，点 T 的纵坐标是 $2\sin\left(2x + \dfrac{\pi}{6}\right)$，这样，设 K（x，y）是函数 $y = \sin\left(2x + \dfrac{\pi}{6}\right)$ 图像上的一点，那么 N（x，$2y$）是函数 $y = 2\sin\left(2x + \dfrac{\pi}{6}\right)$ 图像上的相应点，如图7–59所示，这说明，把 $y = \sin\left(2x + \dfrac{\pi}{6}\right)$ 的图像上所有点的纵坐标伸长到原来的 2 倍（横坐标不变），就得到函数 $y = 2\sin\left(2x + \dfrac{\pi}{6}\right)$ 的图像。

一般地，函数 $y = A\sin(\omega x + \varphi)$ 的图像，可以看作是 $y = \sin(\omega x + \varphi)$ 的图像上所有的点的纵坐标伸长到原来的 A 倍（横坐标不变）而得到的，从而，函数 $y = A\sin(\omega x + \varphi)$ 的值域是 $[-A, A]$，最大值是 A，最小值是 $-A$。

问题5：你能总结一下从正弦函数图像出发，通过图像变换得到 $y = A\sin(\omega x + \varphi)$（$A > 0$，$\omega > 0$）的步骤吗？

设计意图： 总结函数图像变换的步骤，理解函数图像的变换。

师生活动： 小组讨论，由学生展示：

上述步骤：画 $y = \sin x$ 的图像→横坐标平移 φ 得 $y = \sin(x + \varphi)$ 的图像→横

坐标伸缩 $\dfrac{1}{\omega}$ 得 $y = \sin(\omega x + \varphi)$ 的图像→纵坐标伸缩 A 倍得 $y = A\sin(\omega x + \varphi)$ 的图像。

5. 课堂小结

（略）

6. 布置作业

（略）

第 3 课时——"五点法"作 $y = A\sin(\omega x + \varphi)$ 的图像

（一）课时教学目标

（1）进一步理解、建立函数的变换关系；

（2）理解"五点法"作 $y = A\sin(\omega x + \varphi)$ 的图像，能快速准确地作出；

（3）能由 $y = A\sin(\omega x + \varphi)$ 的图像求出参数 φ，ω，A。

（4）在课堂活动过程中发展数学抽象、逻辑推理与直观想象的素养。

（二）课时教学重难点

重点：函数的变换与图像的变换。

难点：从"五点法"角度理解由 $y = A\sin(\omega x + \varphi)$ 的图像求出参数 φ，ω，A。

（三）教学过程

问题 1：（1）函数 $y = 3\sin\left(2x + \dfrac{\pi}{5}\right)$ 的图像如何由标准正弦函数 $y = \sin x$ 的图像变换得到？

（2）上述变换步骤中，是纵坐标变换，放哪里都一样，横坐标有两种变换：横坐标平移和横坐标伸缩，这两种变换可以交换顺序吗？

设计意图：进一步理解函数图像变换的步骤，理解函数图像的变换。

师生活动：学生自己画图，小组讨论，推举学生展示：

（1）$y = \sin x$ →横坐标左移 $\dfrac{\pi}{3}$ 得 $y = \sin\left(x + \dfrac{\pi}{3}\right)$ $\left(x\text{ 换成}\left(x + \dfrac{\pi}{3}\right)\right)$ →横坐标缩 $\dfrac{1}{2}$ 得 $y = \sin\left[(2x) + \dfrac{\pi}{3}\right]$（$x$ 换成 $(2x)$）→纵坐标伸 3 倍得 $y = 3\sin\left(2x + \dfrac{\pi}{3}\right)$。

（2）不可以，$y=\sin x \xrightarrow{\text{横坐标缩} \frac{1}{2}}$ 得 $y=\sin(2x)$（x 换成（$2x$））$\rightarrow$ 横坐标左移 $\frac{\pi}{3}$ 得 $y=\sin\left[2\left(x+\frac{\pi}{3}\right)\right]$（$x$ 换成 $\left(x+\frac{\pi}{3}\right)$）$\rightarrow$ 纵坐标伸 3 倍得 $y=3\sin\left[2\left(x+\frac{\pi}{3}\right)\right]$。

变换后的函数 $y=3\sin\left[2\left(x+\frac{\pi}{3}\right)\right]$ 与原函数 $y=3\sin\left(2x+\frac{\pi}{3}\right)$ 不相同，针对 x 变换一定要加括号。

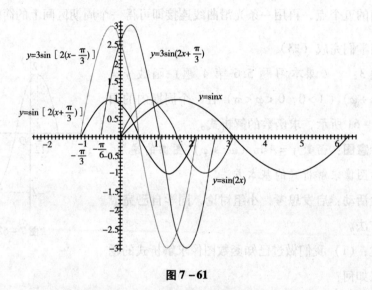

图 7-61

问题 2：我们经常将复杂的问题换元为简单的问题：

（1）求函数 $y=\sin\left(2x+\frac{\pi}{3}\right)(x \in \mathbf{R})$ 的最大（小）值。令 $t=\left(2x+\frac{\pi}{3}\right)$，则问题转化为"求标准正弦函数 $y=\sin t$（$t \in \mathbf{R}$）的最大（小）值"来解决。

（2）求函数 $y=\sin\left(\frac{1}{2}x+\frac{\pi}{3}\right)$，$x \in [-2\pi, 2\pi]$ 的单调递增区间。令 $t=\left(\frac{1}{2}x+\frac{\pi}{3}\right)$，则问题转化为"求标准正弦函数 $y=\sin t$，$t \in \left[\frac{1}{2}\times(-2\pi)+\frac{\pi}{3}, \frac{1}{2}\times(2\pi)+\frac{\pi}{3}\right]$ 的单调递增区间"来解决。

现在如何画出 $y=2\sin\left(3x-\frac{\pi}{6}\right)$ 的简图？

设计意图：类比得出"五点法"作图，进一步理解函数 $y = A\sin(wx + \varphi)$ 的图像，培养换元思想，发展直观想象素养。

师生活动：学生思考，小组讨论，学生自己动手画：

令 $t = \left(3x - \dfrac{\pi}{6}\right)$，则问题转化为"画 $y = 2\sin t$ 的简图"，而"画 $y = \sin t$ 的简图"有一个非常快捷的方法就是"五点法"，即只要找出 $y = \sin t$ 的五个关键点：$(0, 0)$，$\left(\dfrac{\pi}{2}, 1\right)$，$(\pi, 0)$，$\left(\dfrac{3\pi}{2}, -1\right)$，$(2\pi, 0)$，对应用 $y = 2\sin\left(3x - \dfrac{\pi}{6}\right)$ 的五个点，再用一条光滑曲线连接即可得一个周期区间上的简图。

请同学们完成（略）。

问题3：（课本习题 5.6 第 4 题）函数 $y = A\sin(\omega x + \varphi)$ $(A > 0, 0 < \varphi < \pi)$ 在一个周期内的图像如图 7-61 所示，求函数的解析式。

设计意图：函数 $y = A\sin(\omega x + \varphi)$ 图像的逆用，掌握已知图像求解析式的基本方法。

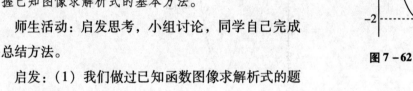

图 7-62

师生活动：启发思考，小组讨论，同学自己完成并总结方法。

启发：（1）我们做过已知函数图像求解析式的题吗？方法如何？

（2）此题中只告诉我们两个点，带点只有两个等式，却有三个系数 A，ω，φ，如何求？

①观察最值得 $A = 2$；②观察周期 $T = 2\left[\dfrac{5\pi}{12} - \left(-\dfrac{\pi}{12}\right)\right] = \pi = \dfrac{2\pi}{\omega}$，得 $\omega = 2$；

③代其中一个点 $\left(-\dfrac{\pi}{12}, 2\right)$，得 $2 = 2\sin\left[2\left(-\dfrac{\pi}{12}\right) + \varphi\right]$，$\left[2\left(-\dfrac{\pi}{12}\right) + \varphi\right] = \dfrac{\pi}{2}$，得 $\varphi = \dfrac{2\pi}{3}$ 为所求。

5. 课堂小结

（略）

6. 布置作业

（略）

参考文献

［1］加里·D. 鲍里奇. 有效教学方法［M］. 易东平，译. 南京：江苏教育出版社，2002.

［2］崔允漷. 新课标背景下教师要从三个维度建构"新"教学［Z］.

［3］张昆. 数学教学中设计"初始问题"研究：透过确定"合适根据地"的视点［J］. 内江师范学院学报，2020，35（6）.

［4］钟启泉. 学会"单元设计"［J］. 中国教育报，2015 – 06 – 12（9）.

第八章

以一般观念引领数学学习

章建跃博士于 2020 年 11 月 15 日在我校作《数学学科核心素养导向的高中数学教材改革》的报告说："能自觉地运用一般观念指导数学学习与探究活动，是学生学会学习的标志，是实现从'知其然'到'知其所以然'再到'何由以知其所以然'跨越的表现，也是理性思维得到良好发展的表现。所谓一般观念，是对内容及其反映的数学思想和方法的进一步提炼和概括，是对数学对象的定义方式、几何性质指什么、代数性质指什么、函数性质指什么、概率性质指什么等问题的一般性回答，是研究数学对象的方法论，对学生学会用数学的方式对事物进行观察、思考、分析以及发现和提出数学问题等都具有指路明灯的作用。"

一、一般观念

什么是一般观念？

一般观念是指对本学科学习和研究具有广泛、持久、深刻影响的基本数学思想方法和基本思维策略方法。从学习与掌握视角来看，学科一般观念具有直观、简明、易懂但难深入等特点；从功能与价值视角来看，它具有统摄性、一般性、普适性强等特点。

为什么要用一般观念引领学生的学习？

首先，数学教材的体系结构遵循了"一定之规"，一般按"背景（实际背景、数学背景）—定义（内含、表示）—分类（以要素为标准）—性质（要素、相关要素的相互关系）—特例（性质和判定）—联系（应用）"的逻辑展开，这个系统具有一般意义，是科学研究的"基本之道"。

其次，可能理解一些数学中的一般性问题，例如，数学知识的体系的含义是什么？给数学定义之前，为什么总是要给一些具体的实例？为什么要对数学对象进行分类，分类的标准从哪里来？什么叫性质？这不就高屋建瓴地理解本学科了吗？

只要为学生提供典型而丰富的学习素材，可以让学生按一般观念展开独立思考，并在思考的方向或思想方法上做适当的引导即可。

最后，学科一般观念是解决本学科问题的金钥匙。数学教学的根本任务是发展学生的思维能力，说到底就是要使学生在面对问题时总能想到办法，注重一般观念的思维引领作用，可以提高学思维的系统性、结构性，有效克服"做得到但想不到"的尴尬，使数学发现更具有"必然性"，是实现上述教育目标的重要途径。

具体地说，像函数中的幂函数、指数函数、对数函数、三角函数，都是遵循由具体的实际背景抽象出模型函数—研究函数图像—函数性质—函数应用。

这里的"一般观念"是"正弦、余弦函数是一种起源于圆周运动，密切配合的周期函数……而正弦、余弦函数的基本性质乃是圆的几何性质（主要是对称性）的直接反映"，于是，单位圆上以 A $(1, 0)$ 为起点，做逆时针方向的单位速度运动的动点，其 x，y 坐标是时间 t 的函数，就是余弦、正弦函数，自然地，它们的基本性质就是圆的几何性质（主要是对称性）的解析表述，这里圆的几何性质是学生熟知的，但把它与正弦、余弦函数联系起来，得到关于三角函数性质的研究思路则是以"它们基本性质就是圆的几何性质（主要是对称性）的解析表示为向导的。"

参考文献

[1] 李昌官. 为发展学科一般观念而教 [J]. 数学通报，2019，58（9）.

[2] 章建跃. 一般观念的思维引领作用 [J]. 中小学数学（高中版），2014（3）.

[3] 章建跃. 数学学科核心素养导向的高中数学教材改革 [Z].

[4] 怀特海. 教育的目的 [M]. 庄莲平，王立中，译. 上海：文汇出版社，2012.

二、基于一般观念的问题与活动教学设计案例

案例1：基于图像一般观念的对数函数的
图像和性质的单元教学设计

（一）单元内容和内容解析

1. 单元内容

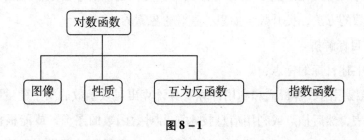

图 8－1

2. 内容解析

本节是继函数的概念和性质、幂函数、指数函数、对数函数及其运算性质后继续研究的一个具体的函数。对数函数作为基本初等函数之一，是函数内容的重要组成部分，是概率统计、导数等高中数学内容的基础。其思想方法与其他数学内容还有紧密的联系，同时作为重要的函数模型还有广泛的应用，又是分析和解决大量数学问题和实际问题的主要工具。

对数函数是一类具体的函数，与研究幂函数、指数函数一样，用数学一般观念下研究函数的方法研究对数函数的主要内容：从具体情境中抽象出对数函数的概念，建立对数函数概念的表征，认识变量间对应关系的本质，图像和性质则是在概念基础上进一步研究其变化规律，应该从概念出发认识图像和性质，并结合图像和性质进一步理解概念。

遵循数学一般观念下研究函数图像和性质的方法：通过底数 a 取不同值时函数的图像直观地体现了对数函数的变化规律；然后在大量具体图像上归纳出共同特征，并选择有代表性的图像反映这样的特征，说明函数的定义域、值域、特殊点、单调性。函数的图像直观地体现了函数的性质，函数的性质也能确定函数的图像特征，教学应该突出这种数形结合的思想方法，并通过解析式、图

像、性质多元联系地认识对数函数的本质和函数模型特征。

给予以上分析，确定本节的教学重点：用数学一般观念下的方法研究对数函数的图像和性质。

（二）单元目标和目标解析

（1）单元目标

① 能用描点法或借助 Excel 或几何画板画出具体对数函数的图像，探索并理解对数函数的单调性和特殊点，并能证明之。

② 结合对数函数概念、图像与性质的研究，进一步体会数学一般观念下研究具体函数的方法，提升数学抽象、直观想象素养。

（2）目标解析

达成上述目标的标志：

① 能根据函数解析式和利用计算工具计算出对数函数的两个变量的一些对应值并列表，然后描点或利用信息技术画出对数函数的图像，或能根据函数解析式直接利用信息技术画出对数函数的图像；结合函数的图像，归纳这些图像的共同特征，探索并总结对数函数的单调性与特殊点，并结合函数解析式验证所总结的函数单调性与特殊点。

② 结合对数函数的教学，体会数学一般观念下研究具体函数的方法：在由具体实例抽象出具体函数、由具体函数概括对数函数的过程中，提升数学抽象素养；结合由函数图像直观认识函数性质的过程，体会数形结合的思想方法，提升直观想象素养。

（三）教学问题诊断分析

在对数函数的图像和性质的学习过程中，学生已经经历过幂函数、指数函数的图像和性质的学习，学生对一般观念下研究函数的图像和性质的思想方法有所体验，能理解对数函数性质的探索，根据需要自行选择具体函数，考虑计算的方便，取 $a = 2$，$\dfrac{1}{2}$，3，$\dfrac{1}{3}$，5，由于列表需要平板计算，最后学生能归纳出用三点 $(a, 1)$，$(1, 0)$，$\left(\dfrac{1}{a}, -1\right)$ 作对数函数的图像。对不同底的对数函数的单调性，学生能顺利归纳出来。

本单元的教学难点是在画图过程中体验出三点法画出对数函数的图像，以及对数函数的单调的抽象概括。

（四）教学支持条件分析

在本节的教学中，可以利用信息技术中的 Excel 进行计算列表，从表格的数据转化为图像，以便于多元联系地理解对数函数，帮助学生克服列表中遇到的计算困难，更好地理解对数函数的概念和性质；在几何画板上可以快速画出大量不同底的对数函数图像，通过观察图像归纳出不同图像的共同特征，进而抽象出函数的性质，而且还可以欣赏对数函数的图像之美；通过跟踪图像上的点，数形结合地发现函数的图像特征和性质。

（五）课时教学过程设计

第 1 课时

问题 1：上节课我们学习了对数函数 $y = \log_a x$（$a > 0$，且 $a \neq 1$），知道它的定义域是 $x \in (0, +\infty)$，与前面我们学习幂函数、指数函数一样，很自然地就要研究它的图像，再由图像观察出它的性质。

由于底数 a 的不同，有很多的对数函数，与幂函数、指数函数一样我们可以选择 a 取几个典型的数作代表进行研究，幂函数 $y = x^a$ 是研究了 $y = x$，$y = x^2$，$y = x^3$，$y = x^{-1}$ 和 $y = x^{\frac{1}{2}} = \sqrt{x}$，指数函数 $y = a^x$ 是研究了 $y = 2^x$，$y = \left(\frac{1}{2}\right)^x$，$y = 3^x$，$y = \left(\frac{1}{3}\right)^x$，$y = 5^x$。

对于对数函数，我们也一样先研究几个特殊的对数函数图像，再归纳出一般特征。下面请同学们拿出平板（可能要计算），在同一坐标系中画出下列函数的图像：

（1）$y = \log_2 x$；（2）$y = \log_{\frac{1}{2}} x$；（3）$y = \log_3 x$；（4）$y = \log_{\frac{1}{3}} x$；（5）$y = \log_5 x$。

当然我们不知函数图像形状特征时，是用列表、描点、一条光滑的曲线连接作图的。

列表：

表 8 – 1

x								
$y = \log_2 x$								
$y = \log_{\frac{1}{2}} x$								
$y = \log_3 x$								
$y = \log_{\frac{1}{3}} x$								
$y = \log_5 x$								

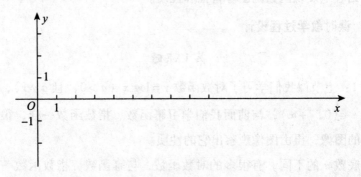

图 8 – 2

设计意图：函数图像的学习是体验性的学习，只有自己画过了的函数图像才能体验出它的性质，才能有图像的感觉。这里不规定 x 的取值，其目的是让学生自己探索出对数函数的关键点。

师生活动：学生画图，教师巡视答疑，约 20 分钟。选择画得好的、难看的各两幅上传。

教师追问 1：上面 4 位学生画的图像哪些漂亮？

师：函数图像不仅要体现数量关系准确，还要体现图像的数学之美感。

教师追问 2：画二次函数图像时只要描出顶点与另外两个互相对称的点就能画出比较准确的二次函数的图像，画对数函数图像需要描出哪几个点就能准确画出？

生 1：三个点 $(1, 0)$，$(a, 1)$，$\left(\dfrac{1}{a}, -1 \right)$。

教师展示：用几何画板画出的函数图像：

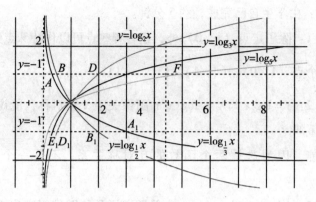

图 8 – 3

问题 2：函数性质最直观的体现是函数图像，从图像观察出函数的性质是从哪几个方面观察的?

设计意图：在由幂函数、指数函数图像观察出性质形成的一般观念——定义域、值域、单调性、奇偶性、特殊点，再次得到巩固，并继续形成。让学生逐步形成基本的数学思想。

师生活动：学生思考，由学生举手回答。

生 2：定义域、值域、单调性、对称性、特殊点。

问题 3：请同学们完成表 8 – 2：

表 8 – 2

	$0 < a < 1$	$a > 1$
图像		
定义域		
值域		
性质	（1）特殊点：	
	（2）对称性：	
	（3）单调性：	

设计意图：学生能做的让学生做，学生也只有在自己的学习活动中完成知识的建构。况且学生有已学习过由幂函数、指数函数图像观察出性质的体验，完全能够独立完成，教师不需要多讲。

师生活动：由学生自己完成，约5分钟。

教师追问1：除了定点 $(1, 0)$ 外，还有哪些点可以作特殊点呢?

生2：三个点 $(1, 0)$，$(a, 1)$，$\left(\dfrac{1}{a}, -1\right)$。

教师追问2：$y = \log_2 x$ 与 $y = \log_{\frac{1}{2}} x$ 的图像关于 x 轴对称，能说对数函数图像关于 x 轴对称吗?

生3：不能，因为这是两个函数的互对称关系，不是一个函数的自对称关系。

教师追问3：当 $a > 1$ 时，$y = \log_a x$ 单调递增是从图像观察出来的，能给出严格的证明吗?

生4：设 $x_1, x_2 \in (0, +\infty)$，且 $x_1 < x_2$，则 $f(x_2) - f(x_1) = \log_a x_2 - \log_a x_1 = \log_a \dfrac{x_2}{x_1}$。

由 $0 < x_1 < x_2$，得 $\dfrac{x_2}{x_1} > 1$，有 $\log_a \dfrac{x_2}{x_1} > 0$。所以 $f(x_1) > f(x_2)$，故 $y = \log_a x$ $(a > 1)$ 在 $(0, +\infty)$ 上是增函数。

问题4：例1：比较下列各题中两个数的大小：

(1) $\log_2 3.4$，$\log_2 8.5$；

(2) $\log_{0.3} 1.8$，$\log_{0.3} 2.7$；

(3) $\log_a 5.1$，$\log_a 5.9$ $(a > 0$，且 $a \neq 1)$。

设计意图：利用函数的单调性不需要计算比较大小时，各函数的基本题型是复习巩固函数的单调性及其应用，考虑学生的接受能力，暂不考虑不同底的对数大小比较。

师生活动：学生思考练习，由学生讲解完成。

问题5：已知 c_1，c_2 分别为函数 $y = \log_a x$，$y = \log_b x$ 的图像如图8-4所示，则（　　）

(A) $1 < a < b$

(B) $1 < b < a$

(C) $0 < a < b < 1$

(D) $0 < b < a < 1$

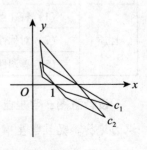

图8-4

设计意图：利用对数函数的一般点确定对数函数图像的增长快慢。

师生活动：学生思考练习，由学生讲解完成。

问题6：例2：溶液酸碱度的测值。

溶液酸碱度是通过 pH 计算的，pH 的计算公式为 $pH = -lg[H^+]$，其中 $[H^+]$ 表示溶液中氢离子的浓度，单位是摩尔/升。

（1）根据对数函数性质及上述 pH 的计算公式，说明溶液酸碱度与溶液中氢离子的浓度之间的变化关系；

（2）已知纯净水中氢离子的浓度为 $[H^+] = 10^{-7}$ 摩尔/升，计算纯净水的 pH。

设计意图：体现对数函数在现实生活中的应用，打通数学与各学科之间的联系，培养学生解决实际问题的能力。

师生活动：学生思考讨论，由学生讲解完成。

课堂小结：

请同学们对本堂课所研究的内容作一个归纳。

（略）

布置作业：

（1）课本第 135 页练习第 2、3 题；

（2）课本第 140 页习题 4.4 第 2、3、4 题。

（3）求下列函数的值域：

例3：求函数 $y = \log_{\frac{1}{2}} x$ $(x \in (0, 8])$ 的值域。

画函数图像如图 8-5 所示，观察纵坐标范围 $y \in [-3, +\infty)$。

（1）函数 $y = \log_2 x$ 的定义域是 $[1, 64)$，则值域是_____。

（2）函数 $y = 2 + \log_2 x$ $(x \leqslant 1)$ 的值域是_____。

（3）函数 $y = 1 + \log_{\frac{1}{3}} x$ $(x \geqslant 27)$ 的值域是_____。

（4）函数 $y = \log_a x$，$x \in [2, 4]$，$(a > 0$ 且 $a \neq 1)$，若此函数的最大值比最小值大 1，$a =$ ____。

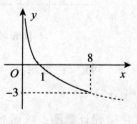

图 8-5

第 2 课时

问题 1：比较下列各题中两个数的大小：

（1）$\log_{0.2}4$，$\log_{0.3}4$，$\log_{0.4}4$；

（2）$\log_2 3$，$\log_3 4$，$\log_4 5$。

设计意图：复习对数函数图像，特别是三点法画对数函数图像，通过不同底的对数比较大小进一步熟练掌握对数函数的图像，更进一步培养学生的数形结合思想。

师生活动：学生思考讨论，教师引导：

生 1：我想到换底公式，换成同底再比较大小。

师：好，一定可以，那么就作为今天这节课的课后作业。如果这种题作为小题出现，要求我们比较快确定，我们能否从图像上看出来？

生 2：画出 $y = \log_{0.2}x$，$y = \log_{0.3}x$，$y = \log_{0.4}x$ 在同一坐标系中的图像（如图 8－6 所示），x 都取 4，即可看出。

生 3：画出 $y = \log_2 x$，$y = \log_3 x$，$y = \log_4 x$ 在同一坐标系中的图像（如图 8－7 所示），当 $x > 1$ 时，底数越大，增长越慢，所以 $1 = \log_4 4 \to \log_4 5$ 慢于 $1 = \log_3 3 \to \log_3 4$ 慢于 $1 = \log_2 2 \to \log_2 3$，即 $\log_2 3 > \log_3 4 > \log_4 5$。

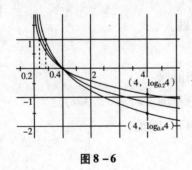

图 8－6

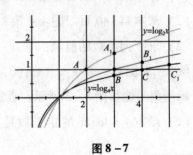

图 8－7

问题 2：已知 $y_1 = \log_a(3x+1)$，$y_2 = \log_a(2x-5)$，则当 x 取什么值时，有 $y_1 > y_2$？

设计意图：巩固对数函数的单调性及其应用，特别提醒学生注意对数函数的定义域。

师生活动：学生思考练习，教师巡回找一位没有考虑定义域的同学展示：

生 4：（在黑板上展示）由 $\log_a(3x+1) > \log_a(2x-5)$，若 $a > 1$ 时，得

$(3x+1) > (2x-5)$，解得 $x > -6$；若 $0 < a < 1$ 时，得 $(3x+1) < (2x-5)$，

解得 $x < -6$。

师：各位同学，如何？

生5：没有考虑对数函数的定义域。

师：那就请你把它补充完整。

生5：（在黑板上展示）由 $\log_a(3x+1) > \log_a(2x-5)$，若 $a > 1$ 时，得

$\begin{cases} 3x+1 > 2x-5, \\ 2x-5 > 0, \end{cases}$ 解得 $x > \dfrac{5}{2}$；若 $0 < a < 1$ 时，得 $\begin{cases} 3x+1 < 2x-5, \\ 3x+1 > 0, \end{cases}$ 此时无解。综上

所述所求 x 的取值范围是当 $a > 1$ 时，$x > \dfrac{5}{2}$；当 $0 < a < 1$ 时，无解。

问题3：（1）前面知道生物体死亡后，它机体内碳14含量与死亡时间有如

下关系：

$$碳14含量 = \left(\sqrt[5730]{\dfrac{1}{2}} \right)^{死亡时间(>0)} \Leftrightarrow 死亡时间（>0）= \log_{\sqrt[5730]{\frac{1}{2}}} 碳14含量（<1）$$

如果以死亡时间为自变量，碳14含量为函数，则有指数函数 $y = \left(\sqrt[5730]{\dfrac{1}{2}} \right)^x$；

如果以碳14含量为自变量，死亡时间为函数，则有对数函数 $y = \log_{\sqrt[5730]{\frac{1}{2}}} x$，那么

这两个函数的自变量、因变量有什么关系？

生6：这两个函数中，其中一个函数的自变量、因变量就是另外一个函数

的因变量、自变量，即自变量、因变量互换。

（2）同学们还能举出有这种关系的两个函数吗？

生7：$y = 2^x \Leftrightarrow x = \log_2 y \Leftrightarrow y = \log_2 x$（习惯自变量用 x 表示）

（3）是否所有同底的对数函数与指数函数都有这种关系？

生8：$y = a^x \Leftrightarrow x = \log_a y \Leftrightarrow y = \log_a x$（$a > 0$，且 $a \neq 1$）（习惯自变量用 x 表示）

（4）具有自变量、因变量互换这种关系的两个函数如何称呼？

生9：相反函数。

师：对，互为相反函数，简称互为反函数。数有相反数，函数也有相反函数。

（5）你能推出 $y = 3x + 1$ 的反函数吗？

生10：$y = 3x + 1 \Leftrightarrow x = \dfrac{y-1}{3} \Leftrightarrow y = \dfrac{x-1}{3}$（习惯自变量用 x 表示），所以 $y =$

$3x+1$ 的反函数是 $y=\dfrac{x-1}{3}$。

设计意图: 复习对数函数图像,特别是三点法画对数函数图像,通过不同底的对数比较大小进一步熟练掌握对数函数的图像,更进一步培养学生的数形结合思想。

师生活动: 师生对话的形式讨论,教师提问,一个学生回答,其他学生补充。

问题4: 有数就有形,自然就想到互为反函数的两个函数的图像有什么关系? 实践是检验真理的唯一标准,从具体函数开始探索,请同学们在同一坐标系(图8-8)中作出互为反函数的两个函数:$y=\log_2 x$ 与 $y=2^x$,观察它们的图像有什么关系?

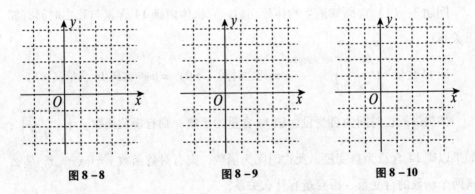

图8-8   图8-9   图8-10

设计意图: 让学生体会发现规律的一般观念,从具体开始,找到一般规律,再证明。为了在画图上别耽误时间,这里就从两个最简的互为反函数的图像开始,让学生找到关系。

师生活动: 师生对话的形式讨论,教师提问,一个学生回答,其他学生补充。

生11: 我画出来了,$y=\log_2 x$ 与 $y=2^x$ 的图像关于直线 $y=x$ 对称。

教师追问: $y=\left(\dfrac{1}{2}\right)^x$ 与 $y=\log_{\frac{1}{2}} x$ 互为反函数,它们的图像是否关于直线 $y=x$ 对称? 请同学们在同一坐标系中(图8-9)画出。

问题5: 指数函数 $y=2^x$ ($a>0$,且 $a\neq 1$)及其反函数 $y=\log_a x$ ($a>0$,且 $a\neq 1$)的图像关于 $y=x$ 对称你能证明吗? 更一般地,函数 $y=f(x)$ 与其反函数 $y=g(x)$ 的图像关于直线 $y=x$ 对称你能证明吗?

设计意图: 理解互为反函数的同底的指数函数与对数函数图像关于直线

$y = x$ 对称，能用任意一点的对称性证明整个图像的对称性。进一步培养学生用数学语言表达世界的素养。

师生活动：教师把问题分解，降低难度，让学生能一步步地完成。

（1）函数图像是由一个个点排列而成的，互为反函数的两个函数就是自变量与因变量互换，我们知道自变量用横坐标 x 表示，因变量用纵坐标 y 表示，将点 $P(a, b)$ 的坐标互换得 $Q(b, a)$，那么 P 与 Q 有什么关系？还是从实践中发现关系吧！请学生在同一坐标系（图 8 – 10）中作出一些坐标互换的点，观察它们的关系。

（学生能完成，且能得出 P 与 Q 关于直线 $y = x$ 对称）

教师追问：点 $P(a, b)$ 关于直线 $y = x$ 对称的点一定是 $Q(b, a)$ 吗？（考虑教学时间和课程标准要求不作证明，只要建立感觉即可）

生 12：当然啦！

（2）现在同学们能证明上面问题吗？

生 13：设 $P(x_0, y_0)$ 是指数函数 $y = a^x$（$a > 0$，且 $a \neq 1$）图像上任意一点，则 $y_0 = a^{x_0}$，$x_0 = \log_a y_0$，所以 $P(x_0, y_0)$ 关于直线 $y = x$ 对称的点 $Q(y_0, x_0)$ 在对数函数 $y = \log_a x$（$a > 0$，且 $a \neq 1$）的图像上，故 $y = a^x$（$a > 0$，且 $a \neq 1$）的图像关于直线 $y = x$ 对称的图像就是 $y = \log_a x$（$a > 0$，且 $a \neq 1$）的图像。

课堂小结：

（1）研究对数函数的性质是从一般到特殊还是从特殊到一般？

（2）完成表 8 – 3：

表 8 – 3

	解析式	定义域	值域	图像	单调性	对称性	特殊点
对数函数							
指数函数							

通过本节课的学习，你能建立对数函数与指数函数的联系吗？你对研究函数的内容和方法有什么更进一步的认识？

设计意图：小结函数性质研究的数学哲学意义上的一般方法，师生一起回顾本节学习对数函数的图像与性质，建立与指数函数图像与性质的联系，进一步体会研究具体函数的内容、过程和方法。

布置作业：

1. 课本第 140 页习题 4.4 第 5、7、8 题；

2. 比较下列各题中三个数的大小：

（1） $\log_2 0.7$，$\log_5 0.7$，$\lg 0.7$；

（2） $\log_2 3$，$\log_3 2$，$\log_{0.2} 3$。

3. （1） 函数 $y = \log_a \dfrac{2x+1}{x-1}$ 的图像恒过定点 P，则 P 点的坐标为_____。

（2） 函数 $y = 1 + \log_a x$ 的图像一定经过点_____。

（六）教学设计思考

1. 借用本人所在班级上次公开课是将对数函数的图像和性质用一节课上完，所以导致后面拖堂而匆匆忙忙结束，教师教学用书安排对数是 3 课时，这意味着第 1 节课是对数函数概念，对数函数的图像和性质应该用 2 节课来学习，这是因为此节中多了一个对数函数与指数函数的关系——互为反函数，虽然反函数现在略化，没有引进表示反函数的符号，但是互为反函数中两变量间运算关系本质未变，只是改变了顺序而已，是通过实例建立了互为反函数概念的表征，学生要建构形成就要有一个过程，不是老师说一两句话学生就能掌握的，需要时间。

2. 基本思想方法形成函数的一般观念，在这节课中有下面一些基本思想方法：

① 研究函数图像与性质的一般方法：通过一些特殊的对数函数图像抽象归纳出一般对数函数图像模型，并由此观察出对数函数的性质，最后证明形成理性认识；

② 准确画出已知形状的函数图像的一般方法：画二次函数图像需要确定顶点与两对称点（三特殊点），画幂函数也需要一定点两对称点，画指数函数、对数函数也是一定点与两对称点；

③ 观察函数图像得出性质的一般思维步骤：单调性、对称性、特殊点、值域及其数学证明。

④ 函数之间的关系必然导致图像之间有联系：指数函数与对数函数是运算顺序变更而形成的互为反函数关系导致了图像关于直线 $y = x$ 对称。

3. "数学的本质是不断抛弃较特殊的概念，寻求较一般的概念；抛弃特殊的方法，寻求一般的方法。"数学教育的目标不仅在于数学概念、数学定理的积累，更在于形成这些概念和定理背后蕴含的一般观念、一般方法和学科品性，也就是我们所说的数学学科核心素养。

案例2：基于函数一般观念的三角函数的图像与性质的单元教学设计

（一）单元内容和内容解析

1. 单元内容

正弦函数、余弦函数和正切函数的图像与性质，包括正弦函数、余弦函数和正切函数图像的画法，正弦函数、余弦函数和正切函数的周期性、奇偶性和单调性。

本单元用4课时教学，第1课时，形成研究思路，并画出正弦函数、余弦函数的图像；第2课时，研究正弦函数、余弦函数的性质；第3课时，正弦函数、余弦函数图像与性质的应用；第4课时，正切函数的图像和性质。

2. 内容解析

正弦函数、余弦函数是一类基本初等函数。作为函数的下位知识，对于它们的研究基本遵从函数图像与性质的研究思路，可以类比、对比指数函数、对数函数等展开研究：

绘制函数图像—观察图像、发现性质—证明性质。

首先是关于正弦函数的图像，绘制一个新型函数图像的基本方法是描点法，如果能多描出一些点，那么就可以使绘制的图像更精确，但是正弦函数在 $[0, 2\pi]$ 内如何实现绘制的精确度呢？这是首先要解决的问题。

为此，先解决精确绘制某一个点 $P(x_0, \sin x_0)$，$x_0 \in [0, 2\pi]$ 的问题，此处的关键是要理解横坐标的意义，其本质在于对三角函数定义的理解，根据正弦函数的定义可知，在单位圆中，点 P 的横坐标 x_0 的本质是以 OA 为始边，以 OP 为终边的角，因此，$\overset{\frown}{AP} = x_0$，过点 P 作 x 轴的垂线，垂足为 D，线段 DP 的长即为 $|\sin x_0|$，于是，对于任意一个横坐标 x_0，其纵坐标可以用几何方法精确描出。

精确绘制一个点的问题解决后,即可用相同的方法描述其他的点,进而描述正弦函数在一个周期内的图像,并通过平移描述正弦函数的图像。这个过程充分体现了从特殊到一般的研究方法。

在此基础上,通过平移变换,画出余弦函数的图像。

有了函数图像,就可以发挥图像的直观作用,通过观察获得正弦函数、余弦函数的性质,并给予代数证明,这一过程充分体现了树形结合思想。

基于以上分析,确定本单元教学重点:正弦函数、余弦函数的图像及其性质(包括周期性、奇偶性、单调性、最值和值域)。

(二)单元目标和目标解析

(1)单元目标

① 经历绘制正弦函数图像的过程,掌握描点法,掌握绘制正弦函数图像的"五点法"。

② 经历绘制余弦函数图像的过程,理解其中运用图像变换的思想。

③ 经历利用函数图像研究函数性质的过程,掌握正弦函数、余弦函数和正切函数的性质。

(2)目标解析

达成上述目标的标志分别是:

① 学生能先根据正弦函数的定义绘制一个点,再绘制正弦函数在一个周期 $[0,2\pi]$ 内的图像,最后通过平移得到正弦函数的图像;能说出正弦函数图像的特点,并利用五点法绘制正弦函数的图像。

② 学生能用图像变换的方法,由正弦函数的图像绘制余弦函数的图像,并在一个具体的点解释图像的变换方式及其原因,会用"五点法"绘制函数的图像。

③ 学生能利用正弦函数和余弦函数的图像得到其周期性、奇偶性、单调性、最值等性质,并给予代数证明。能利用正弦函数和余弦函数的性质解决有关问题。

(三)单元教学问题诊断分析

学生此前拥有丰富的绘制函数图像的经验,但是利用定义或几何意义绘制函数图像是第一次,因此在思维习惯上存在障碍,教学要给予充分的引导,特别强调要准确地绘制函数的图像，这一要求让学生感受到这种做法的困难，然后从三角函数的定义上分析点的坐标的几何意义，让学生真正理解。

绘制函数任意一点的困难：任意给定一个自变量 x_0，它的函数值 $\sin x_0$（纵坐标）都是一个近似值，而不是一个确定的值，于是比较难以准确描绘，如果给定函数值 $\sin x_0$（纵坐标）都是一个准确值，如 $\sin x_0 = \dfrac{1}{2}$，横坐标角 $x_0 = \dfrac{\pi}{6}$ 是一个无理数，又难以描绘点 $(x_0, \sin x_0)$，所以得另外寻找他路。

绘制函数任意一点的操作存在困难，为此可以先选定一个点的横坐标 $x_0 \in [0, 2\pi]$，然后用"手工细线缠绕"的方式找到弧；找一个没有弹性的细线，在 x 轴上量出横坐标 x_0 的长度，然后在长度为 x_0 的细线上以 A 为起点，沿逆时针方向缠绕在单位圆上，细线的末端就是点 B，于是图像线上的点 $(x_0, \sin x_0)$ 就随之确定。

在研究正弦函数、余弦函数的性质时，利用图像获得性质容易，但是进行代数论证比较困难，为此首先要培养学生的代数论证习惯；其次要给予完整的代数论证过程；还要采取具体化的方法进行说明，即选择图像上一个点通过，这个点的变化说明图像的变化，并渗透换元转化的思想方法。

三角函数图像的对称性比较丰富，这也是学生理解性的一个困难所在，为此，可以借助图像，直观想象函数图像向两端无限延伸的情况。

本单元的教学难点：掌握准确绘制函数图像一个点的方法，并由此绘制出正弦函数图像；对于三角函数性质的理解。

（四）单元教学支持条件分析

绘制正弦函数图像的关键是准确地绘制图像上的一个点，为此可以让学生用"手工细线缠绕"法，使用自制教具完成，也可以利用信息技术来画。

后续让学生描出其他的点，并连线描述正弦函数在一个周期内的图像时，同样可以利用信息技术。

（五）课时教学过程设计

第 1 课时

1. 以函数的一般观念引领研究

问题 1：请同学们回顾对指数函数、对数函数的研究内容与顺序，研究了三角函数的定义后，接下来该做什么？

师生活动：

小组讨论，教师参与，选出小组代表共同形成研究函数的方法路径：

遇到一个新的函数，非常自然的是画出它的图像，观察图像的形状，看看有什么特殊点，并借助图像研究它的性质，如值域、单调性、奇偶性、最大值与最小值等。

函数的定义—函数的图像—函数的性质并证明。

设计意图：回顾函数研究的一般观念，并以此指导对三角函数的研究，发展学生数学的整体观。

问题 2：画函数图像时，基本方法是列表描点，用一条光滑的曲线连接。如果先研究函数的某些性质可能减少列表的盲目性，使所画图像更具有针对性、更为准确，请同学们思考正弦函数 $y = \sin x$ 已有的哪些性质能帮助我们画其图像？

师生活动：小组讨论，教师参与，选出小组代表发言。

生 1：前面研究函数 $y = x + \dfrac{1}{x}$ 时，就知道先研究函数的奇偶性、关键点对画图像有帮助。

生 2：正弦函数 $y = \sin x$ 是以旋转角 x（用弧度单位表示的角）为自变量，终边与单位圆交点的纵坐标为因变量的函数，旋转一周后终边重复，纵坐标也重复出现，那么应先研究第一圈即角 $x \in [0, 2\pi]$ 的图像。

生 3：由诱导公式 $\sin(-x) = -\sin x$，正弦函数 $y = \sin x$ 是奇函数，图像关于原点对称，只要研究一边图像就可知道另一边。

生 4：函数是角 x 的终边与单位圆交点的纵坐标，所以纵坐标最大是 1，最小是 -1，即最高点是 $\left(\dfrac{\pi}{2}, 1\right)$，最低点是 $\left(\dfrac{3\pi}{2}, -1\right)$，与 x 轴的交点是 $(0, 0)$，$(\pi, 0)$。

设计意图：强化画函数图像的一般观念方法，函数的图像与性质并不是谁先谁后，可以由图像观察性质，也可以由性质强化图像，互相渗透。深化对正弦函数定义的理解，培养学生的直观想象素养。

2. 正弦函数图像上任一点作法的理解

问题 3：如何绘制 $y = \sin x$，$x \in [0, 2\pi]$ 上任意一点？如何绘制成图像？

师生活动：小组讨论，教师观察倾听了解学生的困惑。

教师追问 1：描点（1，sin1）时，用计算器算得 sin1≈0.841471 是一个近似值，如何准确绘制？

生 5：描近似值不够准确，不如找到大小为 1 弧度的角的终边与单位圆交点的纵坐标线段 PM，然后平移得到。

教师追问 2：描点 $\left(\dfrac{\pi}{2}，1\right)$ 时，横坐标 $\dfrac{\pi}{2}$ 是一个无理数，如何准确绘制？有人说用"手工细线缠绕"法量出 $\dfrac{\pi}{2}$ 所对单位圆的弧长作为横坐标，也有人说用几何画板度量出 $\dfrac{\pi}{2}$ 所对单位圆的弧长作为横坐标，各位同学你感觉如何？喜欢哪种？

生 6：当然是几何画板度量，用"手工细线缠绕"好麻烦。

（教师演示"手工细线缠绕"度量角）

师：确实"手工细线缠绕"好麻烦，只不过从理论上讲"手工细线缠绕"可以得出单位圆弧长的准确值。

同学们用平板操作，教师在希沃白板上操作。

教师追问 3：如何准确画出正弦函数上任意一点 P_0（x_0，$\sin x_0$）？

生 7：例如在直角坐标系的单位圆中，以 $\overset{\frown}{AP}$ 的长为横坐标，以 PM 为纵坐标描出点 P_0。

教师以几何画板为例展示其作法：①按顺序选定 A，P 与圆 O；②在"构造"栏选定"圆上的弧"得 $\overset{\frown}{AP}$；③在"度量"栏中选定"弧长"得 $\overset{\frown}{AP}$ 的长；④度量 OA，在"数据"栏中选择"计算"得 $x_0=\dfrac{\overset{\frown}{AP}的长度}{OA}=2.40$；⑤以 x_0 为横坐标，以 P 点的纵坐标 y_P 为纵坐标作点 P_0（x_0，$\sin x_0$）；⑥选择追踪点 P_0（如图 8 – 11 所示）。

设计意图：三角函数图像其作法上与其他初等不同，不是通过计算得到纵坐标的，而是通过旋转平移得到的，教材为什么如此处理？我想有两点：一是三角函数值计算所得都是近似值，不准确；二是回归定义，用定义作三角函数图像既准确又进一步理解定义，也是作三角函数图像的特别之处，对于提高学生用图思考、数形结合能力、发展学生直观想象素养，具有很好的教育价值。

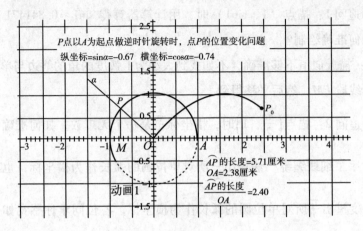

图 8 – 11

3. 画出完整的正弦函数图像

问题4：根据 $y = \sin x$，$x \in [0, 2\pi]$ 的图像，你能想象出 $y = \sin x$，$x \in \mathbf{R}$ 的图像吗？

师生活动：

小组讨论，教师参与，预设答案：

根据公式一 $\sin(x + 2k\pi) = \sin x$，可知 $y = \sin x$，$x \in [2k\pi, 2(k+1)\pi]$ 的图像与 $y = \sin x$，$x \in [0, 2\pi]$ 的图像形状完全一致，因此，将函数 $y = \sin x$，$x \in [0, 2\pi]$ 的图像不断向左、向右平移（每次移动 2π 个单位长度），就可以得到 $y = \sin x$，$x \in \mathbf{R}$ 的图像。

教师通过复制 $y = \sin x$，$x \in [0, 2\pi]$ 的图像体现向两端平移的操作，最后形成 $y = \sin x$，$x \in \mathbf{R}$ 的图像。

正弦函数 $y = \sin x$，$x \in \mathbf{R}$ 的图像如图 8 – 12 所示。

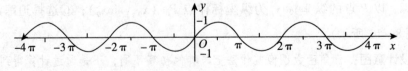

图 8 – 12

教师指出，正弦函数的图像叫作正弦曲线，是一条"波浪起伏"的连续光滑曲线。

设计意图：绘制 $y = \sin x$，$x \in \mathbf{R}$ 的图像，理解为什么会重复出现。

4. 理解"五点法"

问题 5：二次函数只要知道顶点外加两对称点就可作出其图像，即三点作二次函数图像；指数函数 $y = a^x$ 只要知道三个关键点，定点：$(0，1)$，两对称点 $(1，a)$ 和 $\left(-1，\dfrac{1}{a}\right)$ 就可以确定指数函数的图像，对数函数也是如此类比，你觉得 $y = \sin x$，$x \in [0，2\pi]$ 的图像中哪几个是关键点？

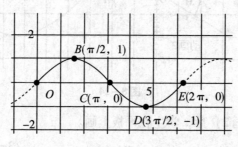

图 8 – 13

师生活动：小组讨论后学生发言。

生 8：两最值点与三个 x 轴上的点，共 5 个点：$(0，0)$，$\left(\dfrac{\pi}{2}，1\right)$，$(\pi、0)$，$\left(\dfrac{3\pi}{2}，-1\right)$，$(2\pi，0)$，只要用光滑的曲线将之连接就可以画出函数的简图，称为"五点法"。

设计意图：观察函数图像和特征，获得"五点法"画图的简便方法。

5. 余弦函数的图像

问题 6：（1）能否在上面作正弦函数 $y = \sin x$ 的图像的过程中，作哪一点改动就画出余弦函数 $y = \cos x$ 的图像？

（2）余弦函数 $y = \cos x$ 与正弦函数 $y = \sin x$ 成对出现，联想指数式与对数的关系 $a^b = M \Leftrightarrow \log_a M = b$，得到指数函数与对数函数图像关于 $y = x$ 对称，在同学们回顾我们所学的诱导公式中，哪些能将正弦化为余弦，从而得到正弦函数与余弦函数图像的关系？

师生活动：小组讨论，由选出小组代表发言：

生 9：只要将画正弦函数图像上任意点的纵坐标改为 P 点的横坐标 P_0（x_0，

$\cos x_0$）即可。

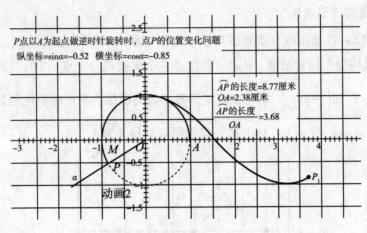

图 8-14

教师演示（动画 2）后，学生在平板上画。

生 10：$\sin\left(\dfrac{\pi}{2}+x\right)=\cos x$；$\sin\left(\dfrac{\pi}{2}-x\right)=\cos x$；$\sin\left(\dfrac{3\pi}{2}+x\right)=-\cos x$；$\sin$

$\left(\dfrac{3\pi}{2}+x\right)=-\cos x$。

教师追问：哪个诱导公式最能直接表现出 $y=\cos x$ 与 $y=\sin x$ 的图像关系？

生 11：$y=\sin\left(\dfrac{\pi}{2}+x\right)=\cos x$，告诉我们只要将 $y=\sin x$ 图像向左平移 $\dfrac{\pi}{2}$ 个单位即可得到 $y=\cos x$ 的图像。

教师演示：复制 $y=\sin x$ 的图像，粘贴后，拖动图像向左平移 $\dfrac{\pi}{2}$ 个单位得到与上面所作图像比较（图 8-15）。

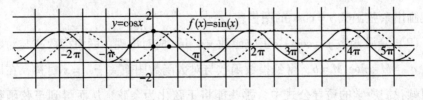

图 8-15

设计意图：以画正弦函数 $y=\sin x$ 的图像来带动理解余弦函数的定义，以正余弦关系理解余弦函数图像，在掌握余弦函数图像的过程中，发展学生的直观想象素养。

6. 巩固应用

问题7：例：画下列函数的简图：

(1) $y = 1 + \sin x$ $x \in [0, 2\pi]$；(2) $y = -\cos x$ $x \in [0, 2\pi]$。

师生活动：学生先独立完成，然后就解题思路和结果在小组内进行交流，由两小组派出代表展示，教师点评并给出规范的解答。

设计意图：巩固学生对正弦函数、余弦函数图像特征的掌握，熟练"五点法"画图，掌握画图的基本技能，通过分析图形变换，深化对函数图像关系的理解，并为后续的学习做好铺垫。

7. 布置作业

课本第 200 页练习第 2 题，第 213 页习题 5.4 第 1 题。

设计意图：考查学生对正弦函数、余弦函数图形的基本特征的掌握程度，是否会利用"五点法"作图。

第 2 课时

1. 以研究函数性质的一般观念研究周期性

问题1：前面研究函数奇偶性、单调性等性质的时候都是由优美的图形特征抽象出精准的数量关系，再用言简意赅的名称来称呼的顺序进行的。

表 8 – 4

图形特征	数量描述	名称
$f(x)$ 的图像在某区间 D 上升	$\forall x_1, x_2 \in D$，当 $x_1 < x_2$ 时，都有 $f(x_1) < f(x_2)$	$f(x)$ 在区间 D 上是增函数
$f(x)$ 的图像关于 y 轴对称	$\forall x \in$ 定义域 I，$-x \in$ 定义域 I，都有 $f(-x) = f(x)$	$f(x)$ 是偶函数
$y = \sin x$, $x \in \mathbf{R}$ 的图像每隔 $2k\pi$ ($k \in \mathbf{Z}$) 重复出现	？	？

师生活动：

小组讨论。

教师追问 1：函数图像是由点组成的， "$y = \sin x$，$x \in \mathbf{R}$ 的图像每隔 $2k\pi$（$k \in \mathbf{Z}$）重复出现" 就是图像上任意一点（x，$\sin x$）每隔 $2k\pi$ 重复出现，坐标如何表示？

生 1：横坐标 $x \to x + 2k\pi$ 时，纵坐标相等，即 $\sin x = \sin (x + 2k\pi)$。

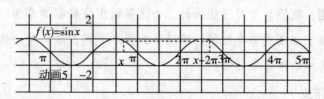

图 8 – 16

教师追问 2：上面关系能否函数符号化？

生 2：$\forall x \in$ 定义域 D，存在非零常数 T，都有 $x + T \in D$，且 $f (x + T) = f (x)$。

教师追问 3：在我们生活中重复出现最常见的就是 7 天一个周期，放假、上课的课程表都是每周重复的，能否借用这里的名词称呼函数的周而复始性质？

生 3：函数是周期函数。

师：请同学们把上表填好，看书明确周期函数的准确定义：

设函数 $f (x)$ 的定义域为 D，如果存在非零常数 T，使得对每个 $x \in$ 定义域 D 都有 $x + T \in D$，且 $f (x + T) = f (x)$。

那么，函数 $f (x)$ 就叫周期函数，非零常数 T 就叫作这个函数的周期。

教师说明：

（1）由我们知道今天是星期二，7 天后是星期二，14 天后也是星期二，引入周期有很多与最小正周期的概念。

（2）正弦函数是周期函数，$2k\pi$（$k \in \mathbf{Z}$ 且 $k \neq 0$）都是它的周期，最小正周期是 2π。

（3）余弦函数也是周期函数，$2k\pi$（$k \in \mathbf{Z}$ 且 $k \neq 0$）都是它的周期，最小正周期是 2π。

（4）如无特别说明，周期都是指最小正周期。

设计意图：以研究性质的一般方法研究函数的周期性质，通过点的重复出现抽象出数量关系，并给出定义，也让学生重新审视单调性、奇偶性的定义，发展学生的数学抽象和直观想象素养。

问题 2：例 2：求下列函数的周期：

（1）$y = 3\cos x$，$x \in \mathbf{R}$；（2）$y = \sin 2x$，$x \in \mathbf{R}$；（3）$y = 2\sin\left(\dfrac{1}{2}x - \dfrac{\pi}{6}\right)$，$x \in \mathbf{R}$。

教师追问 1：求函数周期的思维方向是什么？

师生活动：

小组讨论，教师总结：求函数周期的思维方向有两个方面：一是根据定义求出；二是由图像看出。

教师示范：用定义求出最小正周期 T 就是找 T 使得 $\forall x \in \mathbf{R}$，都有 $f(x + T) = f(x)$ 恒成立。

（1）要使 $\forall x \in \mathbf{R}$，都有 $3\cos(x + T) = 3\cos x$ 恒成立，由诱导公式知 $T = 2k\pi$，T 的最小正数为 2π。

（2）要使 $\forall x \in \mathbf{R}$，都有 $\sin 2(x + T) = \sin 2x \Leftrightarrow \sin(2x + 2T) = \sin 2x$ 恒成立，由诱导公式知 $2T = 2k\pi$，$2T$ 的最小正数为 2π，T 的最小正数为 π。

（3）要使 $\forall x \in \mathbf{R}$，都有 $2\sin\left[\dfrac{1}{2}(x + T) - \dfrac{\pi}{6}\right] = 2\sin\left(\dfrac{1}{2}x - \dfrac{\pi}{6}\right) \Leftrightarrow 2\sin\left(\dfrac{1}{2}x + \dfrac{1}{2}T - \dfrac{\pi}{6}\right) = 2\sin\left(\dfrac{1}{2}x - \dfrac{\pi}{6}\right)$ 恒成立，由诱导公式知 $\dfrac{1}{2}T = 2k\pi$，$\dfrac{1}{2}T$ 的最小正数为 2π，T 的最小正数为 4π。

教师追问 2：如将上面函数的系数用字母表示，函数 $y = A\sin(\omega x + \varphi)$ 的周期 T 是多少？

生 4：就是将 $\dfrac{1}{2}$ 换成 ω，$T = \dfrac{2\pi}{|\omega|}$。

教师追问 3：函数 $y = |\sin x|$ 与 $y = \sin|x|$ 都是周期函数吗？如果是，它们的周期是多少？

要使 $\forall x \in \mathbf{R}$，都有 $\sin|(x + T)| = \sin|x|$ 恒成立，由诱导公式知 $|(x + T)| = |x| + 2\pi$，T 不存在。

从图像来看，原点位置的尖点没有重复出现，不是周期函数。

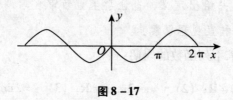

图 8-17

设计意图：一般都是给出求周期公式 $T = \dfrac{2\pi}{|\omega|}$ 即可解决这类问题（$y = A\sin(\omega x + \varphi)$ 周期问题）的，但是能利用定义求周期，不仅是让学生深刻理解定义，而且让学生体会对任意 x 恒成立，发展学生的数学抽象语言素养。

2. 从奇偶性到一般对称性

问题 3：请观察正弦函数图像（学生自己在平板上用几何画板画好正弦函数的图像）：

由诱导公式知道：$\sin(-x) = \sin x$，$y = \sin x$ 是奇函数，其图像关于原点中心对称（图 8-17），除原点外，还有对称中心吗？有对称轴吗？

师生活动：

小组讨论，学生自己获取：

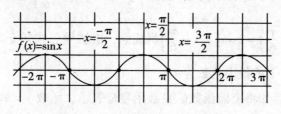

图 8-18

正弦函数 $y = \sin x$ 的图像是向两端无限延伸的，对称中心有无数个，它们是 $(k\pi, 0)$（$k \in \mathbf{Z}$）；对称轴有无数条，它们是 $x = k\pi + \dfrac{\pi}{2}$（$k \in \mathbf{Z}$）（图 8-18）。

设计意图：鉴于在研究图像之前已经知道正弦函数是奇函数，所以此处奇偶性就不必研究了，重要的由于周期性的出现，使得对称中心、对称轴有无穷多个，直观观察学生能自己完成。

问题 4：点 $Q(\pi, 0)$ 是函数图像的对称中心的数学关系式是什么？正弦函数满足此关系式吗？你能说明正弦函数图像关于直线 $x = \dfrac{\pi}{2}$ 对称吗？

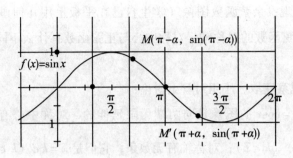

图 8-19

师生活动：

教师追问 1：图像是由点组成的，关于点 Q (π，0) 成中心对称的任意两点 M (x，y) 与 M' (x'，y') 的坐标有什么关系？

生 5：点 Q (π，0) 是 M (x，y) 与 M' (x'，y') 的中点，所以 $\dfrac{x+x'}{2}=\pi$，$\dfrac{y+y'}{2}=0$。

教师追问 2：由于 M，M' 是正弦函数上的点，不妨设 $x=\pi-\alpha$，则 $x'=\pi+\alpha$，纵坐标就是其函数值，上面中心对称的坐标的函数关系是什么？成立吗？

生 6：$\dfrac{f(\pi-\alpha)+f(\pi+\alpha)}{2}=0$，即 $\sin(\pi-\alpha)+\sin(\pi+\alpha)=0$ 对任意 α 都成立，所以正弦函数图像关于点 Q (π，0) 对称。

生 7：任意两点 M (x，y) 与 M' (x'，y') 关于直线 $x=\dfrac{\pi}{2}$ 对称的坐标关系是 $\dfrac{x+x'}{2}=\dfrac{\pi}{2}$，$y=y'$；函数关系是 $f\left(\dfrac{\pi}{2}+\alpha\right)=f\left(\dfrac{\pi}{2}-\alpha\right)$，即 $\sin\left(\dfrac{\pi}{2}+\alpha\right)=\sin\left(\dfrac{\pi}{2}-\alpha\right)$ 对任意 α 都成立，所以正弦函数图像关于直线 $x=\dfrac{\pi}{2}$ 对称。

设计意图：函数图像的对称性在于任意点的对称性，由点坐标的对称性找出函数图像对称性的函数不变性特征（函数关于点 Q (a，b) 对称 $\Leftrightarrow \dfrac{f(a-x)+f(a+x)}{2}=b$；函数关于直线 $x=a$ 对称 $\Leftrightarrow f(a+x)=f(a-x)$）是基本数学方法，并且在课本第三章拓广探索中有出现，此处再次研究对学生既是复习巩固也是提高。

问题5：请观察余弦函数图像（学生自己在平板上用几何画板画好余弦函数的图像）：余弦函数的对称轴、对称中心与正弦函数有什么不同？

师生活动：

学生自己观察获取，小组对答案讨论：

余弦函数 $y = \cos x$ 的图像是向两端无限延伸的，对称中心有无数个，它们是 $\left(k\pi + \dfrac{\pi}{2},\ 0 \right)$（$k \in \mathbf{Z}$）；对称轴有无数条，它们是 $x = k\pi$（$k \in \mathbf{Z}$）。

设计意图：鉴于在研究图像之前已经知道余弦函数是偶函数，所以此处奇偶性就不必研究了，通过找出余弦函数的对称中心、对称轴与正弦函数的差异性让学生深刻理解。

第 3 课时

单调性与最值

问题1：画出正弦函数图像并观察，在靠近原点的哪个区间上单调递增（减）？单调递增（减）区间有很多个，如何用一个区间式子概括表示？

师生活动：

每个学生自己观察写出，教师巡视，帮助个别学生，然后在小组内对答案讨论。

教师用 PPT 打出：

正弦函数在每一个闭区间 $\left[-\dfrac{\pi}{2} + 2k\pi,\ \dfrac{\pi}{2} + 2k\pi \right]$（$k \in \mathbf{Z}$）上都单调递增，其值从 -1 增大到 1，在每一个闭区间 $\left[\dfrac{\pi}{2} + 2k\pi,\ \dfrac{3\pi}{2} + 2k\pi \right]$（$k \in \mathbf{Z}$）上都单调递减，其值从 1 减小到 -1。

问题2：画出余弦函数图像并观察，在靠近原点的哪个区间上单调递增（减）？单调递增（减）区间有很多个，如何用一个区间式子概括表示？并把结果填在课本第 205 页的空白处。

师生活动：

每个学生自己观察写出，教师巡视，帮助个别学生，然后在小组内对答案讨论。

教师用 PPT 打出：

余弦函数在每一个闭区间 $\left[-\pi + 2k\pi,\ 0 + 2k\pi \right]$（$k \in \mathbf{Z}$）上都单调递增，其值从 -1 增大到 1，在每一个闭区间 $\left[0 + 2k\pi,\ \pi + 2k\pi \right]$（$k \in \mathbf{Z}$）上都单调

递减，其值从 1 减小到 -1。

问题 3：知道函数的图像自然就知道函数的最值，请同学们观察正弦函数、余弦函数的图像，把最值结果填在课本第 205 页的空白处。

师生活动：

每个学生自己观察写出，教师巡视，帮助个别学生，然后在小组内对答案讨论。

教师用 PPT 打出：

余弦函数在每一个闭区间 $[-\pi+2k\pi,\ 0+2k\pi]$ $(k\in\mathbf{Z})$ 上都单调递增，其值从 -1 增加到 1，在每一个闭区间 $[0+2k\pi,\ \pi+2k\pi]$ $(k\in\mathbf{Z})$ 上都单调递减，其值从 1 减小到 -1。

设计意图： 以图像观察出单调区间，直观形象，易于观察，重在学生观察过程，所以让学生自己完成，教师巡视督促个别学生完成。

问题 4：例 3：下列函数有最大值、最小值吗？如果有，请写出取最大值、最小值时自变量 x 的集合，并求出最大值、最小值。

（1）$y=\cos x+1$，$x\in\mathbf{R}$；（2）$y=-2\sin2x$，$x\in\mathbf{R}$。

师生活动：

学生看书，小组讨论。

教师追问 1：上面求三角函数的最值利用了三角函数的什么性质求解？用到了什么基本数学方法？

生 1：利用三角函数的有界性 $-1\leqslant\sin x\leqslant1$、$-1\leqslant\cos x\leqslant1$ 求最值；非标准三角函数用到换元法将三角函数换元为标准函数求最值。

教师追问 2：如何书写更为简洁完整？

教师用 PPT 打出：

解：（1）$y=\cos x+1$ 的最值由标准余弦函数 $\cos x$ 的最值确定。

当 $(\cos x)_{\max}=1$，即 $x\in\{x\mid x=2k\pi,\ k\in\mathbf{Z}\}$ 时，$y_{\max}=1+1=2$；

当 $(\cos x)_{\min}=-1$，即 $x\in\{x\mid x=2k\pi+\pi,\ k\in\mathbf{Z}\}$ 时，$y_{\min}=1+(-1)=0$。

（2）①换元成标准函数：令 $2x=t$，因为 $x\in\mathbf{R}$，所以 $t\in\mathbf{R}$。

函数换元为 $y=-2\sin t$，$t\in\mathbf{R}$，y 的最值由 $\sin t$ 的最值确定。

② 求标准函数的最值：当 $(\sin t)_{\min}=-1$，即 $t=2k\pi-\dfrac{\pi}{2}$时，$y_{\max}=-2\times(-1)=2$；

当 $(\sin t)_{\max}=1$，即 $t=2k\pi+\dfrac{\pi}{2}$ 时，$y_{\min}=-2\times 1=-2$。

③ 由 t 的值求 x 的值：由 $2x=t=2k\pi-\dfrac{\pi}{2}$ 得 $x=k\pi-\dfrac{\pi}{4}$；由 $2x=t=2k\pi+\dfrac{\pi}{2}$，

得 $x=k\pi+\dfrac{\pi}{4}$。

④ 作结论：$\therefore y_{\max}=2$，使 y 取最大值的 x 的集合是 $\left\{x\mid x=k\pi-\dfrac{\pi}{4},\ k\in\right.$

$\left.\mathbf{Z}\right\}$，$y_{\min}=-2$，使 y 取最小值的 x 的集合是 $\left\{x\mid x=k\pi+\dfrac{\pi}{4},\ k\in\mathbf{Z}\right\}$。

设计意图：掌握用正、余弦的有界性求最值以及换元法，培养学生的数学抽象及运算素养。

问题5：例4：利用三角函数的单调性，比较下列各组中两个三角函数值的大小：

(1) $\sin\left(-\dfrac{\pi}{18}\right)$ 与 $\sin\left(-\dfrac{\pi}{10}\right)$；(2) $\cos\left(-\dfrac{23}{5}\pi\right)$ 与 $\cos\left(-\dfrac{17}{4}\pi\right)$。

师生活动：

学生自己做，叫上3个同学上黑板做。

教师说明：①三角函数的单调区间很多，但要掌握单调的主区间：$y=\sin x$ 在 $\left(-\dfrac{\pi}{2},\ \dfrac{\pi}{2}\right)$ 上单调递增，$y=\cos x$ 在 $(0,\ \pi)$ 上单调递减；②将角利用诱导公式化为主区间的角的三角函数值比较大小。

设计意图：掌握利用函数单调性比较大小。

问题6：例5：求函数 $y=\sin\left(\dfrac{1}{2}x+\dfrac{\pi}{3}\right)$，$x\in[-2\pi,\ 2\pi]$ 的单调递增区间。

师生活动：

教师追问1：我们熟悉的是标准正弦函数的单调性，而此函数非标准函数，何解？

生2：换元为标准函数。

令 $t=\left(\dfrac{1}{2}x+\dfrac{\pi}{3}\right)$，由 $x\in[-2\pi,\ 2\pi]$ 得 $t\in\left[\dfrac{1}{2}\times(-2\pi)+\dfrac{\pi}{3},\right.$

$\dfrac{1}{2} \times (2\pi) + \dfrac{\pi}{3}\Big]$。

函数换为 $y = \sin t$，$t \in \Big[-\pi + \dfrac{\pi}{3}, \ \pi + \dfrac{\pi}{3} \Big]$。

教师追问 2：标准正弦函数的单调递增区间如何？能画出标准正弦函数的图像吗？

生 3：当然，如图 8 – 20 所示。

函数 $y = \sin t$ 的递增区间是 $t \in \Big[-\dfrac{\pi}{2}, \ \dfrac{\pi}{2} \Big]$。

教师追问 3：如何由 t 的增区间求出 x 的增区间？

生 3：$-\dfrac{\pi}{2} \leqslant t = \Big(\dfrac{1}{2} x + \dfrac{\pi}{3} \Big) \leqslant \dfrac{\pi}{2}$，解得 $-\dfrac{5\pi}{3} \leqslant x \leqslant \dfrac{\pi}{3}$。

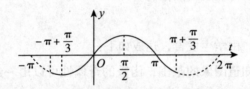

图 8 – 20

请同学们思考：

（1）如何书写？

（2）与上面求最值的思维有什么异同？

（3）解决这类问题的基本步骤如何？

①换元成标准函数；②求标准函数的增区间；③由 t 的增区间求 x 的增区间；④作结论。

（4）课本思考：你能求函数 $y = \sin\Big(-\dfrac{1}{2} x + \dfrac{\pi}{3} \Big)$，$x \in [-2\pi, \ 2\pi]$ 的单调递增区间吗？

学生很快能依样画瓢做完后，再让学生思考为什么错了，有部分学生能理解，x 增加时，$t = \Big(-\dfrac{1}{2} x + \dfrac{\pi}{3} \Big)$ 是在减小，所以必须先用诱导公式把 x 的系数化为正数再换元求解。

设计意图：掌握换元法求单调区间，换元法是一种基本的数学方法，利用此方法可以求指数、对数型复合函数的单调区间。同时课本对此题是先求出 $f(x)$ 的所有单调递增区间，再看哪些区间落在 $[-2\pi, 2\pi]$ 上，不过还是此方法比较好，把用换元法求最值的步骤都统一起来了。

第 4 课时

正切函数的图像与性质

（1）确定研究正切函数的方法与路径

问题 1：自然地学习完正弦、余弦函数的图像与性质后就要学习正切函数的图像与性质，正切函数是以角 x 为自变量，角 x 终边与单位圆交点的纵坐标与横坐标的比值为因变量的函数，或者说正切函数就是正弦与余弦的商函数。函数性质最直观的体现就是它的图像，请同学们思考：函数的哪些性质对我们画函数图像有帮助，需在研究图像前研究？

师生活动：

学生思考讨论，由学生发言，达成如下：

由定义域可以知道图像的范围；函数的奇偶性可以由一边知道另一边；函数的周期性可以知道图像是否重复出现；关键点。

设计意图：创设问题情境，设计研究思路，用一般观念研究正切函数。

问题 2：请同学们研究 $y = \tan x$ 的定义域；函数的奇偶性；函数的周期性；关键点。与正、余弦函数一样，正切函数的奇偶性、周期性还是从诱导公式中找。

师生活动：

学生思考，由学生举手发言：

生 1：角 x 的终边的横坐标不能为 0，终边不能在 y 轴上，所以定义域 $x \in \mathbf{R}$ 且 $x \neq k\pi + \dfrac{\pi}{2}$，图像被无数个点断开，所以 $y = \tan x$ 的图像是由无数条组成的。

生 2：由诱导公式 $\tan(-x) = -\tan x$，$x \in \mathbf{R}$ 且 $x \neq k\pi + \dfrac{\pi}{2}$ 可知，正切函数是奇函数，图像关于原点对称。

生 3：由诱导公式 $\tan(x + \pi) = \tan x$，$x \in \mathbf{R}$ 且 $x \neq k\pi + \dfrac{\pi}{2}$ 可知，正切函数是周期函数，周期为 π，图像每间隔 π 重复出现。

设计意图：由诱导公式研究函数的性质。

问题3：根据上面对正切函数性质的研究，只画出哪个最小区间上的图像就能确定整个函数的图像？

师生活动：

师生讨论：第一连续区间是 $\left(-\dfrac{\pi}{2}, \dfrac{\pi}{2}\right)$，由于是奇函数，只要先画出一半区间 $x \in \left[0, \dfrac{\pi}{2}\right)$ 即可。

设计意图： 学会由性质研究图像。

（2）画正切函数的图像

问题4：如图 8-21 所示，设 $x \in \left[0, \dfrac{\pi}{2}\right)$，类比 MP 表示 $\sin x$，OM 表示 $\cos x$，能否作出一条表示 $\tan x$ 的线段？进而作出 $y = \tan x$，$x \in \left[0, \dfrac{\pi}{2}\right)$ 的图像？

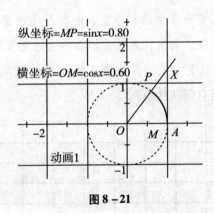

图 8-21

师生活动：

师：设角 x 的终边与单位圆的交点 $P\,(x_0, y_0)$，过 P 作 x 轴的垂线，垂足为 M，则 $\tan x = \dfrac{y_0}{x_0} = \dfrac{MP}{OM}$，这个比值能否用一条线段表示？

师：过 $A\,(1, 0)$ 作 x 轴的垂线与角 x 的终边交于点 T（动画2），$\tan x = \dfrac{y_0}{x_0}$ $= \dfrac{MP}{OM} = \dfrac{AT}{OA} = AT$，为什么？

生4：$\text{Rt } \triangle OMP \sim \text{Rt } \triangle OAT$，且 $OA = 1$。

师：由此可见，当 $x \in \left[0, \dfrac{\pi}{2}\right)$ 时，线段 AT 的长度就是相应角 x 的正切值，

我们可以角 x 为横坐标，相应的 AT 为纵坐标作出点 $(x,\ \tan x)$，当 $x \in \left[0,\ \dfrac{\pi}{2}\right)$ 变化时就作出了函数 $y = \tan x$，$x \in \left[0,\ \dfrac{\pi}{2}\right)$ 的图像了（如图 8 – 22 所示）。

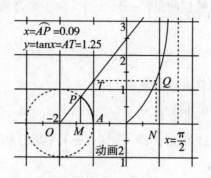

图 8 – 22

设计意图：理解正切函数中的自变量、函数及几何意义，以及利用几何意义作函数图像的方法步骤，利用信息技术培养学生的直观想象素养。

问题 5：你能借助以上结论，并根据正切函数的性质画出 $y = \tan x$ 的图像吗？并观察正切函数还有哪些性质？

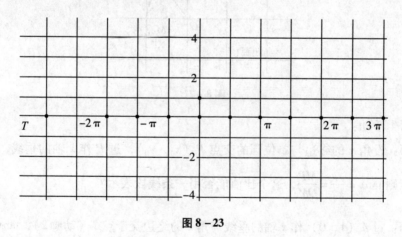

图 8 – 23

师生活动：

学生画图，观察性质：

正切函数的单调递增区间是 $\left(-\dfrac{\pi}{2} + k\pi,\ \dfrac{\pi}{2} + k\pi\right)$ $(k \in \mathbf{Z})$；

值域 $y = \tan x \in \mathbf{R}$。

设计意图： 学生体验正切函数的图像并观察性质。

（3）巩固应用

问题 6：例 6：求函数 $y = \tan\left(\dfrac{\pi}{2}x + \dfrac{\pi}{3}\right)$ 的定义域、周期及单调区间。

师生活动：

学生自己练习，教师巡视解答。

设计意图： 巩固正切函数的图像与性质，进一步巩固换元法求函数的最值、单调区间等，发展学生抽象素养。

（4）课堂小结

（略）

（5）布置作业

（略）

教学设计说明：由图像观察出函数性质，反过来性质也为图像的形成提供了方便，这就是一般观念，但三角函数不是算式函数，所以画图时不是计算描点，而是对应描点。